やわらかアカデミズム・〈わかる〉シリーズ

よくわかる
刑事訴訟法

第3版

椎橋隆幸 編著

ミネルヴァ書房

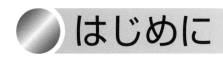
はじめに

　本書は刑事訴訟法の初学者用のテキストですが，刑事訴訟法の重要な基礎的知識は，新しい法律や判例を含めて記述しています。刑事訴訟法の内容の解釈については質と量のレベルを維持しつつ読みやすさを狙いとしました。第2版刊行の2016年2月から6年余が経ちました。この間に平成28年（2016）年刑事訴訟法等の一部改正があり，また，重要な判例も出ています。これらの法改正と判例の内容を取り入れアップツウデイトをするため第3版を刊行しました。平成28年法改正については第2版でもそれらの内容の重要部分を取り込んでいましたが，改正法の内容や改正後の法運用の評価を踏まえた上で改めて解説しました。第2版後に出された重要判例（GPS捜査，電磁的記録に対する捜索・差押え等）や法実務の変化（保釈の運用等）についても記述しました。刑事訴訟法の基礎と時代の変化に対応した法改正や法実務の意義について学ぶ楽しみを味わっていただくことが私達の大きな願いです。

　なお，第3版への改訂に快く応じてくれた執筆者の方々に感謝致します。また，改訂作業の全般にわたり惜しみない協力をしてくれた柳川重規教授，田中優企准教授の尽力に感謝致します。最後に，ミネルヴァ書房の水野安奈氏の貴重な助言に感謝致します。

2021年11月

第3版によせて

編著者　椎橋隆幸

第2版（第2刷）刊行にあたって

　2016（平成28）年5月24日，第190回国会において「刑事訴訟法等の一部を改正する法律」（平成28年法律第54号）が成立し，同年6月3日に公布されました。本書第2版第1刷が刊行された1カ月余後のことです。同改正法の基本的考えは，取調べ及び供述調書に過度に依存した捜査・公判の在り方を変えて，新時代に即した刑事手続とするため，証拠収集方法の適性化・多様化と公判審理の充実化を目指すものです。改正法の内容は，(1)取調の録音・録画制度の導入，(2)捜査・公判協力型合意制度及び刑事免責制度の導入，(3)通信傍受の合理化・効率化，(4)弁護人による援助の充実化，(5)証拠開示制度の拡充，(6)犯罪被害者及び証人を保護するための措置の導入，(7)証拠隠滅等の法定刑の引き上げ等，(8)自白事件の簡易迅速な処理のための措置の導入，です。このうち，(1)(3)以外は既に施行されており，(1)(3)も2019（平成31）年6月2日までには施行されることになっています。改正法の内容の重要な部分については本書第2版第1刷に改正の予定として既に盛り込まれていましたが，本書第2版第2刷では改正法の内容として記述しました。社会や犯罪情勢の変化に対応して立法や判例も展開しています。刑事訴訟の基本原理・原則を学ぶことによって最新の立法の解釈と判例の意義・射程を理解することができます。

　本書を通読することによって，今の時代に即した捜査，訴追，裁判の在り方を理解し，刑事訴訟法をマスターすることを期待しています。

　末筆ながら，執筆者の方々と，今回の第2刷の全体確認にもご協力いただいた柳川重規教授に感謝いたします。また，ミネルヴァ書房の梶谷修氏には貴重な助言をいただきました。

2018年10月

第2版第2刷によせて

編著者　椎橋隆幸

初版刊行にあたって

　犯罪や刑事裁判について新聞やテレビが取り上げない日はないといってよいくらい多くの事件が報道されています。これは犯罪という，人の財産，名誉，身体，生命を害する行為を行った者が誰であるか，その者はどのように取り扱われていくのかにつき国民が大きな関心をもっているからにほかなりません。犯人を発見し，証拠を収集し，犯人と見込まれた者を起訴し，その後，法廷において検察官と被告人・弁護人とが証拠に基づき攻撃・防御を展開した結果，公平な立場にある裁判官が有罪・無罪等の判断を下します。この捜査から裁判の終結に到る一連の手続を規律する法律の中心が刑事訴訟法です。

　本書は刑事訴訟法の初学者用のテキストとして作られました。本書を通読することにより事件の報道がより深く理解できるようになります。また，2009（平成21）年の5月から裁判員制度が始まります。国民が裁判員として刑事裁判に参加するこの制度において，国民は刑事裁判についての専門的知識をもっている必要はなく，各自の良識を裁判に反映させることが期待されています。しかし，刑事裁判についての基礎的な理解をもっているか否かで刑事裁判への関わり方にも自ずと違いが出てくるのではないでしょうか。裁判員裁判の創設により刑事裁判が国民に身近な存在になることは間違いありません。

　また，本書は初学者用のテキストですが，刑事訴訟法の重要な項目についての基礎的知識は，新しい法律や判例を含めて，伝わるように工夫しました。刑事訴訟法の内容の解説について質と量のレベルを維持しつつ読みやすさを狙いとしました。そして，本書を読んで将来法曹になりたいと考えた方は法科大学院への進学の前後に本格的な体系書を読むことを薦めます。まずは本書のようなわかりやすい入門書から入って高度な理論の修得に到ることは一つの効率的な勉強方法です。さらに本書ではわかりやすい記述を心がけました。加えて，側注において説明を要する用語を解説したり，重要な判例の紹介・解説を加え，また，それらのクロスリファレンスができるようにして読者の理解を助けるべく網羅的，立体的な構成にしました。

　最後に，本書の執筆陣は刑法学会で活躍中の中堅，新進気鋭の研究者です。また，ミネルヴァ書房の梶谷修氏のねばり強い協力がありました。これらの方々に感謝しつつ，本書が多くの読者に読まれることを期待しております。

2009年2月

編著者　椎橋隆幸

もくじ

やわらかアカデミズム・〈わかる〉シリーズ

よくわかる
刑事訴訟法

第3版

1 刑事手続の概略と事件処理の実態

▷1　法務総合研究所が毎年刊行している『犯罪白書』に掲載されている統計を用いた。
▷刑法犯
この統計では犯罪は，刑法及び一部の特別法に規定する罪に当たる「刑法犯」とそれ以外の「特別法犯」に分かれる。
▷認知件数
犯罪について，被害の届出，告訴，告発その他により，警察が発生を認知した件数。
▷微罪処分
検察官があらかじめ指定し

1 刑事手続の概略

　刑事手続を時間の流れに沿ってごく大まかに見てみると，まず，犯罪発生前の犯罪予防活動及び犯罪発生直後の犯罪摘発活動がある。挙動不審な者を路上で停止させて質問を行う**職務質問**，外部的な身体検査・持ち物検査を行う**所持品検査**などの活動が，この段階で行われる。

　つぎに，犯罪の発生が疑われる場合に，警察等の捜査機関によって捜査が開始される。聞き込み，被疑者取調べ等の**任意捜査**や，逮捕，捜索・押収などの**強制捜査**を行って，捜査機関は犯罪発生の有無や犯罪の背景を明らかにする。

　捜査の結果，被疑者が犯罪を行った疑いが強く裁判で有罪判決を得る見込みがあれば，検察官が事件を**起訴**する。起訴により手続は公判段階に移行する。

　公判では，検察官が行う犯罪の主張・立証に対して，被告人（弁護人）が反証の機会を充分に与えられ，両者の証明活動に基づいて裁判所が被告人の有罪・無罪を決定し，有罪の場合は刑の重さも決める。

　公判での判決等に不服があれば，検察官，被告人とも上級の裁判所に不服を申し立てることができる。これを上訴という。上訴は，通常，高等裁判所への**控訴**（あるいは抗告），最高裁判所への**上告**（あるいは特別抗告）と二段階での申立てが認められる三審制となっている。

　上訴でも争うことができなくなれば裁判は確定し，その内容は変更できなくなる。しかし，被告人の有罪判決確定後に無罪を強く疑わせる証拠が新たに発見された場合には，例外的に改めて審理を行うことが許される。これが**再審**である。また，確定裁判が法令に違反したことを理由に検事総長が最高裁判所に是正を求める**非常上告**という制度もある。

2 事件処理の実態

　令和4（2022）年の統計によると，令和3年の**刑法犯**の**認知件数**は約57万件で，ここから刑法犯の認知件数の半数以上を占める窃盗を除くと約19万件である。認知された事件のうち刑法犯全体では46.6％に当たる約26万件，約18万人が検挙され，窃盗を除く刑法犯では55.5％に当たる約10万件（約9万人）が検挙された。

　警察等が検挙した事件は，**微罪処分**の対象となるものや反則金の納付があっ

た道路交通法違反等を除きすべて検察官に送致されるが，令和3年に検察官が新規に受理した人員は約77万人。刑法犯は約19万人で，これに過失運転致死傷等29万人と特別法犯約29万人が加わるが，道交法違反を除いた特別法犯は約8万人である。逮捕された被疑者は全被疑者の約34.1％である。勾留請求率は94.3％であり，勾留請求却下率は4.1％である。

　令和3年に検察庁が最終的に処理をした人員は約77万人であるが，このうちの約31％に当たる約24万人を起訴し，約64％に当たる約49万人を不起訴とした。また，約5％に当たる約4万人を**家庭裁判所に送致**した。起訴した者のうち，公判請求したのは約8万人（最終処理人員の約10％），**略式命令**請求が約20万人（同約22％）である。不起訴にした者のうち**起訴猶予**にしたのが約51万人（同約56％），その他の不起訴が約6万人（同約8％）である。

　令和3年の裁判確定人員は21万3,315人で，そのうち有罪が21万2,919人，無罪が94人，有罪率は99.81％である。また，有期懲役刑に処せられた者4万3,556人のうち刑の全部を**執行猶予**された者は61.8％に当たる2万6,905人，刑の一部を執行猶予された者は1,015人，有期禁錮刑に処せられた者2,670人のうち刑の執行を猶予された者（全部執行猶予）は98.3％に当たる2,624人，懲役・禁錮を合わせた全部執行猶予率は63.9％である。

　第一審の終局裁判に対する控訴率は地方裁判所で11.8％，簡易裁判所で6.9％である。控訴審の裁判に対する上告率は44.5％である。

③　原則と異なる処理が行われることの意味

　このように，実際の多くの事件は，①で述べたような原則とは異なって処理されている。起訴された事件のうち多くは，書面審理による略式手続で処理されているし，また，微罪処分や起訴猶予処分，刑の執行猶予など，正式の手続から外す処理（ディヴァージョン）も多用されている。

　被疑者・被告人が犯行を否認し，事件を争おうとしている場合には，充分な権利保障の上で，これを許さなければならない。これは自由社会の鉄則である。しかし，事件を争っていない場合には，簡易な手続をとる方が効率的であり，また，被疑者・被告人にとっても不安定な地位から早く解放されるなど有利に働くこともある。さらに，罪を認めて反省している場合には，公判廷で有罪を認定して実際に刑を科さなくとも，刑罰を科す目的が既に達せられているともいえる。いたずらに手続を進めれば，被疑者・被告人には犯罪者のレッテルが強く貼られることになり，その分，社会復帰は困難になる。したがって，現在の事件処理のあり方は，自由社会を維持するための原則を尊重しつつも，制度の効率性や，刑事手続に付随する弊害にも配慮したものであると評価できるように思われる。

（柳川重規）

た犯情の特に軽微な窃盗，詐欺，横領等の事件について，司法警察員が検察官に送致しない手続をとること（刑訴法246条ただし書）

▷**家庭裁判所への送致**
被疑者が少年（未成年者）の場合，事件はいったん，全て家庭裁判所へ送致される。

▷**略式命令**
100万円以下の罰金または科料に処せられる犯罪について，被疑者・被告人の同意を得て，公判を開かずに書面審理のみの簡易な手続で判断が下されるもの（⇨Ⅳ-15「略式手続」参照）。

▷**起訴猶予**
起訴をすれば有罪判決を得る見込みが高い場合であっても，「犯人の性格，年齢及び境遇，犯罪の軽重及び情状並びに犯罪後の情況により」起訴しないこと（刑訴法248条）（⇨Ⅳ-2「裁量訴追（起訴便宜）主義の意義」参照）。

▷**執行猶予**
3年以下の懲役もしくは禁錮等の言渡しを受けた者に対し，1年以上5年以下の間で刑の執行の全部又は一部を猶予する制度（全部執行猶予：刑法25条～27条，一部執行猶予：刑法27条の2-27条の7）。

日本国憲法と刑事手続

① 日本国憲法と刑事手続の関係

　日本国憲法は31条から40条において，刑事手続に適用される基本権保障の規定を比較的詳細に定めている。

　刑事手続は，犯罪が発生した場合に事実を解明し，適正な刑罰を科すことによって正義の実現を図るものであるが，たとえ正義を実現するためであっても，いかなる手段を採ることも許されるというわけではなく，基本権の保障という制約がここに課される。刑訴法１条はこのことを定めている。

　この基本権保障による制約は，例えば，被告人が拷問や強制を受けて自白した場合，たとえその自白が真実のものであったとしても，これを用いて被告人を有罪とすることはできない（供述の自由の保障：憲法38条１項，２項）とか，裁判所の落ち度などで裁判が不当に遅延した場合には，たとえ被告人が真犯人であることが強く疑われていても，裁判手続を打ち切らなければならない（迅速な裁判の保障：37条１項）といったドラスティックな形で現れることもある。また，国会が刑事手続に関して定めた法律が，たとえより多くの真犯人の処罰を可能にするものであったとして，それが何らかの個人の基本権を侵害するものであれば違憲となり，その効力は否定される。

② 基本権保障の効果の由来

　基本権の保障がこのような効果をもたらす理由を知るには，そもそも国家はなぜ一定の権力を行使することが許されるのかということを考えてみなくてはならない。個人が人の命を奪ったり，自由を奪って拘禁したりすれば犯罪となるのに，なぜ国家にこれが許されているのかということである。

　憲法は前文で「国政は，国民の厳粛な信託による」と定めているが，これは，**ジョン・ロック**の**社会契約論**，とりわけそこで示された**信託論**に由来する。日本国憲法の母法たる合衆国憲法は，その理論的基礎の一つをロックの社会契約論に置いているが，ロックによれば，国家（政府）の成立及びその権力行使の正当性は以下のように説明される。まず，「生命，自由，財産」という固有権を有する個人が，その保護を確実なものにするために，互いの固有権を尊重し，各個人が固有権保護のために有していた自然的権力を放棄するとの契約を結んで政治社会を形成し，つぎに，その政治社会が国家という政治機構に対して，

▷**ジョン・ロック**（John Locke, 1632-1704）
イギリスの思想家。主著『統治二論』（加藤節訳）岩波文庫。
▷**社会契約論**
国家権力の正当化根拠を個人相互間の契約に求める理論。
▷**信託論**
「信託」とは一定の目的に従って他人に財産の管理・処分をさせるために，その者に財産権を移転することをいう。ロックの信託論は，個人の固有権保護という目的のために，個人から国家に自然的権力が委譲されるので，この目的に反した国家権力の行使は一切正当性を欠くというもの。

この固有権保護という目的に限定して権力を与えたのである，と。このように，国家の権力行使は個人の固有権・基本権の保障を目的とし，その限りで正当化されるのであるから，基本権の恣意的で不当な侵害は，刑事手続を行う上でも決して許されず，その効果が否定されるのである。

❸ 基本権保障の概要

　刑事手続上の基本権保障の内容を手続の流れに沿って素描すると，まず，捜査段階では，憲法33条と35条が，それぞれ行動の自由とプライヴァシーを保障し，不当な逮捕，捜索・押収から個人を保護している。一定の要件（実体要件）によりこれらの権利を制約することが許されるが，その要件の存在は，原則として令状手続によって確認されなければならない（いわゆる**令状主義**）。また，38条1項は，被疑者に供述の自由を保障し，さらにこの保障を実効性あるものとするために，身柄を拘束された被疑者には，34条により**弁護人に依頼する権利**が保障される。

　公判では，37条1項が**公平な裁判**，**迅速な裁判**，**公開裁判を受ける権利**を被告人に保障している。同条2項は証人喚問権・審問権を，同条3項は**弁護権**を保障しているが，これらの権利の保障により，被告人は公判で検察官の主張・立証に対し，徹底的な批判を行うことができるようになり，**当事者・論争主義**の裁判を受ける権利が保障される。また，38条1項は公判では自己負罪拒否特権を保障するものとなり，被告人に対して証人と同様の証言義務を課すなど，有罪立証への協力義務を課すことが禁止される。これにより，**弾劾主義**の裁判を受ける権利が被告人に保障される。32条が保障する「裁判を受ける権利」とは，このような当事者・論争主義と弾劾主義の裁判を受ける権利である。

　刑事裁判で科される刑は，36条により残虐なものであってはならない。残虐な刑罰には，死刑に相応しくない犯罪行為を死刑にするなど，犯罪との均衡を欠く刑罰も含まれる。また，刑罰法規の遡及適用が，39条によって禁止されている。39条はまた，個人を一度，裁判という「危険」にさらした場合には，二度この危険にさらしてはならないというに二重危険禁止の原則を定め，検察官による訴追が圧制につながることを防止している。[1]

　裁判は，有罪・無罪を決める場であり，無辜の者が刑事裁判に巻き込まれることもありうることを前提としているが，憲法はその負担の重さを慮って，衡平の見地より金銭補償をすること（刑事補償）を40条で認めている。

　31条は法の適正手続（デュー・プロセス・オブ・ロー）の保障を定めている。この適正手続の保障は，具体的な基本権保障の内容を全て含むものであるが，その独自の存在意義は，具体的な基本権規定によってはカヴァーされない，しかし，正義の観念などに照らし明らかに不当と思われる手続を無効とする点などに，認めることができる。

（柳川重規）

▷**令状主義**
⇨ Ⅲ-10「強制処分の基本原理」，Ⅲ-11「令状主義とその例外」
▷**弁護人に依頼する権利**
⇨ Ⅱ-5「弁護人の役割」，Ⅱ-6「国選弁護制度とその拡充／公的弁護制度」，Ⅲ-20「被疑者の接見交通権」
▷**公平な裁判**
⇨ Ⅴ-3「公平な裁判所」
▷**迅速な裁判**
⇨ Ⅴ-4「迅速な裁判」
▷**公開裁判を受ける権利**
⇨ Ⅴ-2「公判の諸原理・諸原則」
▷**弁護権**
⇨ Ⅱ-5「弁護人の役割」，Ⅱ-6「国選弁護制度とその拡充／公的弁護制度」
▷**当事者・論争主義**
⇨ Ⅰ-4「刑事訴訟法の基本的性格：糾問主義，弾劾主義，職権主義，当事者主義」
▷**弾劾主義**
⇨ Ⅰ-4「刑事訴訟法の基本的性格：糾問主義，弾劾主義，職権主義，当事者主義」
▷1　⇨ Ⅶ-3「裁判の効力」

刑事手続の機能と役割

 犯罪の発生によって生ずる害とその回復

犯罪に直接の被害者がいる場合，犯罪の発生により被害者は，精神的・物理的・経済的被害を被る。また，犯罪が発生した付近の地域社会をはじめ，広く社会一般は，犯罪に対して憤りや強い不安を感じる。

被害者の被害回復のためには，経済的な被害の回復は欠かせないし，精神的なケアも必要である。その際，自己に向けられた犯罪行為が理不尽なものであり，不正なものであることを社会なり国なりに認めてもらわなければ，被害者は精神的にますます孤立してしまう。さらには，報復感情・応報感情も一定程度満たされなければならない。社会にとっても，憤りや強い不安といった動揺を鎮めるには，報復感情・応報感情が満たされることや，動機や背景などを含めた犯罪にまつわる事実が明らかになること，犯罪の再発防止策・予防策が充分に講じられることなどが必要となる。

② 刑事手続によって解決できること

刑事手続は，刑法を実際の事件に適用するために行われる。すなわち，刑法に定めている犯罪が行われたか否かを認定し，犯罪が行われたとの認定がなされれば，刑法の定める刑罰を科す手続が刑事手続である。これにより刑法の狙いを実現しようとするわけであるが，刑罰を科す狙いとしては，一般に応報，犯罪の抑止（一般予防），犯罪者の社会復帰（特別予防）ということがいわれる。犯罪という不正な行為に対しては，それに見合った不利益（苦痛）が加えられることが正義に適っていると考えられており，また，こうした不利益が加えられることにより，犯罪を行っても割に合わないということが一般の人々に示され，犯罪が抑止されるとも考えられている。さらには，刑罰を受けることにより犯罪者の更生が図られ，社会に再び統合されることが可能となると考えられている。こうした狙いに加えてさらに，犯罪行為が，人々が協力して生活する基礎を壊す不正な行為であり，強い非難に値するものであることを確認し，その非難を犯罪者に向け，受けとめさせるという狙いもある。このように刑法は，極めて重要な狙いを有しているが，それは刑事手続を通じて初めて実現するのである。刑事手続を通じて刑法の狙いを実現することにより，被害者を含めた人々の犯罪に対する応報感情をある程度満たすことができ，さらには，刑罰の

▷1　⇨被害者が刑事手続でどのように扱われるかについては，Ⅱ-8「犯罪被害者の法的地位」参照。

▷2　⇨刑事手続の概略については，Ⅰ-1「刑事手続の概略と事件処理の実態」参照。

もつ犯罪抑止力，犯罪者を更生させる力を通じて，犯罪の再発防止に一定の効果をもたらすとも考えられている。

とはいえ，刑事手続によっては，被害者は経済的被害の回復を図ることは基本的にはできない。これについては被害者が，刑事裁判とは別に民事裁判によって回復を図らなければならないのである。犯罪防止ということでも，刑事手続はあくまで起こった犯罪への対応として行われるものであり，また，基本的には当該事件への個別の対応であるので，自ずと限界がある。さらにいえば，犯罪が生じやすい状況を変えるとか，犯罪者が抱えている問題に取り組むなどの根本的な犯罪防止策を刑事手続が提供するわけでもない。

また，刑事手続では，捜査機関による強制捜査や，公判での証人喚問・証人尋問などにより，他の手続によっては解明できない事実が明らかになるかのようにも思われているが，実際は必ずしもそうではない。公判での事実の認定は検察官，被告人両当事者の証明に基づいて行われるので，そもそも裁判所は当事者が証明しない事実を解明することはできないし，犯罪の動機や背景の解明は，有罪認定をするのに必ずしも必要ではないので，検察官はこの点の証明を義務づけられてはいない。加えて，**自白法則**や**伝聞法則**に反する自白や供述は，これを証拠とすることはできないし，被告人には**自己負罪拒否特権**が保障されているので，犯罪について供述するよう義務づけることは許されない。さらに，証拠の収集方法に重大な違法があれば，それを証拠として利用することはできない。このように，刑事裁判での事実認定には様々な制約が課されており，事件の背景まで含めた真実の解明が必ずしもできるわけではない。刑事手続に本来求められているのは，科刑を正当化できる事実があるか否かの確認である。

③ 刑事手続の役割

犯罪という社会問題の解決に関して刑事手続が果たす役割は，このように案外と限られたものであることがわかる。しかし，人々の応報感情というものは非常に強いものなので，刑事手続を通して犯罪者に刑罰を科さなければ，被害者やその周囲の者たちが私的な復讐を行って応報感情を満足させようとしかねない。そして，こうした復讐はさらなる復讐を生み，復讐の連鎖となって，決して平穏な状況はもたらされない。刑事手続は，犯罪によってもたらされた問題を平和裏に解決し，社会に平穏をもたらすための方策として古くから用いられてきているものである。そして，近代以降は手続に適正さが要求され，復讐とは根本的に異なるものと理解されている。確かに，刑事手続は犯罪という社会問題を解決する一つの方策にすぎず，問題の全面的な解決のためには民事訴訟，行政的な取り組みなどほかの様々な制度もあわせて活用しなければならないが，しかし，刑事手続が社会制度として人類の歴史上，極めて古い時代から用いられてきていることの意義は，決して軽視することはできない。（柳川重規）

▷3　もっとも，民事上の和解が成立し，その内容が刑事の公判調書に記載されると，民事裁判の判決文（債務名義）と同じ効力が認めらる制度（犯罪被害保護法19条～22条）や，殺人，傷害等の一定の犯罪について，刑事事件を担当した裁判所が，有罪の言渡し後，引き続き損害賠償請求についての審理も行い，加害者に損害賠償を命じることができる制度（損害賠償命令制度：同法23条～40条）は存在する。⇨ Ⅱ-8「犯罪被害者の法的地位」参照。
▷**自白法則**
⇨ Ⅵ-9「自白法則Ⅰ」～ Ⅵ-11「自白法則Ⅲ」
▷**伝聞法則**
⇨ Ⅵ-14「伝聞法則の意義及びその例外」
▷**自己負罪拒否特権**
⇨ Ⅳ-10「刑事免責」
▷4　⇨ Ⅵ-7「排除法則」～ Ⅵ-8「派生証拠」

▷5　中世のゲルマン法では復讐が社会制度として容認されていた（フェーデ：Fehde）。しかし，復讐によっては社会に安定がもたらされないことが自覚され，その後，この制度は廃止された。

刑事訴訟法の基本的性格：糾問主義，弾劾主義，職権主義，当事者主義

 ## 刑事裁判の基本的性格を学ぶ意義

　犯罪を犯したと思われる者をいかなる手続に基づいて，いかなる刑罰を加えるかは時代と場所により変遷がみられた。有罪か無罪かを裁判という形式によって決めなければならず（裁判を受ける権利），また，証拠に基づいて判断しなければならない（証拠裁判主義）との形態が採られるまでにも相当の時間の経過が必要であった。さらに，刑事裁判がいかなる形態によって行われるかはその国の政治や統治のあり方を如実に反映しているものであるし，また，その国民の自由や権利の保障のあり方にも密接に関連している。歴史上存在した代表的な刑事裁判の形態の特徴と，その基本的考え方は現存の各国の現在の刑事裁判のあり方の中にも引き継がれている。そこで，代表的な刑事裁判の形態とその根底にある基本的な考え方（原理・原則）を学ぶことは，現在の刑事裁判のあり方を理解する上でも有益であり，むしろ不可欠ともいえよう。歴史上存在し，かつ現在の刑事裁判制度の根底を流れる基本的考え方として，「糾問主義」と「弾劾主義」，そして「職権主義」と「当事者主義」という諸概念がある。

2 糾問主義と弾劾主義

　一般的にヨーロッパ大陸法の国々は糾問主義を，英米法の国々は弾劾主義の特徴をもった制度を発展させた。糾問主義の特徴はつぎの点にある。糾問官（裁判官）自らが刑事手続を開始することができ，被告人を問い糾す形で手続が進められ，裁判官の裁量の幅も広かった。手続の目的は真実の発見にあり，そのためには一定の要件の下に拷問も認められる。捜査する機関は独立した存在ではなく，裁判所の命令の下に活動する。裁判所は階層的に構成され，最上級の裁判所の権威ある判断が最終となり，そこで裁判は確定する。裁判は非公開で行われる。

　これに対して，弾劾主義の特徴はつぎの点にある。被害者等の告発があって裁判が開始される。告発者（訴追側）が有罪立証の責任を負い，被告発者は真実発見に協力する義務を負わない。被告発者には告発事実が告知され，裁判は公開で行われる。被告発者には迅速な裁判を受ける権利が保障され，また，一度裁判が終了したら，二度と同じ事件について訴追されない地位が保障される。

　この糾問主義と弾劾主義の二つの形態は理念型であり，純粋な形で存在した

▷1　古代では洋の東西を問わず，神判・決闘・宣誓などの方式で有罪・無罪が決められていた。日本の盟神探湯（くがだち）もその一種であるが，熱湯に手を入れて火傷の治り具合で有罪・無罪を決めたが，科学技術の発達していないため証拠が十分に収集できず，また，合理的な事実認定の方法が確立されていなかった時代に採られていた裁判方法であった。

▷2　糾問官は，今でいえば捜査，訴追，裁判の役割を一手に引き受けて行っていたのであり，役割や権限の分立がなく，公平な裁判という観点からは問題があり，実際にも圧政の道具として裁判が用いられることがあった。

わけではなく，現実に存在した裁判制度はどちらかの特徴を基本にした混合形態であった。

③ 職権主義と当事者主義

近代になると糾問主義が大幅に修正され，また，弾劾主義も変容を受けた。近代国家における刑事裁判はつぎのような共通する特徴を有している。捜査機関が裁判所から独立して活動し，その活動は裁判所等による規律を受けること，訴追[3]がなければ裁判は開始されないこと（不告不理の原則），被疑者・被告人に様々な基本権が保障されたこと，裁判所の審判対象が，広狭はあるが，限定されたこと，供述証拠の証拠能力に制限が加えられたこと（自白法則，伝聞法則，直接主義），非供述証拠の証拠能力に制限が加えられたこと（排除法則，証拠禁止），迅速・公平・公開裁判が保障されたこと，上訴権が保障されたこと等である。

近代的刑事訴訟法典には上記のような共通点があるが，職権主義と当事者主義の最も大きな違いは，裁判における中心的な役割を果たすのが裁判所なのかそれとも当事者（訴追者〔多くの場合は検察官〕と，被疑者・被告人〔これに弁護人が助力する〕）なのかである。ヨーロッパ大陸法系の国々は職権主義を採り，英米法系の国々は当事者主義を採っている。一例を掲げれば，ドイツでは刑事裁判の目的は実体的真実の発見であり，裁判官は裁判において主導的な役割を果たし，有罪・無罪を立証する可能性のある全ての情報を収集する義務があるとされるのに対し，アメリカでは，検察官の主張した事実が合理的な疑いを超えて立証されていれば有罪，疑いが残れば無罪とされ，陪審の下した無罪判決に対しては上訴して争うことも認められていない[4]。

④ わが国の刑事裁判の特徴

わが国の刑事裁判は弾劾主義・当事者主義を基本にしている。

まず，刑事裁判を担う各機関の権限が分立されている[5]。

つぎに，憲法には被疑者・被告人の基本的人権が多数保障されている[6]。

弾劾主義を表す権利として憲法38条1項は「何人も，自己に不利益な供述を強要されない」と規定し，自己負罪拒否特権を保障した。被疑者・被告人は一切の供述を拒否できる。検察官は犯罪事実を主張・立証する責任（挙証責任）を負い，被疑者・被告人は立証に協力する義務を課されない。そこで，この規定は弾劾主義の典型的表現だといわれるのである。

憲法37条は，わが国が当事者主義の刑事裁判を採用していることを明確にしている。つまり，37条は被告人に，迅速・公開・公平な裁判を受ける権利，証人審問・喚問権，私選・国選の弁護権を保障している。当事者主義のエッセンスを被告人の権利保障という形で規定したものである[7]。

（椎橋隆幸）

▷3 公訴提起または起訴のことをいう，刑事事件につき裁判を請求する意思表示のこと。⇨Ⅳ-1「国家訴追主義と私人訴追主義」

▷4 職権主義といっても現在は検察官と被告人・弁護人とが攻撃と防御を展開し，裁判官が判断するという三面的な弾劾構造を採る形態が多い。その点では当事者主義と接近している。ただ，当事者主義では裁判官は検察官の主張が認められるか否かを判断するだけであるのに，職権主義では真実解明義務があるとの前提で裁判官は職権で証拠を調べる等強力な権限を有し，また，主導的な役割を果たしている点などでなお違いがある。

▷5 捜査，訴追，弁護，裁判各々を担う機関とその権限は各機関に別々に分有されている。

▷6 適性手続の保障（31条），裁判を受ける権利（32条），正当な理由と裁判官の審査がなければ身柄拘束されない権利（33条），一般令状と不合理な捜索・押収を禁止して個人のプライヴァシーを保障する権利（34条），公務員による拷問及び残虐な刑罰の禁止（36条），無罪とされたものが刑事補償を受ける権利（40条）などである。

▷7 当事者主義の刑事裁判 公開の法廷で検察官の主張に対して被告人と弁護人が徹底的に防御活動を展開する機会を与え，それでもなお，検察官の主張が合理的な疑いを超えるまで証明されていると裁判官が判断したとき初めて有罪判決が下されるという形態を採っている。

刑事訴訟における判例及び立法の役割

法源としての刑訴法と判例

　法はいろいろな形態で存在している。法源（法の存在形式）としては，成文法として，憲法，法律，条約，命令，規則等があり，不文法として判例法，慣習法等がある。このうち，立法府（国会）が一定の手続を経て定める法律と，裁判所による判断の積み重ねが法的規範性を認められるに至った判例法と，両者の関係が法源論として重要である。

　刑事手続における刑訴法と判例はそれぞれの独自の役割と両者に相互補充的関係があることを理解することが重要である。近年，そのことをよく示した例として電話検証の判例と通信傍受法を見てみよう。

2 明文の規定はないが必要な捜査方法の扱い

　覚せい剤などの薬物事犯が個人や社会に及ぼす悪影響は大きなものがある。覚せい剤事犯は様々な職種に及んでおり，また，青少年までが検挙されている。また，覚せい剤等の密売買を行うのは暴力団等の犯罪組織であり，覚せい剤等の不法な収入は莫大であり，犯罪組織の重要な資金源になっている。そこで，覚せい剤事犯の犯人を検挙して裁判にかけ，犯人を処罰し，もって社会の安全を回復する必要が高いのであるが，覚せい剤犯罪が秘密裏に巧妙に行われるために従来の捜査方法では犯人の摘発が困難であった。覚せい剤事犯の摘発に効果があると考えられて一定の厳格な要件の下に認められた捜査方法が平成11(1999)年の通信傍受法である（「犯罪捜査のための通信傍受に関する法律」，以下，通信傍受法という）。

　それでは，通信傍受法が制定されるまでは通信傍受はどのように位置づけられていたのであろうか。

3 通信傍受の法的性質

　一般に，捜査活動は大別して任意捜査と強制捜査とがあり，前者は対象者の権利や自由を後者ほど制約しないので，犯罪の嫌疑と手段の相当性（処分によっては証拠保全の必要性と緊急性が必要とされる場合がある）があれば許されるが，後者は刑訴法に定められた処分でしかも原則として裁判所の事前の審査を受けた上でなければ許されない（令状主義）と考えられている。平成11年の通信傍

▷1　ヨーロッパ大陸法と英米法

ドイツ，フランス，イタリア等ヨーロッパ大陸法は立法府が定めた制定法を法源の中心とするのに対して，英米法は裁判所が下す判例の集積によって生まれる判例法を法源の中心としているといわれる。両法体系は現在でも基本的にはそれぞれの特徴を維持しているといえるが，グローバリゼーションの進展に伴う法律文化の相互交流の結果，お互いに影響しあっていることが多くなっていることは無視できない。

▷2　英米法系の国々では，コモン・ロー（判例法）にばかり大きく依存することなく，立法府が新たな犯罪現象に対応して新たな法律を次々と制定し，その量も相当数に上る。英米法の国も今や有数の制定法の国でもある。だからといって，裁判所や判例法の役割がなくなったり，縮小したりするものでもない点が興味深い。

受法が制定されるまでは，通信傍受は刑訴法等の法律に明文で規定されていなかったが，他方で，対象者の不知の間にその会話を傍受する行為を任意捜査として比較的緩い要件の下で許すとするには抵抗があったのである。

❹　通信傍受は検証かそれを超える処分か

　通信傍受は対象者のプライヴァシー（会話の自由，通信の秘密）を侵害する行為なので強制処分であると性格づけた場合，刑訴法中の強制処分（逮捕，勾留，捜査，差押え，検証，鑑定，証人尋問）のいずれかに該当すると解釈できれば，その強制処分に要求されている要件を充足すれば許されることになる。いくつかの下級審判例（東京高判平成4年10月15日判タ808号166頁など）は厳格な要件を付した検証許可状を発付して通信傍受を認めた（電話検証）。事物の存在，状態を五官の作用によって認識・感得することを検証というので，聴覚により通話者の会話を認識する行為を検証に含めて解釈することができると判断したのである。最高裁も検証令状による電話傍受を合憲・適法であると判示した（最決平成11年12月16日刑集53巻9号1327頁）。もっとも，殺人現場の状況の認識・現状保存のために行われる典型的な検証と電話の傍受は大分違いがあるし，通常の検証より厳格な要件が不可欠であるとすることも通信傍受が従来の検証の枠からはみ出る部分があるのだとの批判に対応したものと推測される。

　そこで国会は通信傍受を新たな強制処分として正面から認め（刑訴法222条の2），四類型の重大犯罪に対象を限定して，厳格な要件の下に通信傍受を認める法律を制定した。

❺　判例と刑訴法の役割と両者の関係

　犯罪現象は巧妙化の度を増し，従来，法が予定していた捜査手法では対応できない事態が生じてくる。その事態に国会（立法府）が直ちに対応することが望まれるが，そうなるとは限らない。しかし，犯罪状況は深刻となり，事態を放置しておくことは多くの国民の権利や社会の安全を害するので法執行機関や裁判所もその事態に適切に対応しなければならない。裁判所は，制定当初法律が予想していなかった事態に直面して，憲法及び当該法律の趣旨に矛盾しない形で，当該法律を解釈して，当該事案の解釈という限られた範囲で法の空白を埋め，問題のより根本的な解決を国会に投げかけるという重要な役割を果たすのである。そして，国会は裁判所が投げかけた問題を正面から受け止め，当該問題の解決を超えたより広い問題として捉え，様々な場合を想定した上でそれら全てをカバーできる周到な法律を制定するという役割を果たすのである。通信傍受をめぐる判例と通信傍受法の制定は以上に述べた裁判所（判例）と国会（立法）とがそれぞれの役割を果たし，両者の相互補完的な役割を果たした一例として評価できよう。

（椎橋隆幸）

▷3　国会は立法当時予想できることは全て配慮しつつ立法すべきは当然であるが，時間の経過に伴って予想できない事態が発生することはやむをえないことであり，ましてや，現代のような物事がめまぐるしく進展する時代においては，裁判所と国会とはそれぞれ独自の役割と相互補完的役割とを果たしつつ，法の空白を作らない努力が強く求められているのである。

▷4　平成28年5月，通信傍受法が改正された。改正法には，通信傍受を効率化・合理化する内容が含まれている。改正法は，大きく，(1)対象犯罪の拡大と要件の厳格化及び(2)特定装置を用いる傍受の導入，から成る。(1)対象犯罪は，改正前の4類型の犯罪に加えて，①現住建造物放火，殺人，傷害・傷害致死，爆発物使用，②逮捕・監禁，略取・誘拐，③窃盗，強盗・強盗致死，④児童ポルノの提供等が追加され，追加犯罪については「組織性」の要件が付加された。また，(2)傍受した通信や傍受の経過を自動的に記録し，これを即時に暗号化する特定装置を用いる傍受を導入し，この特定装置を用いれば捜査機関が通信の原記録を改変することが不可能となるので，改正前の立会い，記録媒体の封印，記録媒体の裁判官への提出を不要とすることとされた。

裁判官の役割

1 公平・中立な裁判所

犯罪が発生すると，捜査手続（図Ⅱ-1参照）が始まる。刑事手続では，捜査機関，検察官，被疑者・被告人，弁護人のそれぞれの立場からの事件の見方は様々である（人が死亡した場合を考えると，殺人，傷害致死，過失致死事件かもしれないし，場合によっては，正当防衛，誤想防衛や過剰防衛かもしれない）から，しばしば，犯人の逮捕から，裁判の進め方に至るまで，訴訟に関与する当事者の主張が異なることもある。裁判とは，全ての訴訟当事者にとって公平・中立な判断がなされることで，その判断が訴訟当事者の意思に関わりなく，法律関係を確定させる国家の権力作用の一つであるから，刑事手続においても，全ての訴訟当事者にとって公平・中立な判断がなされなければならない。では，裁判官は，刑事手続のどの場面で，どのような判断をすることが予定されているのであろうか。刑事訴訟（刑事裁判）の性格をどのように考えるかによって，刑事手続における裁判官の役割が大きく異なってくる。

2 捜査手続における裁判官の役割

糾問・職権主義的な刑事訴訟においては，裁判官の命令により捜査手続が開始され，捜査手続で得られた証拠と心証は公判手続に引き継がれる。そこでは，検察や警察は裁判所の手足として理解されてきた。しかし，今日のわが国の刑事訴訟においては，警察や検察といった捜査機関が独自の権限で捜査を行い，また，捜査手続と公判手続は分離されている。

捜査手続においては，令状の発付請求を受けた裁判官は，令状の発付手続を通じて，捜査目的と基本権の保障の調和を図っている。裁判官は捜査手続においては，特に，個人の権利，プライヴァシーや重要な利益を制約する強制処分（197条1項ただし書き）が適正に行われ，必要以上に国民の基本権が制限されていないかどうかをチェックする役割が与えられている。

3 公判手続における裁判官の役割

糾問・職権主義的な刑事訴訟における公判手続（刑事裁判）では，裁判長は，捜査手続において収集された証拠を裁判（公判期日）が始まる前に精読した上で，裁判に臨んだ。裁判官は，裁判の進め方を自己の権限で決定し，あらかじ

め得られた心証が正しいかどうかを確認するために，被告人を糾問していた。しかし，今日のわが国の公判手続においては，裁判所（国法上の意味の裁判所と対比して，個々の具体的な事件を扱う裁判所は**訴訟法上の意味の裁判所**と呼ばれる）の役割は大きく変わることになった。

憲法37条は，被告人の権利を規定する形式で公判手続のあり方を規定している。被告人には，検察官からも被告人からも公平な立場にある裁判所によって，迅速な裁判を，公開の法廷で受ける権利が保障されている（1項）。検察官は，いわば原告として，被告人の過去に行われた犯罪行為を証拠によって立証する。被告人は，検察官と対等の立場で，被告人の犯罪行為を立証する検察官の立証活動を批判的かつ挑戦的に吟味することができなければならないが，公判手続で扱われることは法的な専門知識が要求されることから，法律の専門家である弁護人の助力を受け（同3項），証人を法廷に喚問し尋問する権利が与えられている（同2項）。

当事者・論争主義（the adversary system）の公判手続においては，裁判所は，公平・中立な立場から，検察官と被告人・弁護人との論争を通じて，検察官によって，被告人の特定の犯罪行為が証拠により合理的な疑いを超える程度に証明されているかを判断するため，糾問・職権主義的な公判手続と比べて，裁判所の地位及び役割は控えめとなる。検察官と被告人・弁護人との論争が行われると，裁判官は，まず，検察官が被告人が過去に特定の犯罪行為を行ったことが合理的な疑いを超える程度に証拠により証明したと判断する（事実認定）。そして，被告人が有罪判決を受ける基礎となる過去の犯罪行為があったことが証明されると，つぎに，裁判官は，被告人に具体的にどの種類の刑罰をどの程度科すかを，諸般の事情を総合的に判断して，被告人に言い渡す刑の種類とその量を判断する（量刑）。そして，被告人の出廷している法廷で，被告人に判決を言渡す（**裁判員制度の導入**により，裁判官は裁判員とともに裁判を行う）。

また，法廷が混乱しては円滑に公判手続を進めることはできない場合には，裁判長はその責務として，混乱した法廷の秩序を維持・回復するために，法廷警察権を行使することがある（裁判所法71条以下）。さらに，公判手続の進行や証人尋問の方法など具体的な当事者間の意見の相違などを解消し，公判手続を円滑・適正に行えるようにするために，裁判長は訴訟指揮権を行使することがある。

(滝沢　誠)

要」

▷**訴訟法上の裁判所**

刑事事件については，簡易裁判所または地方裁判所が第一審となり，高等裁判所が訴訟当事者の行った第一審判決に対する控訴を判断する。そして最高裁判所は当事者の第二審判決に対する上告を判断する（審級管轄）。それぞれの審級に応じて，裁判所が合議体となるか単独制となるか，また，それぞれの審級でどのような種類の事件を扱うことができるか（事物管轄）については，裁判所法24条2号，16条1号，2号4号，7条に規定されている。

▷**裁判員制度**

⇨ II-2「裁判員裁判」

図II-1　刑事手続

裁判員裁判

▷１　陪審制度と参審制度
国民が刑事裁判に参加する代表的な制度として英米の陪審制度と独仏の参審制度がある。英米では無作為に選ばれた陪審員が当該事件について陪審員のみで有罪・無罪の判断を行う。独では政党や労働組合などの推薦に基づいて選任された参審員が一定の任期の間，裁判官と協力して有罪・無罪の判断と刑の量定を行う。わが国の裁判員制度は裁判員が無作為に選任されて当該事件のみ担当する点では陪審員制度に似ているが，裁判官と協働して事実認定と量刑を行う点では参審制度に似ている。その意味でユニークな国民参加の刑事裁判といえよう。

▷法定合議事件
地方裁判所において，死刑・無期または短期１年以上の懲役または禁錮に当たる罪の裁判を行う際，法律により合議体で裁判することが求められている事件のことをいう。

① 裁判員制度の創設とその意義

　平成16（2004）年５月，「裁判員の参加する刑事裁判に関する法律」（以下，法または裁判員法という）が成立し，平成21（2009）年５月から施行された。裁判員法の目的は，国民の中から選任された素人の裁判員が職業裁判官とともに刑事訴訟手続に関与することによって司法に対する国民の理解の増進とその信頼の向上に資することである（法１条）。

　裁判員制度はまた，公判審理の充実・迅速化を図ることも目的とされている。これを実現するため公判前・期日間整理手続が設けられた。これは，裁判官が検察官と弁護人出席の下に行う準備手続であるが，そこで争点と証拠を整理し，審理計画を策定するなど円滑かつ充実した公判での審理を行うための十分な準備をし，裁判員の参加する公判手続は連日的開廷を原則とし，わかりやすい形で証拠調べ等を行い，短い期間内で終了することが予定されている。

② 裁判員裁判の構成

　裁判員裁判は原則として裁判官が３人，裁判員が６人の合議体（裁判体）で構成される（法２条２項本文）。裁判員が自由に発言できる環境作りと充実した合議が可能な合議体のあり方を考えた構成といわれる。例外的に，事実関係に争いがなく，当事者に異議がなく，裁判官が適当と認めるときは裁判官１人，裁判員４人の構成となる（法２条２項ただし書）。

③ 裁判員裁判の対象事件

　裁判員裁判が対象とする事件は次の重大事件である。ア）死刑又は無期の懲役・禁錮刑に当たる罪に係る事件，イ）アを除き，**法定合議事件**であって，故意の犯罪行為により被害者を死亡させた罪に係るもの（法２条１項）。アには，殺人罪，強盗殺人・強盗致死傷罪，現住建造物放火罪などが，イには，傷害致死罪，危険運転致死罪などが含まれる。ちなみに，ア，イの事件数は当初，年間2700～3700件位（制定時直近数年間の対象事件数）と見込まれた。なお，平成30年の新受人員は1090人であった。

4 裁判官と裁判員の権限・役割

裁判官と裁判員は協働して，事実認定（有罪・無罪の判決など），法令の適用，刑の量定を行う。もっとも，法令の解釈，訴訟手続に関する判断など法律の専門的な解釈に関わることは裁判官が行う（法6条）。

合議の結果下す判決は，裁判官及び裁判員の双方の意見を含む，合議体の員数の過半数による（法67条1項）。数の上では裁判員だけで過半数を占めることが可能であるが，少なくとも裁判官が1名加わっていなければ有罪判決を下すことは許されない。

5 裁判員の選任

裁判員の選任はつぎのように行われる。

㋐成人を選挙人名簿から無作為に抽出して裁判員名簿を調製する（法23条など）。㋑地方裁判所は，第1回公判期日が決まると一定数の裁判員候補をくじで選定する（法26条）。㋒裁判所は，裁判員の資格の有無の判断に必要な質問票を用いることができる（法30条）。㋓裁判員選任手続には，裁判官，裁判所書記官，検察官及び弁護人が出席する（法32条1項）。必要と認められたときは被告人も出席することができる（法32条2項）。この手続は非公開で行われる（法33条1項）。㋔裁判長等は，裁判員の資格の有無を判断するため，裁判員候補者に対して質問する（法34条）。

6 裁判員にならない者

つぎの事由に該当する者は裁判員に選任されない。

ア）衆議院議員の選挙権を有しない者（法13条）。

イ）欠格事由（法14条）

　a．義務教育を終了しない者。b．禁錮以上の刑に処せられた者。c．心身の故障のため裁判員の職務の遂行に著しい支障がある者。

ウ）就職禁止事由（法15条）

　a．国会議員，国務大臣，国の行政機関の幹部職員など立法や行政権の中枢を担う者は三権分立の視点から裁判員になるのは適当でないと考えられた。b．裁判官，検察官，弁護士等司法に関係する者は裁判員制度が社会の常識を反映させるために設けられた趣旨に鑑みて適当でないと考えられた。c．自衛官は緊急事態への対応を優先すべきとして適当でないと考えられた。

エ）事件に関連する不適格事由（法17条，18条）

　被告人または被害者，それらの親族・法定代理人・保佐人など裁判の公正を害するおそれが類型的に認められる者及び事件について一定の考えを

▷2 辞退事由

辞退を緩やかに認めると，広く国民の常識を裁判に反映させるという制度の趣旨が生かされないだけでなく，制度そのものには賛成であるが裁判員にはなりたくない人がかなり高率を占めているとの国民の意識調査によれば，制度の存立そのものが危ぶまれてしまう。かといって，無理を強いれば制度に対する支持を失いかねない。現実に辞退事由で大きな問題とされているのが思想・信条を理由に辞退を認めることができるかであるが，方向性としては，「裁判参加によって精神上の重大な不利益が生じる」と判断される場合は辞退が認められるようである（政令の法務省案）。例えば，死刑制度に反対というだけでは辞退できないが，死刑が想定される事件に参加することが「精神上の重大な不利益」に当たると裁判官が判断した場合には辞退が認められる。また，妊娠中や出産直後の人なども辞退可能とされている。

▷3 辞退の判断は，呼び出さない措置と呼出取消しの措置によって，できるだけ前倒ししたこともあり，選定された裁判員候補者が裁判員選任手続に参加する割合は当初8割を超えていたが，その後減少傾向にある。

▷4 東日本大震災を契機に裁判員法の一部が改正され，平成27（2015）年12月から施行された。同法の内容は，①著しく長期間の審判を要する事件等を裁判員制度対象事件から除外することを可能とした，②重大な災害により著しい被害を

形成しているとか不公平な裁判をするおそれがあると認められる者は裁判員となることができない。

オ）辞退の申立による不選任決定（法16条）[42]

　70歳以上の者，学生または生徒，裁判員・検察審査員経験者，重い疾病または傷害があり出頭が困難な者，同居の親族の介護または養育を行う必要のある者，父母の葬式等，自らが処理しなければ著しい損害を生じるおそれのある重要な用務がある場合等に該当する者は辞退を申し出，辞退事由に該当すれば不選任決定がされる。裁判員制度の趣旨によれば，なるべく多くの国民の参加が望ましいが，過重な負担を強いることもできないために設けられた。

カ）理由を示さない不選任の請求（法36条）

　検察官及び被告人は各々4人の裁判員候補者について，理由を示さずに不選任を請求でき，裁判官は不選任の決定をする。

⑦ 裁判員の義務，罰則

　呼び出しを受けた裁判員候補者は，裁判員等選任手続の期日に出頭しなければならない（法29条1項）[43]。また，裁判員候補者は送られてきた質問票に虚偽の記載をしてはならない（法30条3項）。呼出しを受けた者が正当な理由なく出頭しないときは，10万円以下の過料に処せられる（法112条1号）[44]。出頭した候補者には，旅費，日当，宿泊料が支給される（法29条2項）。また，質問票に虚偽の記載をした場合には30万円以下の過料に処せられ（法111条），さらに，裁判員候補者が質問票に虚偽の記載をして提出したり，裁判員選任手続における質問に対して虚偽の陳述をしたときは50万円以下の罰金に処せられる（法110条）。

　選任手続を経て選任された裁判員は，法令に従い公平誠実にその職務を行わなければならず，裁判の公正さに対する信頼を損なうおそれのある行為や裁判員の品位を害するような行為をしてはならない（法9条1項，3項，4項）。

　また，裁判員は，公平誠実にその職務を行う旨の宣誓をする（法39条2項），審理を行う公判期日並びに公判準備において裁判所がする証人その他の者の尋問及び検証の日時及び場所に出頭する（法52条），判決宣告等の公判期日に出頭する（法63条1項）等の義務が課されており，これに違反すると10万円以下の過料に処せられる（法112条1号～4号）。さらに，裁判員は，評議に出席して意見を述べなければならないし（法66条2項），裁判官の合議によって示された法令の解釈及び訴訟手続に関する判断に従ってその職務を行わなければならない（法66条3項，4項）ほか，評議の秘密（評議の経過並びに各裁判官及び裁判員の意見並びにその多少の数），その他の職務上知り得た秘密を漏らしてはならない（法9条2項，70条1項）。裁判員が評議の秘密等を漏らしたときは，6月以下の懲役または50万円以下の罰金に処せられる（法108条）。

8　裁判員等の保護のための措置，罰則

　裁判員がその職務を行うに当たっては労働基準法7条の適用があり，裁判員の職務を行うため休暇をとったことを理由に解雇その他の不利益な取扱いをしてはならない（法100条）。

　また，裁判員等の氏名・住所その他の個人を特定するに足りる情報については，何人もそれを公にしてはならない（法101条）。

　さらに，何人も，被告事件に関し，その事件の裁判員・補充裁判員に接触してはならず，裁判終了後も，裁判員等が職務上知り得た秘密を知る目的で，裁判員等に接触することは禁止されている（法102条）。

　これらに関連して，裁判員等に対して，その職務に関し請託（一定の依頼をすること）をした者及び被告事件の審判に影響を及ぼす目的で，事実認定，量刑について意見を述べたり情報を提供した者は2年以下の懲役または20万円以下の罰金に処せられる（法106条）。また，被告事件に関し，裁判員等またはその親族に対し，威迫の行為（相手に不安や困惑を生じさせる行為）をした者は，2年以下の懲役または20万円以下の罰金に処せられる（法107条）。

9　裁判員裁判の合憲性

　最高裁は，裁判員制度は，公平な裁判所における法と証拠に基づく適正な裁判が行われることが制度的に十分保障されている上，裁判官が刑事裁判の基本的な担い手とされているので，憲法に違反するものではない，また，裁判員裁判を受けるか否かにつき被告人に選択権が認められていないからといって違憲ではない，と判示している。

10　裁判員裁判の運用状況

　施行10年時の運用状況をみると，裁判員制度は概ね順調に運用されていると評価されている。まず，選任された裁判員の構成は，裁判員の職業，年令，及び性別の構成比が国勢調査の結果と大きく異ならず，概ね国民の縮図となっている。また，公判は人証を中心とした証拠調べにより分かりやすい審理をし，評議も話しやすい雰囲気の中で充実した議論がなされていることが経験者のアンケートから推測される。その結果，経験者は「（非常に）良い経験」をしたと受け止めている（95%超）。刑事裁判の在り方も変化しつつある。争点と証拠を整理して審理計画を明確にする公判前整理手続の実施や証拠開示の拡大等により公判の審理期間は大幅に短縮された。公判は連日的に開廷され，明確にされた審理対象について，人証を中心に，見て聞いて分かりやすい方法を用いて裁判員が正確な事実認定が出来るように運用されている。控訴審の運用も事後審の徹底（第1審の尊重）が図られている。　　　　　　　　（椎橋隆幸）

受けたことを辞退事由として追加した，③非常災害を受けた地域の裁判員候補者を呼び出さないことを可能にした，④裁判員候補者が被害者特定事項を明らかにしてはならない，の4点である。

▷5　最大判平成23年11月16日刑集65巻8号1282頁

▷6　最判二小平成24年1月13日刑集66巻1号1頁。なお最大判平成23年5月31日刑集65巻4号373頁も参照。

▷7　最高裁判所事務局「裁判員制度10年の総括報告書」（裁判所ウェブサイトで閲覧可能）を参照。同報告書によれば，裁判員裁判は1万件を超え，経験者は約8万9千人である。なお，課題とされていた候補者の出席率の低下，辞退率の上昇の傾向について，出席率は近時回復傾向を示し，辞退率は上昇傾向が続いているものの，選任に支障を生じた例はないという。

検察官の役割

検察官の地位

　わが国の刑事手続（図II-2）においては，検察官は，公訴を提起し，裁判所に法の正当な適用を請求し，裁判の執行を監督する（検察庁法4条）。個々の検察官は，法律上の身分を保障され（検察庁法25条），一人一人が，独任制の官庁として，その権限を行使することができる。検察官は独任制の官庁のゆえに，個々の検察官の権限が全国的に統一的に行使されず，法運用に対する国民の信頼を失うこともある。それを避けるため，検事総長，検事長または検事正は，検察官の事務を，自ら取り扱ったり，別の検察官に取り扱わせることができ（検察官の事務引取移転権），これによって，検察は，検察庁の長たる検事総長の下，全国的に統一的な法運用が行われることになる（検察官同一体の原則）。しかし，高度に政治的な判断については，法務大臣は，個々の検察官に対して指示をすることはできず，検事総長に対してのみしか指示できない（法務大臣の指揮監督権）。これによって，政権政党の不当な政治的影響力が検察に及ばないように制度的な保障がなされている（図II-3）。

捜査手続における検察官の役割

　検察官は，必要と認めるときは，自ら捜査を開始することができ（刑訴法191条1項），検察官の捜査は，時間的にも対象となる事件についても制約はない。しかし，現実には，多くの刑事事件は，警察によって捜査が開始されており，検察官が第一次的捜査機関として捜査を行うのは，政治家が関係する事件，大

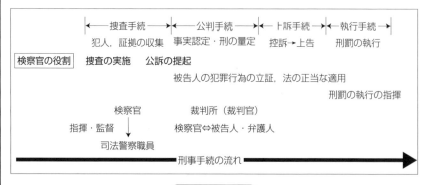

図II-2　刑事手続

▷捜査機関
⇨ II-7 「捜査に携わる機関」

規模な脱税事件，贈収賄事件などに限られている。

　通常の事件の場合には，警察による捜査が終了し，事件が検察官に送致されると（246条），検察官は，場合によっては補充捜査をし，訴追裁量権に基づき（248条），公訴を提起するかどうかを判断する（その意味で，検察官は第二次的捜査機関ともいわれる）。検察官には，捜査を終結させる権限が与えられている。

　なお，検察官以外の**捜査機関**も，**捜査の端緒**がある場合には，捜査を開始する義務があるから（189条2項，190条），検察官の捜査と競合する場合に，調整する必要がある。検察官と他の捜査機関とは捜査を協力して行う義務がある（192条）が，検察官は，法律の専門家として将来の訴追の可能性という観点から，司法警察職員に対して，具体的な事件捜査について，必要な一般的指示をし（一般的指示権），管轄区域における一般的な事件捜査について，一般的指揮をする権限（一般的指揮権）が与えられている（193条）。

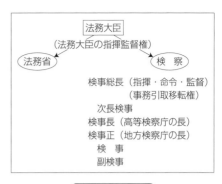

図Ⅱ-3　検察制度

③　公判手続における検察官の役割

　公判手続では，検察官は，被告人を起訴し，その犯罪行為を証拠により証明する，民事訴訟でいえばいわば原告としての役割が課されている。わが国では，国家機関である検察官のみが公訴を提起することができ（247条。**国家訴追主義**，検察官起訴独占主義という），検察官は，法律により与えられた訴追裁量を適正に行使し，起訴することが可能な事件であっても，諸事情を考慮し，事件を起訴しないこともできる（248条）。

　公判手続では，検察官は被告人の特定の過去の犯罪行為を証拠により合理的な疑いを超える程度に立証する責任が課せられている。しかも，この手続では，検察官の主張・立証は，被告人及び弁護人の批判的かつ挑戦的な吟味に晒される。それでもなお検察官の主張・立証が合理的な疑いを超える程度に証明された場合に，被告人に有罪判決が言い渡される。また，検察官は被告人に対立する地位・役割といえるものの，検察官は公益の代表者として，被告人に有利な事情がある場合には，正当な法の適用を裁判所に求める責務も課せられている（検察官の客観義務）。

④　裁判の執行手続における検察官の役割

　訴訟当事者が事件について不服申立てをする途がなくなった時，裁判は確定する（裁判の確定）。そうすると，つぎに，裁判所の判決内容が実現されることになる（例えば，死刑判決が言い渡されれば，被告人は拘置所で刑が執行される）。判決に書かれた内容を実現させる**裁判の執行**は，検察官の指揮により行われる。

（滝沢　誠）

▷捜査の端緒
⇨Ⅲ-1「捜査の端緒」

▷1，3　刑訴法248条。これを検察官の訴追裁量という。検察官に訴追裁量を認めるものを**裁量訴追主義**または起訴便宜主義といい，一定の法律上許された場合を除いて，検察官の訴追裁量を原則として認めないものを起訴法定主義という。

▷2　検察官の一般的指示権に基づくものとして，一定の軽微な事件について，検察官への事件送致を必要とせず，警察段階で事件処理を行うことができる微罪処分がある（246条ただし書，犯罪捜査規範198条以下）。

▷国家訴追主義
⇨Ⅳ-1「国家訴追主義と私人訴追主義」

▷裁量訴追主義
⇨Ⅳ-2「裁量訴追（起訴便宜）主義の意義」

▷4　例えば，第一審で有罪判決を受けた被告人が，高等裁判所に控訴し，さらに，最高裁判所に上告したが，第一審裁判所の有罪判決に誤りがなかった場合には，被告人には，再審請求が認められる場合を除いては，不服申立てをする途がなくなる。

▷裁判の執行
⇨Ⅺ-1「裁判の執行」

4 被疑者・被告人の地位

1 なぜ犯罪を行ったとされる者に権利が保障されるのか

　刑法では，犯罪を行った者には，法的な効果としての刑罰が科せられることが予定されている。そして，犯罪を行った者に刑罰を科すには，必ず刑事手続において，その者が犯罪を行ったのかが証拠により証明されなければならない。犯罪行為を行った者には，法的，社会的な非難が向けられるにもかかわらず，憲法及び刑訴法においては，手厚い権利が保障されているのはなぜだろうか。また，犯罪を行ったとされる者は，捜査手続及び公判手続において，どのような地位にあるのだろうか（図Ⅱ-4）。

2 捜査手続における被疑者の地位

　犯人を探し出し，その者が犯罪を行ったことを証明することのできる証拠を探し出し，犯罪という事案の真相を解明することを主たる目的とする捜査手続において，犯罪を行ったとの嫌疑を受けている者は，被疑者と呼ばれる。犯罪の嫌疑があれば捜査手続が開始され，被疑者は，日本国憲法により，原則として，裁判官の令状がなければ，身柄拘束（具体的には，逮捕，勾留）や捜索及び押収（具体的には，捜索，差押え，検証など）を受けない権利（憲法33条，35条）及び身柄拘束を受けた被疑者に弁護人による弁護を受ける権利（憲法34条）が保障されている。

　日本国憲法の立場によると，わが国では，国民は政府の干渉を受けずに，最大限，自己の表現や活動が保障される社会構造に立っている。そのため，国民には基本権が保障され，必要やむをえない場合のみ，例外的に，政府による干渉が行われ，その干渉の程度もできるだけ限定された形でしか行えないように工夫されている。特に，刑事訴訟においては，過去に，圧政や弾圧の手段として刑事訴訟が濫用された歴史的な経緯がある。また，捜査が開始され，被疑者が逮捕をされると，家族や恋人から引き離されたり，学校や職場に行くことができず，また，政府がプライヴァシーの保障された空間（住居や職場）に立ち入ると証拠漁りのために所持品が押収される危険性が高い。両者のバランスを図るために，身柄拘束や捜索・押収が許される要件を権利の形で規定している。

▷1　刑法の議論においては，犯罪を行った者は行為者といわれる。しかし刑訴法の議論においては，犯罪を行ったとされる者（犯人）を探し出し，その者がはたして犯罪を行ったのかどうかが証拠によって合理的な疑いを超える程度に証明されていなければ，有罪判決を言渡すことはできない。そのため，犯罪行為を行った者であっても，刑事裁判で有罪判決が言渡されない限り，厳密な意味では，その者は犯罪を行った者ということはできない。

▷2　憲法では，逮捕や捜索・押収を行う場合には，捜査機関は被疑者が罪を犯したことを疑うに足りる相当な理由がある場合に（実体要件という），裁判官が逮捕する理由と必要性があると判断した時に，令状が発付され（手続要件という），例外的に，被疑者を逮捕したり，個人のプライヴァシーが保障された領域に立ち入り，証拠物を差押えることができるとしている。

▷3　なお，この被疑者の権利を侵害することによって得られた証拠は，憲法及び刑訴法の規定や排除法則に従って，事実認定に用いることができない。⇨Ⅲ-35「違法な捜査の救済」，Ⅵ-7「排除法則」等。

3 公判手続における被告人の地位

　検察官が公訴を提起すると（247条），被疑者は検察官と対等な訴訟当事者の
ある被告人となる。公判手続では，検察官は，被告人の過去に行われたとされ
る特定の犯罪行為を証拠により証明しなければならない。しかも，被告人には，
検察官により行われる被告人が過去に特定の犯罪行為を行ったという主張・立
証が正しいものかどうかを批判的かつ挑戦的に吟味する機会が保障されている。
裁判は，両当事者にとって公平な形で，できる限り迅速に，しかも，白日の下
で行われなければ，当事者は納得することはできないであろう。そこで，被告
人には，検察官からも被告人からも独立して公平な判断をする裁判所により，
迅速かつ公開の形で裁判が行われることを求める権利が保障されている（憲法
37条1項，82条）。しかも，検察官は過去の被告人の特定の犯罪行為を合理的な
疑いを超える程度に証拠により証明しなければならず，その過程では被告人に
は，検察官の立証に対して批判的，挑戦的に反証活動（例えば，犯行時間に犯行
現場にいなかったというアリバイの主張）を行うことができ，そうすることで事実
認定をコントロールすることができるという当事者・論争主義の構造が採られ
ている。被告人が法律の専門家である検察官と対等に議論を行えるように，被
告人は，弁護人の助力を受ける権利（憲法37条3項），また，自己に不利益な証
言を行う証人を喚問し尋問する権利（憲法37条2項）が保障されている。

　これら主に公判手続の制度に着目した被告人の権利のほかに，被告人の犯罪
行為の立証のあり方についても被告人には権利が保障されている。過去の刑事
裁判においては，被告人の自白は証拠の女王と呼ばれ，自白を獲得するために，
被疑者・被告人に不当な圧力が加えられ，それが冤罪の一つの原因であるとい
われてきた。そこで，憲法38条1項では，自己負罪拒否特権・黙秘権が，同条
2項では**自白法則**が，同条3項では**補強法則**が謳われている。また，裁判は一
度で解決されるべきであり，検察官が立証に失敗したからといって同じ事件に
ついて再び起訴することは，禁じられている（憲法39条）　　　　（滝沢　誠）

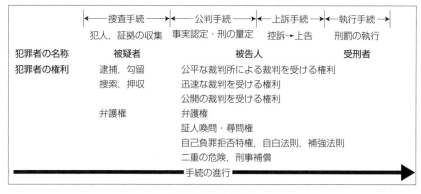

図Ⅱ-4　刑事手続

出所：筆者作成

▷4　公判手続においては，
被告人は自己の重要な利害
関係を弁識し，それに応じ
た防御行為をすることを可
能とする訴訟能力がなけれ
ばならない。この訴訟能力
は，犯罪行為の時点で行為
者が有していなければなら
ない責任能力とは別のもの
である。

▷自白法則
⇨Ⅵ-9「自白法則Ⅰ」～
Ⅵ-11「自白法則Ⅲ」
▷補強法則
⇨Ⅵ-12「補強法則」
▷5　なお，抑留または拘
禁されて無罪判決を受けた
者には，刑事補償法により，
刑事補償がなされることが
憲法40条で規定されている
が，被疑者が不起訴処分を
受けた場合にも，被疑者補
償規定に基づき，補償がな
される。

5 弁護人の役割

▷弁護人

弁護人と弁護士という類似する専門用語がある。弁護人は，依頼人の依頼に基づいて依頼人の弁護をする者をいい，弁護士は，司法試験に合格後，弁護士として登録し，弁護をすることを職業とする者のことをいう（弁護士法4条，8条等）。なお，弁護士資格のない者であっても，弁護人として刑事裁判で被疑者や被告人を弁護できる場合もあるから，弁護人は弁護士ではないこともある（刑訴法31条2項）。

▷1 民法上，私選弁護は，弁護人による効果的かつ有効な弁護を依頼人に提供し，依頼人はその対価として弁護費用を支払う契約関係となる。

▷2 もっとも，どちらの形態の刑事弁護であっても，刑事弁護の質や弁護人の権限は同一であるが，国選弁護の場合には，国選弁護人は，裁判所の解任の決定と正当な理由がなければ，弁護人を辞任することはできない。

▷3 取調室は密室であることから，違法捜査が行われることもありうる。弁護人は，違法な捜査が行われないように監視する役割も担うことになる。

▷接見交通権
⇨Ⅲ-20「被疑者の接見交通権」，Ⅲ-21「被告人取調べと被告人の接見交通権」

▷4 最大判平成11年3月

1 刑事弁護の必要性

捜査手続が始まると，被疑者は捜査機関から取調べを受けることがある。特に，被疑者が逮捕・勾留といった身柄拘束を受けると，自由に行動することができず，家族や恋人から引き離され，精神的に不安な状態になり，冷静な判断をできない状況に陥り，社会における名誉や信頼関係が喪失してしまうことがある。また公判手続は，法的な知識がなければ，被告人は自己を防御することができない。被疑者・被告人が自己の正当な利益を刑事訴訟で実現する上では，弁護人はぜいたく品ではなく，必要不可欠なものである。

憲法及び刑訴法は，被疑者・被告人に**弁護人**により弁護を受ける権利を保障している（憲法34条，37条3項，刑訴法30条以下）。刑事弁護は，被疑者・被告人のネガティブな部分を扱うものであるから，刑事弁護を依頼する依頼人（被疑者・被告人）と弁護人との間では信頼関係が必要である。被疑者・被告人は自ら弁護人を探し出し，その者と弁護契約を締結し，弁護してもらうことになる。また，刑事弁護の形態は，依頼人が自ら選んだ弁護人を選任する私選弁護の形態が原則であり，裁判所が被疑者・被告人のために弁護人を選任する国選弁護は例外の形態である（**図Ⅱ-5**）。

2 捜査手続における刑事弁護

被疑者は逮捕，勾留といった身柄拘束を受けることがある。この期間に，弁護人は，被疑者と接見をすることで，身柄拘束に伴う被疑者の不安感や焦燥感を軽減することができ，それと同時に，自分に保障された権利を行使することができる。しかも，捜査手続は公判手続の準備段階という性質もあり，強制捜査や組織的な捜査を行う捜査機関と比べて弱い立場に立つ被疑者にとって有利な証拠を収集する必要性が高いこともある（例えば，目撃証人を探すこと）。ましてや，わが国の実務では，被害者との間で示談が成立した場合には，事件が起訴されないこともあるから，身柄拘束を受けている被疑者が独自に被害者と示談を成立させることはかなり困難であろう。そのため，捜査手続における弁護権を保障することは重要なことである。

被疑者が逮捕されると，弁護人を選任する権利があることが告知される（刑訴法203条1項，204条1項）。被疑者は身柄を拘束されている間に，他の者の立

会いなくして，弁護人または弁護人となろうとする者と接見したり，書類や物品を授受することができる**接見交通権**が保障されている（39条）。この接見によって，弁護人には，身柄拘束により生じる被疑者の種々の不安を軽減し，依頼人に有利な証拠を収集するとか被害者との示談を成立させるといった今後の弁護方針を決定する，あるいは，違法な捜査を是正する措置を採ることが求められる。もっとも弁護人を雇う資力のない被疑者のために，平成16（2004）年に，**被疑者国選弁護制度**が導入された。

③ 公判手続における刑事弁護

公判手続では，当事者・論争主義が採られている。ここでは，被告人は検察官の起訴状に訴因の形式で書かれた公訴事実について，検察官と対等の立場で，検察官の立証活動を批判的かつ挑戦的に吟味することができる機会が保障されなければならない。そこで，被告人は弁護人により有効かつ効果的な弁護を受ける権利が憲法及び刑訴法により保障されている（憲法37条3項，刑訴法289条）。特に，一定の重大な事件では，弁護人が法廷にいなければ裁判を進めることができない（必要的弁護事件）。刑事弁護人は被告人の意思に従い，訴訟を進行する一方当事者の役割を担うが，具体的には，証拠調べ請求，異議の申立て，証人尋問，最終陳述や上訴といった訴訟行為を行う。

④ 刑事弁護に関する諸問題

弁護人の役割は依頼人のために効果的かつ有効な弁護を行う代理人的な役割を担う。しかし，そもそも弁護士は法律家として，社会正義を実現すべき公的な地位にもある（弁護士法1条1項）。この弁護人の二つの要請が衝突する場合に，弁護人はどのように行動すべきか。例えば，依頼人が犯罪を行っていないと主張しているものの，弁護人はそのように思っていない場合には，弁護人はどのようにすべきであろうか。被疑者・被告人は弁護人から効果的かつ有効な弁護を受ける実質的な権利があるのだから，弁護人が依頼人にとって不利となる弁護活動を行うべきではなく，弁護人としては，依頼人の利益となるように無罪判決を得ようとする弁護活動をすべきであろう。

では，依頼人が真犯人をかばうために，罪を認めている場合には，どうであろうか。弁護人は法律の専門家としての公的な地位にあり，依頼人の単なる代理人ではない。弁護人は，依頼人に真実を語るように説得すべきであり，依頼人が応じなければ，その意思に反してでも無罪に向けた弁護活動を行うべきであろう。同様に，依頼人が弁護人に対して，重要な証拠を隠滅するように依頼した場合にも，やはり，弁護人はその依頼を拒絶すべきであろう。

（滝沢　誠）

24日　恐喝未遂事件で接見禁止を受け，警察署に勾留中の被疑者に接見を申し出た弁護人（原告）が被疑者と接見する固有の弁護権が捜査機関による接見指定により侵害されたとして，国家賠償を求めた事例（民集53巻3号514頁）。

▷被疑者国選弁護制度
⇨ Ⅱ-6 「国選弁護制度とその拡充／公的弁護制度」

▷5　刑訴法316条の2では，裁判所は，充実した公判の審理を継続的，計画的かつ迅速に行うため必要があると認めるときは，事件を公判前整理手続に付すことができる（⇨ Ⅳ-11 「公判前・期日間整理手続」）。この場合には，被告人に弁護人がいなければならない（刑訴法316条の4）。

▷6　東京地判昭和38年11月28日　第一審判決で死刑判決を受けた被告人の弁護人が，被告人の犯罪行為は死刑が相当という旨の控訴趣意書を高等裁判所に提出した事件で，被告人が慰謝料の支払請求を求めた民事訴訟で，原告である被告人が勝訴した事例（下民集14巻11号2336頁）。

▷7　弁護人が積極的に真犯人をかくまう弁護を行うと，刑法上は，犯人蔵匿罪や証拠隠滅等の罪が成立しうることもあろう（刑法103条，104条）。

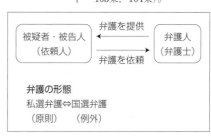

図Ⅱ-5　刑事弁護とその形態

出所：筆者作成

6 国選弁護制度とその拡充／公的弁護制度

▷弁護人
⇨ Ⅱ-5「弁護人の役割」
▷1　実務においては，捜査手続での刑事弁護の一つの重要な目的は，不起訴が見込まれる事件であれば，依頼人の事件を不起訴にすることであり，起訴が見込まれる事件であれば，公判手続への準備であるから，捜査手続で弁護人による弁護を受けることができるかが手続の推移や事件の解決に大きな影響を与える。特に，被疑者と被害者の間での示談の成立やその努力が，不起訴の一つの理由となることがあるから，身柄拘束を受けている被疑者が被害者との間で示談を成立させることは困難である以上，弁護人の必要性はより高まる。
▷2　なお，市民的及び政治的権利に関する国際規約14条3項(d)にも，刑事上の罪に問われている全ての者には，弁護権を告げられ，弁護費用を支払えない者には，自ら費用を支払うことなく弁護が提供される権利が規定されている。
▷接見交通権
⇨ Ⅱ-5「弁護人の役割」，Ⅲ-20「被疑者の接見交通権」，Ⅲ-21「被疑人取調べと被告人の接見交通権」
▷当番弁護士制度
被疑者が弁護人の選任を申し出ると，各都道府県の弁

1 国選弁護制度の必要性

わが国の刑事手続では，被疑者・被告人は，いつでも，**弁護人**により有効かつ効果的な弁護を受ける権利が保障されている（憲法34条，37条，刑訴法30条以下）。公判手続では，一定の重大事件の場合には，被告人に弁護人がいなければ，裁判所が強制的に弁護人を選任する必要的弁護事件制度がある（刑訴法37条，289条）。しかし，捜査手続では，被疑者が逮捕・勾留といった身柄拘束を受けると，行動の自由が制約されることもあるところ，被疑者が冷静な判断能力を保ったまま，弁護人を探し出し，弁護費用を支払い，弁護人から弁護を受けることが可能であろうか。軽微な事件だから弁護人は必要ないとか，重大な事件でも公判手続まで弁護人による弁護を待つべきとか，弁護人がいないのは，弁護費用を支払う資力のない被疑者に責めがあると割り切ることはできるのであろうか。憲法及び刑訴法は，犯罪の軽重や被疑者の資力により生じる被疑者・被告人の弁護の差異を許容しておらず，政府には，全ての被疑者に不公平感が生じないように弁護を提供すべき責務がある。被疑者・被告人に弁護人を選任することは，決して資力のある被疑者・被告人にのみ提供されるべきぜいたく品ではなく，被疑者・被告人の利益を代弁し，刑事手続の公正さ，さらには，社会復帰のきっかけとなる。そこで，自ら弁護人を選任できない被疑者に対して，国費による弁護制度を創設する必要性が主張されてきた。

2 国選弁護制度の根拠

公判手続においては，自己防御能力が低下していると推定される類型にある被告人（刑訴法37条）や必要的弁護事件と呼ばれる一定の重大な事件の場合には，被告人に弁護人がいなければ，裁判所は職権で弁護人を選任しなければならない（憲法37条，刑訴法289条）。

しかし，従来までのわが国の捜査手続においては，国家が諸般の事情で弁護人を選任できない被疑者に弁護人を選任させる公的な制度は存在しなかった。そのような公的弁護制度は，どのような根拠により創設されるかについては，憲法31条の適正手続に根拠を求める立場，憲法34条に根拠を求める見解，憲法37条に根拠を求める見解などが主張されてきた。しかし，憲法37条は公判手続のあり方について規定し，「被告人」という文言を用いていることから，捜査

手続にまで及ぶと考えるには無理があろう。むしろ，身柄拘束を受けた被疑者・被告人に弁護権を提供することを規定する憲法34条の考え，または，その考えが及ばない身柄拘束を受けていない被疑者・被告人の場合には，憲法31条の適正手続の保障が及ぶと考えることができるように思われる。

　刑訴法は，逮捕された被疑者には，弁護人を選任する権利が告知されると規定している（203条1項，204条1項）。また，被疑者は身柄を拘束されている間に，**接見交通権**が保障されている（30条）。また，平成4（1992）年に，公的な弁護制度として**当番弁護士制度**が創設された。この制度により，被疑者が当番弁護士を私選弁護の形態で選任した場合には，弁護費用は，一定の条件があれば，被疑者の申請により，財団法人法律扶助協会が運営する刑事被疑者弁護人法律扶助制度により立て替えられている（財団法人法律扶助協会刑事被疑者弁護援助事業）。

③　被疑者国選弁護制度の拡充

　司法制度改革審議会は，2001（平成13）年，被疑者に対する公的弁護制度の導入を提言した。その提言を受けて，2004（平成16）年には，被疑者国選弁護制度が導入された。この制度では，死刑又は無期若しくは短期1年以上の懲役若しくは禁錮に当たる事件の被疑者に対して勾留状が発せられている場合に，被疑者が弁護費用を払う資力がなかったりその他の理由で弁護人を選任することができない場合には，裁判官は，被疑者の請求により，国選弁護人が付されることになった（37条の2以下）。その後，被疑者国選弁護制度の対象は，勾留されている被疑者にまで拡大されている。この被疑者国選弁護制度を実効あるものにするために，捜査機関により勾留状が請求された場合には，被疑者には裁判官に対して弁護人の選任を請求することができる旨が告知される（刑訴法203条3項，204条2項）。即決裁判手続（刑訴法350条の16以下）においても，被疑者が貧困その他の事由により弁護人を選任することができないときには，裁判官は，被疑者の請求により，被疑者のため弁護人を付さなければならない（刑訴法350条の17）。被疑者国選弁護制度の拡充によって，被疑者は弁護を受ける機会が拡充されることになった。

（滝沢　誠）

護士会から派遣された弁護士（当番弁護士）が接見し，初回の接見費用は無料となる（当番弁護士制度）。

▷**司法制度改革審議会**
21世紀のわが国社会において司法が果たすべき役割を明らかにし，国民がより利用しやすい司法制度の実現，国民の司法制度への関与，法曹のあり方とその機能の充実強化その他の司法制度の改革と基盤の整備に関し必要な基本的施策について調査審議し，その結果に基づき，内閣に意見を述べる会議である（司法制度改革審議会設置法2条）。

▷3　司法警察員または検察官は，逮捕あるいは逮捕された被疑者に国選弁護制度を活用することができる旨を教示しなければならない（刑訴法203条3項，204条2項，205条5項）。そして，被疑者が国選弁護人を請求するには，被疑者は，資力申告書を提出しなければならない（刑訴法37条の3第1項）。

▷4　日本司法支援センター（法テラス）は，国選弁護人等の事務を取り扱うことについて契約をしている弁護士（この弁護士は「国選弁護人等契約弁護士」と呼ばれる。）の中から，国選弁護人等の候補を指名し，裁判所もしくは裁判長または裁判官に通知する（総合法律支援法30条1項6号イ）。

▷5　裁判官による弁護人の選任は，被疑者がその選任に係る事件について釈放されたときは，その効力を失う。ただし，その釈放が勾留の執行停止によるときは，この限りでない（刑訴法38条の2）。

7　捜査に携わる機関

▷捜査の端緒
⇨ Ⅲ-1 「捜査の端緒」

1　様々な捜査機関

　捜査機関が捜査の端緒を得ると，捜査機関は犯罪捜査を開始する（刑訴法189条）。犯罪捜査を開始させるきっかけを**捜査の端緒**という。わが国の捜査手続においては，多くの事件の捜査は警察が行っている。警察の活動は多岐にわたるが（警察法5条等），その警察活動の一つに，司法警察活動があり，司法警察職員により行われる。しかし，特定の領域で犯罪が発生した場合には，警察官よりも専門知識・経験・技術があり，有効な捜査が期待できることから，警察官ではない者であっても法律によって捜査権限が与えられることがある。これを特別司法警察職員といい，例えば，海上における犯罪捜査は，海上保安官や海上保安官補が行い（海上保安庁法14条，31条），大麻，あへん，覚せい剤に関する薬物犯罪の捜査は，麻薬取締官や麻薬取締員が行える（麻薬及び向精神薬取締法54条）。さらに検察官及び検察事務官は，管轄区域外で捜査を行うことができる（刑訴法195条）。

　通常，警察が第一次的捜査機関として捜査を行い，捜査が終了すると，司法警察員は検察官に事件を送致する（246条）。それに対して，検察官は，第二次的捜査機関と呼ばれる。しかし，実務では，しばしば，複雑な事件，大規模な脱税事件や政治家の関係する重大な事件では，検察官が自ら捜査を行うことがある（**図Ⅱ-6**）。

2　警察と検察の関係

　警察と検察はともに犯罪捜査を行う権限があることから，犯罪捜査が競合して行われる余地があり，両者の捜査を調整する必要性がある。以前には，検察官は公判手続にのみ関与すべきで捜査を行うべきではないとする検察官公判専従論が主張されることもあった。しかし，犯罪捜査は，検察官の公訴の提起を適正にさせる一つの条件であることを考えると，検察官が捜査を行うべきではないということにはならないであろう。むしろ重要なことは，検察官と警察官の協力関係が構築されながら，被疑者の権利を保障しつつ事案の真相を解明する適正な捜査が行われるようにすることであろう。192条によると，検察官と都道府県公安委員会及び司法警察職員は，捜査を協力する義務があるものの，189条2項，191条1項からは，警察が第一次的捜査機関として捜査を行い，検

察官が補充的捜査を行うことが導かれる。しかし，検察官は司法警察職員に対して，捜査に対して一般的な指示を行うことができ（一般的指示権），捜査の協力を求めるため必要な一般的指揮をすることができ（一般的指揮権），また，司法警察職員を指揮して捜査の補助をさせることができるとしている（具体的指揮権）。これらの指示や指揮があった場合には，司法警察職員は検察官の指示に従わなければならない（刑訴法193条）。

３　司法警察・行政警察

　警察は，既に発生した犯罪の捜査だけではなく，犯罪の予防，交通の取締りなども行う（警察法２条１項）。警察活動は多岐にわたるが，そのうち，警察が行う犯罪捜査は**司法警察活動**と呼ばれ，これは，具体的な犯罪が発生したことが示される捜査の端緒があってから行われる。それに対して，抽象的に犯罪の発生を未然に予防する観点から行われる警察活動を行政警察活動という（**図Ⅱ-7**）。**行政警察活動**は，具体的な犯罪が発生しなくとも，犯罪予防の観点から活動が行われる。その一例としては，異常な挙動その他周囲の事情から合理的に判断して何らかの罪を犯そうとしていると疑うに足りる相当な理由のある者等に対して警察官職務執行法２条１項に基づいて行われる**職務質問**と**所持品検査**が挙げられる。

　その一方で，司法警察活動は既に発生した犯罪を対象とすることから，おとり捜査や通信傍受等の捜査と関係で，犯罪発生前から捜査を行うことができるかという問題が提起されることがある。また，職務質問，所持品検査等が捜査の端緒となる犯罪のように，具体的な警察官の活動がどの時点までは行政警察活動でありどの時点から司法警察活動となるのかを明確に区別することはできないといった指摘もある。さらに，今日では，犯罪が発生すると甚大な被害が生じやすいことから，犯罪予防活動が重視されるようになってきている。

（滝沢　誠）

▷**司法警察活動**
⇨Ⅲ-1「捜査の端緒」

▷**行政警察活動**
⇨Ⅲ-1「捜査の端緒」

▷**職務質問**
⇨Ⅲ-3「職務質問」
▷**所持品検査**
⇨Ⅲ-5「所持品検査」

▷1　⇨Ⅲ-9「写真・ビデオの撮影・録画」，Ⅲ-30「通信傍受」

検察官
（第二次的捜査機関）
犯罪捜査　　　　　公　訴
（捜査手続）　　（公判手続）
一般的指示権，一般的指揮権，↓　捜査協力義務
具体的指揮権　　　　　　　　↓
警　察
（第一次的捜査機関）
一般司法警察職員⇔特別司法警察職員

図Ⅱ-6　捜査機関の関係

司法警察活動（犯罪捜査）⇔行政警察活動（犯罪予防等）
（捜査の端緒を得た後に行われる）　（具体的な犯罪が発生しなくとも行える）

図Ⅱ-7　警察活動の法的性質

犯罪被害者の法的地位

▷被害者学

被害者学とは，犯罪の発生原因を加害者を中心に検討されていた犯罪学の領域において，被害者の態度（落ち度や過失等）が犯罪の成立に寄与しているのではないかとする仮説から発展した。学際的な学問である。

▷1　刑事手続における犯罪被害者の保護の対象は，証人となる犯罪被害者の保護，刑事手続の推移に関する情報入手，犯罪により生じた損害の回復とより積極的な刑事手続への参加に分けられる。

さらに，令和5（2023）年には，逮捕状・勾留状の執行時の被疑事実の告知，起訴状朗読，冒頭陳述，証拠開示，証人尋問，書証の朗読，論告・求刑，判決の宣告等において，犯罪被害者の氏名，住所等個人を特定させる事項を秘匿することのできる規定が刑訴法に盛り込まれた。

▷2　最判平成2年2月20日　犯罪捜査は国家及び社会の秩序維持という公益を図る見地から行われるものであるから，犯罪被害者が捜査機関に特定の捜査を指示する地位や，捜査手続が犯罪被害者の被害回復を目的としたものではないことに由来している，と判断した事例（判時1380号94頁）。

1 犯罪被害者の再発見

　古代の社会においては，生命や身体を他人により侵害された者は，加害者に対して同等の報復をすることが認められていた。国家が誕生し，犯罪をめぐる問題は国家の関心事となり，私人である犯罪被害者は刑事手続から次第に阻害されていった。被疑者・被告人は憲法上の権利保障を受けるものの，犯罪という事件の当事者である犯罪被害者は，捜査手続が始まると，真実を解明する証拠手段の一つとして位置づけられ，警察や検察から参考人として取調べを受け，公判手続では，被告人の面前で証人尋問を受け，精神的，心理的に傷つくことが多かった。**被害者学**は，犯罪被害者が刑事法制度において阻害されているとして，犯罪被害者の地位及び役割を見直すきっかけを与え，諸外国においては，刑事手続における犯罪被害者の地位及び役割を改善する法改正が行われ，わが国においても，平成16（2004）年には，犯罪被害者等の権利利益の保護を図ることを目的とする犯罪被害者等基本法が成立し，平成19（2007）年には，犯罪被害者を保護することができる新たな諸制度が創設された。

2 捜査手続における犯罪被害者の法的地位

　犯罪被害者は，被害届を提出したり（犯罪捜査規範61条），告訴人として，捜査手続を開始させることができる（刑訴法235条1項）。他方で，犯罪被害者は参考人として，犯罪の被害を受けた後から，何度も思い出したくもない犯罪被害取調べを受けることがある（223条）。犯罪被害者は，刑訴法上は被疑者が逮捕されたかとか起訴されたかを通知される法的な立場にはないが，警察及び検察庁で行われている被害者連絡制度や被害者等通知制度に基づき，希望する犯罪被害者は刑事手続に関する情報を得ることができる。

3 公訴の提起における犯罪被害者の法的地位

　犯罪被害者は，加害者と示談をすることで，告訴を取り下げる代わりに損害を回復することができる。その意味で，犯罪被害者は間接的に，検察官の訴追裁量をコントロールすることのできる地位にあり，それによって，損害を回復することができることもありうる（例えば，いわゆる示談）。つぎに，検察官が事件を不起訴処分とした場合に，犯罪被害者は告訴人の立場で，検察官から不

起訴処分の旨とその理由の通知を受けることができ（260条以下），**検察審査会**に検察官の不起訴処分の当否の審査を申し立てることができる（検察審査会法2条2項以下）。また，特定の事件については，告訴人等の立場で，事件を地方裁判所の審判に付することを請求することができる（**付審判請求手続**，刑訴法262条以下）。さらに，検察官の不起訴処分に不服がある者は，不起訴処分をした検察官の所属する検察庁を監督する上級官庁に，検察官同一体の原則に基づく上級官庁の指揮監督を促すために，事実上の不服申立てをすることもできる。[13]

④ 公判手続における犯罪被害者の法的地位

公判手続では，当事者・論争主義が採られ[14]，犯罪被害者には独自の法的地位が与えられておらず，被告人の犯罪行為を証明する証拠手段たる証人として参加することが義務づけられることがある。証人である犯罪被害者は，緊張した雰囲気の公開の法廷，しかも犯人である被告人の面前で，思い出したくもない犯罪被害について証言が義務づけられ，その後反対尋問を受ける過程で，トラウマを生じさせることがある。しかし公開の法廷における被告人の証人喚問・尋問権は憲法に由来するものであり，それを制約することはできず，かといって証人の証言に伴う精神的，心理的負担を軽減しなくていいということにはなるまい。そこで，証人尋問における証人の証言に伴う精神的，心理的負担を軽減するために，証人が証言する際に，一定の者を証人に付添わせることができ（157条の4），**遮へい措置**（157条の5）や**ビデオリンク方式**による証人尋問手続（157条の6）を採ることができ[15]，いずれも，被告人の対決権を侵害しない[16][17]。また，犯罪被害者は，意見陳述制度を通じて被告人の量刑に影響を与えることができる（292条の2）。

平成19（2007）年には，被害者参加制度が創設され，一定の重大な犯罪の被害者等は，検察官とコミュニケーションを図りながら，公判期日に出席したり，証人や被告人に直接質問をしたり，弁論としての意見陳述ができることになった（316条の37以下）[18]。

⑤ 民事法との関連

民刑が峻別された法制度では，通常，民事法上，犯罪は不法行為であり，犯罪被害者は加害者に対して損害賠償を請求することができる。しかし，その実現は困難であることから，犯罪に由来する民事上の争いについての和解を刑事事件の調書に記載すると，その内容は，民事裁判での判決文と同じ効力が与えられる刑事和解や，一定の被告事件の係属する裁判所が，当該被告事件に係る訴因として特定された事実を原因とする不法行為に基づく被害者等の損害賠償の請求を審理・判決することができる損害賠償命令制度が導入され，犯罪被害者の損害回復の機会が拡充されることになった。　　　　　　（滝沢　誠）

▷**検察審査会**
⇨ Ⅳ-3「検察審査会」

▷**付審判請求手続**
⇨ Ⅳ-4「付審判請求（準起訴）手続」

▷3 ⇨ Ⅱ-3「検察官の役割」

▷4 ⇨ Ⅰ-4「刑事訴訟法の基本的性格」

▷**遮へい措置**
被告人，傍聴人と証人との間に衝立等を立てて証言をしやすくする。

▷**ビデオリンク方式**
法廷以外の場所に証人を在席させ，映像と音声の送受信により証人尋問を行う。

▷5 ⇨ Ⅴ-12「証人の保護」

▷6 最判平成17年4月14日 被告人が女性に暴行を加え，傷害を負わせ，強姦した事件で，その犯罪の被害者が証人尋問を受ける際に，その被害者を法廷とは別室に在室させ，被告人，傍聴人と証人との間で遮蔽措置が採られた事例（刑集59巻3号259頁）。

▷7 さらに，犯罪被害者の氏名等が公開の法廷で明らかにされないように，被害者特定事項が秘匿されることも可能となった（290条の2）。

▷8 被害者参加制度の立法過程においては，被害者参加制度が国家訴追主義，検察官起訴独占主義，当事者主義，無罪推定の原則等に反するといった学説の批判があったが，そのような批判は，判例においても受け入れられていない（東京高判平成24・3・22LEX/DB25500349〔最判平成26・9・2裁判所Webにより確定〕）。

捜査の端緒

▷行政警察活動
犯罪が発生する前に行われる犯罪の予防・鎮圧活動をいう。例えば，警察官職務執行法 5 条，6 条参照。
⇨Ⅱ-7「捜査に携わる機関」

▷司法警察活動
犯罪が発生した後に犯人や証拠を探索する活動をいう。行政警察作用と司法警察作用の区別は，明治期にフランスから移入されたものである。
⇨Ⅱ-7「捜査に携わる機関」

▷適正手続
憲法31条の明記する刑事裁判の理念であり，デュー・プロセス（due process）と同義。その意味は多義的であり，①刑事手続における被疑者・被告人の人権の尊重と同義のものとしての人権主義，②消極的実体的真実主義と同義とするもので，無辜の者を処罰することがあってはならないとする不処罰主義，③真実発見の過程を重視する手続主義，として用いられる。
▷ 1 　最大判平成 4 年 7 月 1 日民集46巻 5 号437頁参照。

▷現行犯逮捕
⇨Ⅲ-13「現行犯逮捕・準現行犯逮捕」

1 捜査の端緒とは

　捜査は，司法警察職員が「犯罪があると思料するとき」（刑訴法189条 2 項）と検察官が「必要と認めるとき」（191条 1 項）に開始される。このような犯罪の嫌疑を捜査機関が抱くに至ったきっかけとなるものを，「捜査の端緒」という。

　警察活動は，**行政警察活動**と**司法警察活動**に大別されるが，捜査の端緒は，体系的には，行政警察活動に属すると解されている。しかし，捜査の端緒は，司法警察作用に連動することが多いため，捜査開始以前の作用であると位置づけたとしても，人権保障の観点から，原則として**適正手続**が要求される。その具体的基準としては，任意捜査における適正捜査基準がほぼ準用され，警察活動の一般原則に加え，各事案に応じ，警察活動の必要性・緊急性・相当性の要件についても検討することが必要であろう。

2 捜査の端緒の種類

　捜査の端緒は，事柄の性質上，無定量・無方式ではあるが，①犯人や被害者の申告・告知による場合，②第三者の申告・告知による場合，③捜査機関の活動に由来する場合の三種類に大別することができる。①としては，告訴，被害届，自首，私人による現行犯逮捕など，②としては，告発，請求，第三者の通報（110番通報など），質屋・古物商の確認・申告など，③としては，聞き込み，風説，新聞その他出版物の記事，質屋・古物商への立入り，変死体の検視，職務質問，自動車検問，警察官による現行犯逮捕，他事件の取調べなどである。

　捜査の端緒として，最も多いものは，被害者等による届出であり，全体の約 9 割を占める。つまり，捜査機関の活動がきっかけとなる場合は，全体の 1 割ほどにすぎず，そのほとんどは，職務質問と他事件の取調べに基づくものである。

3 刑訴法に規定される捜査の端緒

　刑訴法に規定される捜査の端緒としては，**現行犯逮捕**（212条〜217条），変死体の検視（229条），告訴・告発・請求（230条〜244条），自首（245条）が挙げられる。以下では，順にこれを概観していく。

　まず，検視とは，変死またはその疑いのある死体が発見されたとき，犯罪の嫌疑の有無を確かめる処分であり，これを司法検視という。これに対し，犯罪

とは関係なく, 行政法規 (例えば, 戸籍法92条・医師法21条等) によって, 公衆衛生や死因・身元の確認等を行う場合を, 行政検視という。行政検視の結果, 変死体であることが判明すれば, 司法検視が行われる。司法検視を行うに当たっては, 令状は不要であり, 必要に応じ, 医師を立ち会わせることができる。検視の主体は検察官であるが, 現実には, 検察事務官, または司法警察員によってなされる代行検視 (刑訴法229条2項) が, 現実的な運用となっている。検視の結果, 犯罪によることが明らかな死体, あるいは犯罪による疑いのある死体であることが判明した場合には, 捜査が開始されることになり, 必要に応じて鑑定嘱託を行い, 鑑定処分許可状に基づいて, 医師による死体解剖が行われる。

つぎに, 告訴・告発・請求であるが, いずれも, 被害者, 被害関係者, 第三者等が犯罪事実を申告するとともに, 犯人の訴追・処罰を求める意思表示であり, **被害届**との違いに注意しなければならない。このうち, 告訴は, 告訴権者が主体となり, 告発・請求は, 告訴権者, 及び犯人以外の者が主体となる。告訴権者とは, 犯罪の被害者 (230条), 被害者の法定代理人 (231条1項), 一定の場合に被害者の親族 (232条), 被害者が死亡したときは, 被害者の配偶者・直系親族・兄弟姉妹 (231条2項) となる。なお, 名誉毀損罪につき, 被害者が死亡したときは, 被害者の親族・子孫 (233条) も告訴をすることができる。告訴の方法は, 書面であっても口頭であってもよいが, 口頭の場合には告訴調書が作成される。告訴が受理されると, 捜査が開始され, 司法警察員は, 速やかに告訴に関する書類・証拠物を検察官に送付する義務を負う (242条)。また, 検察官は, 起訴・不起訴処分を通知する義務を負い (260条), 請求があるときには, 不起訴理由を告知する義務を負う (261条)。告発・請求の手続の多くは, 告訴に準ずる (241条〜243条)。なお, 親告罪については, **告訴期間**として, 犯人を知った日から6カ月以内に行わなければならず (235条1項), 告訴人が数人あるときは, 告訴期間は, それぞれ独立して進行する (236条)。告訴の取消しは, 公訴の提起までとされ (237条1項), いったん公訴が提起されれば, 告訴の取消しは認められず, もし, 告訴を取り消した場合には, 再告訴は認められない (237条2項) 等の特則が規定されている。告発は, 私人にとっては権利であるが, 公務員にとっては義務となる場合がある (239条2項)。なお, 請求は, 特定の犯罪についてのみ認められる点において, 告発と異なる。

最後に自首とは, 犯罪事実または犯人が誰であるかが捜査機関に未だ発覚していない段階において, 捜査機関に対し, 自ら進んで犯罪事実を申告し, 処分を委ねる意思表示のことである。したがって, 逮捕・勾留中の被疑者が余罪の取調べ中に, 未だ発覚していない犯罪について自供した場合には, 自首とみられる場合がある。なお, 刑法上, 自首は, 刑の減免事由であることから (刑法42条1項, 80条, 93条ただし書), 刑訴法は手続を慎重に進めるために, 告訴・告発に準じて, 処理をすることにしている (245条)。　　　　(大野正博)

▷**被害届**
犯罪による被害を申告するにとどまり, 犯人の訴追・処罰を求める意思表示を行わない場合を,「被害届」という (犯罪捜査規範61条)。

▷**告訴期間制限の撤廃**
平成12 (2000) 年5月に成立した被害者保護のための刑事訴訟法改正により, 親告罪のうち, 強姦等の性的自由に対する犯罪 (刑法176条-178条), 営利目的等の略取・誘拐罪等の罪 (刑法225条, 227条1項・3項) については, 6カ月の告訴期間制限が撤廃されている (235条1項1号)。なお, 同条同項2号は, 外国の代表が行う名誉毀損罪の告訴についても, 告訴期間を撤廃している。
▷2　刑法92条2項, 労働関係調整法42条, 義務教育諸学校における教育の政治的中立の確保に関する臨時措置法5条。
▷3　ただし, 自首には該当しないと判断した判例として, 東京高判昭和55年12月8日刑月12巻12号1237頁等も存在する。

Ⅲ 捜 査

 任意捜査と強制捜査

▷取調べ
刑訴法では，「取調べ」という語を，⑴供述の聴取（223条）のほか，⑵裁判官が法定の証拠調べの方式に従って証拠の内容を認識すること（282条，305条），⑶裁判官の認識活動一般，⑷捜査活動一般の四種類に用いている。ここでいう「取調べ」は，⑷捜査機関による捜査活動一般を意味している。

▷捜査の基本原則
強制処分における基本原理の詳細については，Ⅲ-10「強制処分の基本原理」参照のこと。

▷任意捜査の原則
犯罪捜査規範99条も，「捜査は，なるべく任意捜査の方法によって行わなければならない」として，任意捜査の原則を明示する。

▷領置
ゴミ袋の領置につき，最決平成20年４月15日刑集62巻５号1398頁〔京都カード強取強盗殺人事件決定〕，東京高判平成30年９月５日高刑集71巻２号１頁。
▷1　その他，処分を受ける者の権利・利益を実質的に侵害・危殆化する処分であるか否かを基準とする説も有力である。

1 捜査の基本原則

　刑訴法197条１項は，「捜査については，その目的を達するため必要な**取調べ**をすることができる。但し，強制の処分は，この法律に特別の定のある場合でなければ，これをすることができない」と規定し，**捜査の基本原則**を定めている。つまり，強制処分は個人の重要な権利等を侵害・制約する処分であるから，ただし書において，刑訴法に特別の定めがなければ強制処分を用いることができないという「強制処分法定主義」を宣言しているのである。また，強制処分は憲法における令状主義（憲法33条・35条）の支配を受け，あらかじめ裁判官の発する令状に基づいて行わなければならないと一般に解されている。このような強制処分を用いた捜査方法を，強制捜査という。強制処分がそのような性質のものであると解されることからすると，同一目的を任意捜査で達しうる場合には，任意捜査によるべきことになる。これを，「**任意捜査の原則**」という。

2 捜査の種類

　捜査は，任意捜査と強制捜査に区別され，さらに，それぞれの処分は，対人的処分と対物的処分に区別することができる。任意捜査における対人的処分としては，刑訴法に規定のあるものとして，公務所等への照会（197条２項），被疑者取調べ（198条１項），参考人取調べ（223条），鑑定・通訳・翻訳の嘱託（223条）等があり，規定のないものとしては，内偵，聞き込み，尾行等がある。また，対物的処分としては，公道における実況見分が挙げられる。これに対し，強制捜査における対人的処分としては，逮捕（199条・210条・213条），勾留（207条・60条１項），身体捜索・身体検査（218条・220条），鑑定留置（224条）等が被疑者に対する処分として挙げられ，参考人に対しては，身体捜索・身体検査（218条），証人尋問（226条・227条）等がある。また，対物的処分としては，捜索・差押え・検証（218条），**領置**（221条），鑑定処分（225条）等が挙げられる。

3 任意捜査と強制捜査とを区別する基準

　任意捜査と強制捜査を区別する基準に関し，従来は，逮捕，勾留，捜索・差押え等のように直接に物理的な有形力を加える場合，それに加え，召喚，提出命令等のように義務を賦課する場合を強制捜査とし，それ以外を任意捜査と解

してきた。しかし，科学技術が発達し，直接の物理的侵入等を伴わずに個人の権利・利益を侵害・制約する捜査手法が現れてきたため，「強制処分とは如何なるものを指すのか」ということが改めて問われた結果，処分を受ける側の侵害態様を基準とする考え方が唱え始められた。このような考え方は，さらに，(a)処分を受ける者の同意を得ないで個人の権利・法益を侵害する処分であるか否かを基準とする説（侵害法益の非限定）と，(b)明示または黙示の意思に反して，重要な権利・利益の侵害・制約を伴う処分であるか否かを基準とする説（侵害法益の限定）に大別される。(a)の立場を採用した場合，犯罪捜査は，多かれ少なかれ処分を受ける者の権利・利益を侵害・制約する側面を有することは否定できないことから，大部分の捜査活動が強制捜査の範疇に含まれることになる。これに対し，(b)の立場によれば，仮に有形力の行使であっても，重要な権利・利益の侵害・制約とまではいえない処分であれば，任意捜査に当たることになり，強制処分法定主義の機能が弱まることは否定できない。ただし，任意処分にも一定の限界があることに配慮すれば，(b)の立場が妥当であるといえよう。この点につき，判例は，**岐阜呼気検査事件決定**において，強制捜査とは，「個人の意思を制圧し，身体，住居，財産等に制約を加えて強制的に捜査目的を実現する行為など，特別の根拠規定がなければ許容することが相当でない手段を意味するものであって，右の程度に至らない有形力の行使は，任意捜査においても許容される場合があるといわなければならない。ただ，強制手段にあたらない有形力の行使であっても，何らかの法益を侵害し又は侵害するおそれがあるものであるから，状況のいかんを問わず常に許容されるものと解するのは相当ではなく，必要性，緊急性なども考慮したうえ，具体的状況のもとで相当と認められる限度において許容される」として，有形力行使基準を否定した上で，個人の意思の制圧（主観的要件）及び身体，住居，財産等の制約（客観的要件）という基準を設定し，さらに任意捜査の許容基準を示した。

④ 任意捜査の限界

　任意捜査の限界については，**捜査の端緒**，**任意出頭・任意同行**，**被疑者取調べ**等，様々な場面で問題となる。判例からも明らかなように，任意捜査とされている捜査手段が，処分を受ける者の重要な権利・利益を侵害・制約していないか，また，任意捜査と解される場合であっても，必要性・緊急性・相当性の各要件を充足しているかを検討することが必要である。なお，たとえ重要な権利・利益を侵害・制約する捜査方法であっても，処分を受ける者が捜査方法に同意・承諾をしている場合には，自己の権利を放棄していると解され，任意捜査として許容される場合がある。ただし，ここで重要なことは，処分を受ける者が真摯，かつ自由な意思に基づいて，権利放棄をしているか否かである。

（大野正博）

▷岐阜呼気検査事件決定
任意同行後，取調室から退出しようとした被告人の左斜め前に立ちはだかり，両手で被告人の左手首を摑んだ警察官の行為が，任意処分として許容されるかが争われた事案（最決昭和51年3月16日刑集30巻2号187頁）。最決平成11年12月16日刑集53巻9号1327頁〔旭川覚せい剤事件決定〕，最決平成21年9月28日刑集63巻7号868頁〔大阪宅配便エックス線事件決定〕は，推定的意思に反することを前提としていると思われるが，「意思の制圧」を挙げていない。これに対し，最大判平成29年3月15日刑集71巻3号13頁〔GPS捜査事件判決〕は，合理的に推認される個人の意思に反して，被処分者の私的領域に侵入するGPS捜査は，強制処分に該当するが，立法的措置が講じられることが望ましいとの判断を示している。
▷捜査の端緒
⇨Ⅲ-1「捜査の端緒」
▷任意出頭・任意同行
⇨Ⅲ-4「任意同行とその後の取調べ」
▷被疑者取調べ
⇨Ⅲ-16「逮捕・勾留中の被疑者の取調べ」
▷2　よって，女子の身体検査や承諾捜索は，通常，任意の承諾をすることは想定しにくいため，基本的に任意捜査としてもこれを行うべきではない（犯罪捜査規範107条・108条もこれを禁止している）。また，承諾留置に関しては，放棄し得ない人間の尊厳に関わるものであるため，処分を受ける者が真に承諾をしていたとしても，およそ許されるべきものではない。

3 職務質問

1 職務質問の意義

　警察官職務執行法（警職法）2条1項は，警察官が，「異常な挙動その他周囲の事情から合理的に判断して何らかの犯罪を犯し，若しくは犯そうとしていると疑うに足りる相当な理由のある者又は既に行われた犯罪について，若しくは犯罪が行われようとしていることについて知っていると認められる者を停止させて質問することができる」とし，職務質問の権限を規定する[注1]。そして，その場で職務質問を行うことが本人に対して不利であり，または交通の妨害になると認められる場合には，「質問するため，その者に附近の警察署，派出所又は駐在所に同行することを求めることができる」（同条2項）とし，任意同行を認める。職務質問の結果，特定の犯罪について嫌疑が生じた場合には，捜査が開始されることになるため，職務質問も**捜査の端緒**の一つといえる。

2 職務質問の法的性格

　職務質問は，一般に警察官が犯罪に関連のある異常な状況に対し，特定の者に対して質問を行い，犯罪を未然に予防し，あるいは犯罪捜査の手がかりを得て，公共の秩序の維持を図ることから行政警察活動であって，刑訴法上の犯罪捜査である司法警察活動ではないと考えられる（**米子銀行強盗事件判決**）。これに対し，職務質問の実質的意義は，犯人の検挙であること，警職法の規定としても，捜査活動としての質問を予定していることなどを理由に，職務質問は行政警察活動と司法警察活動の双方の性格を併せもつとする見解も存在する[注2]。確かに，規定の文言上，警察官が挙動不審者等に対し，職務質問のため停止させることができることは明らかであるが，警職法2条3項の規定内容からすると，職務質問のための停止行為は，任意手段に限られると解することが素直な解釈であろう。このように解した場合，違法な職務質問に基づいて捜査が開始されたケースでは，両者の限界を明確に区別することは困難であることから，職務質問における違法は，刑事手続としての捜査にも継承されることになる。

3 有形力行使の許容性とその限界

　警職法2条の文言を純粋に解し，相手方の受忍がなければ職務質問，あるいは停止要求が一切許されないとするとあまりにも職務質問の実効性を軽視する

▷1　警察官職務執行法2条1項における職務質問の対象者は，二種類が考えられる。第一は，挙動不審者等である。挙動不審者であるか否かは，警察官の主観的な判断ではなく，客観的に不特定の犯罪と関連性があると疑うに足りる相当な理由が必要である。第二は，被害者や目撃者など，既に行われた犯罪または犯罪が行われようとしていること知っている者である。警察官職務執行法2条1項においては，挙動不審者等と併記されているが，当然，質問や停止要求等が許される範囲は異なってこよう。

▷捜査の端緒
⇨ Ⅲ-1「捜査の端緒」

▷米子銀行強盗事件判決
職務質問は，「犯罪の予防，鎮圧等を目的とする行政警察上の作用」であるとする（最判昭和53年6月20日刑集32巻4号670頁）。詳細については，Ⅲ-5「所持品検査」参照。

▷2　この見解によると，職務質問は，任意捜査の一種として位置づけられることになり，警察官職務執行法2条は，刑訴法189条2項，197条1項ただし書の具体化規定として捉えられることになる。

ことに繋がり，現実的ではない。そこで，挙動不審者等が停止要求や任意同行等に応じない場合等に，その翻意を求めるために如何なる程度の有形力の行使が認められるかが問題となる。職務質問は行政警察活動であるものの，司法警察活動に隣接していることから，有形力行使の限界を論ずるに当たっても，任意捜査における考え方を準用することが妥当であろう。

この点に関し，学説は，①任意性の意味を厳格に捉え，相手方が拒絶の意思表示をした場合には，もはや職務質問をなし得ないとする厳格任意説，②任意を原則としつつ，例外的に重大犯罪の嫌疑が極めて濃厚で緊急逮捕も不可能ではないが，なお慎重を期するというような場合には，実力行使も許されるとする例外的実力説，③任意性の意味を規範的に捉え，**警察比例の原則**に従って説得活動を継続しうるとする規範的任意説，④任意と強制の間に実力という概念を想定し，その段階までは許容されるとする実力説，⑤身柄拘束に至らない程度の自由の制約を認める制約説等が主張されている。このうち，①説②説では，実力行使の範囲があまりにも狭く，職務質問の目的が達成されない場合が生じることから，多くの論者は，③説〜⑤説のいずれかの見解を採る。③説〜⑤説については，説明方法の違いにすぎず，実際上の差異はあまり大きなものではないが，④説⑤説では，許容範囲の基準が明らかでないことから，③説をベースとして，個人の意思を制圧しない説得の限度において，実力の行使が認められると解することが妥当であろう。

最高裁判例としては，職務質問中に駐在所から逃走した者を130メートル追跡して，背後から腕に手を掛ける行為（**最決昭和29年7月15日**），酒気帯び運転の嫌疑で，運転席の窓から手を差し込んでエンジンキーを回転し，スイッチを切る行為（**最決昭和53年9月22日**），警察官に唾を吐きかけた者を質問するために胸元を摑み，歩道上に押し上げる行為（**最決平成元年9月26日**），ホテル宿泊客に職務質問を行った際，客室ドアを押し開け，ドアが閉められるのを防止した措置（**最決平成15年5月26日**）を適法としている。また，デモ隊の一部に対する捜査のために，隊列全体を停止させた行為に対しても，軽々とこれを認めるべきでないとした上で，必要性・緊急性・相当性を認め，適法とした判例も存在する（**最決昭和59年2月13日**）。しかし，覚せい剤自己使用の嫌疑があり，自動車を発車させないようにエンジンキーを抜き取った行為を適法としつつも，職務質問に続いて，約6時間半以上現場に留め置いた措置については，任意捜査として許容される範囲を逸脱すると判断している（**最決平成6年9月16日**）。このように最高裁は，一般に事件の緊急性，質問を続行する必要性，手段の相当性，嫌疑の濃淡等を総合的に考慮し，一定の範囲で有形力行使を認めている。下級審判例も含め，有形力行使の限界についての判断は微妙ではあるが，少なくとも個人の自由意思が制圧される程度に達すると判断された場合には，もはや任意とはいえないであろう（**岐阜呼気検査事件決定**）。　　　　　（大野正博）

▷**警察比例の原則**
警察権の行使は，社会公共の秩序維持に必要な最低限度の警察作用にとどまるべきで，その条件と態様は，秩序違反行為によって生じた障害の程度に比例するべきであるとする原則をいう。

▷3 **最決昭和29年7月15日** 刑集8巻7号1137頁。

▷4 **最決昭和53年9月22日** 刑集32巻6号1774頁（〔鯖江エンジンスイッチ切り事件決定〕）。

▷5 **最決平成元年9月26日** 判時1357号147頁。

▷6 **最決平成15年5月26日** 刑集57巻5号620頁（〔ホテルマスターキー開錠事件決定〕）。

▷7 **最決昭和59年2月13日** 刑集38巻3号295頁（〔在日韓国大使館抗議行動事件決定〕）。

▷8 **最決平成6年9月16日** 刑集48巻6号420頁（〔会津若松採尿事件決定〕）。本件では，「エンジンキーを取り上げた行為」が問題となっており，一時的の保管であれば，説得行為として許容されることを示した。その後の下級審判例には，3時間半の留め置きがなされたケースに対し，「任意捜査として許容される範囲を逸脱したものとまでは認められない」としたものもある（東京高判平成21年7月1日判タ1314号302頁〔台東区覚せい剤使用事件判決〕）。

▷**岐阜呼気検査事件決定**
⇨Ⅲ-2「任意捜査と強制捜査」

任意同行とその後の取調べ

▶行政警察目的の任意同行
⇨ Ⅲ-3 「職務質問」

▶1　なお，両者における任意性基準については差異がないと解するのが通説の立場であるが，目的の違いから，実際上許容される有形力行使の程度については，若干の差は存在しよう。

▶岐阜呼気検査事件決定
⇨ Ⅲ-2 「任意捜査と強制捜査」

▶2　最判昭和61年4月25日　刑集40巻3号215頁〔〔奈良生駒覚せい剤使用事件〕）。ただし，本件尿の鑑定書の証拠能力は，肯定されている。

① 任意同行の概念

　刑事手続上，任意同行には，**行政警察目的の任意同行**と司法警察目的の任意同行という二つの異なった性質の概念が存在する。前者は，警察官職務執行法（警職法）2条2項に基づくものであり，一定の場合には，最寄りの警察署等に同行することを求めることができるとするものである。これに対し，後者は，犯罪捜査を目的とするものである。捜査機関は，必要があるときは被疑者の出頭を求め，これを取り調べることができるが（刑訴法198条1項本文），被疑者は出頭を拒み，または出頭後，何時でも退去することができることから（同条同項ただし書），この出頭は「任意出頭」と呼ばれる。したがって，捜査機関が任意出頭のために被疑者に同行を求める場合には，これを「任意同行」と呼ぶのである。ここで問題とする任意同行は，後者である。

② 任意同行の適法性

　警職法上の任意同行と異なり，刑訴法上は任意同行を許容する明文の規定が存在しない。しかし，同意があるのならば，これを禁止する必要はない。ただし，その方法や態様等が相当性を欠き，違法な同行ではないか，あるいは同行の実質がもはや逮捕であるならば，強制処分としてのみ許容すべきではないか等，その許容性の限界が，実務上しばしば問題となっている。任意捜査において，必要性・緊急性・相当性要件を充足する限り，一定の有形力行使が許容されることは争いのないところであるが，任意同行を求める際に，有形力行使が個人の自由意思を制圧する程度に達している場合には，もはや適法な任意同行とはいえないというべきであろう（**岐阜呼気検査事件決定**）。例えば，採尿手続前の一連の手続について，被告人宅の寝室まで承諾なく立ち入っていること，被告人宅からの任意同行に際して明確な承諾を得ていないこと，被告人の退去の申し出に応ぜず警察署に留め置いたこと等，「任意捜査の域を逸脱した違法な点が存する」ことを考慮して，当該採尿手続を違法とした判例がある（**最判昭和61年4月25日**）。また，部屋から警察車両までの間，被告人の両腕を2名の警察官が両側から抱えて任意同行を求めた事案につき，「警察官らの主観のいかんを問わず，社会通念上，被告人の身体の束縛があったと認められる客観的状況があったというべきであるから，その方法において任意同行，すなわち任

意捜査の域を逸脱した違法な点が存する」と判断したものもある（**大阪高判昭和61年9月17日**）。任意性の判断基準については，ケースごとに判断せざるを得ないが，任意同行の方法・態様，任意同行を求めた時間・場所，任意同行の必要性，被疑者の態様等を総合的に判断することになろう。

③ 任意取調べの限界

　任意同行が認められた場合であっても，被疑者の任意退出の意思を制圧したり，あるいは取調べの態様が相当性を欠くような場合には，違法な取調べとなる（**向島こんにゃく商殺害事件決定**）。これに対し，最高裁は，**高輪グリーンマンション殺人事件決定**において，任意捜査としての取調べは，「事案の性質，被疑者に対する容疑の程度，被疑者の態度等諸般の事情を勘案して，社会通念上相当と認められる方法ないし態様及び限度において，許容される」との一般論を展開した上で，本件における取調べは，「任意取調べの方法として必ずしも妥当とはいい難いところがあるものの，被告人が任意に応じたものと認められるばかりでなく，事案の性質上，速やかに被告人から詳細な事情及び弁解を聴取する必要性があったものと認められることなどの本件における具体的事情を総合すると，結局，社会通念上やむを得なかったものというべく，任意捜査として許容される限度を越えた違法なものであったとまでは断じ難い」と判示した。さらに，**平塚ウェイトレス殺し事件決定**では，高輪グリーンマンション殺人事件決定を援用し，「特段の事情がない限り，容易にこれを是認できるものではな〔い〕」とした上で，「本件事案の性質，重大性を総合勘案すると，本件取調べは，社会通念上任意捜査として許容される限度を逸脱したものであったとまでは断ずることはできず，その際になされた被告人の自白の任意性に疑いを生じさせるようなものであったとも認められない」として，これを是認している。いずれの事案においても，諸般の事情を総合的に評価し，任意捜査の範囲内にあるものと判断している。このような利益衡量的方法論を採用することは問題ないと思われるが，結果として，これらの取調べが社会通念上許容されるものといえるかについては疑問を呈する見解が多いといえよう。諸般の事情のうち，特に最高裁は被疑者の退出意思の有無という主観面を重視しているが，被疑者の退出意思をなすことが客観的に自由な意思に基づくものであったといえるかこそが重要である。今後，捜査実務において，捜査官がこのような取調べ方法も一般的に許容されていると解し，過酷な取調べが常態化されないか，さらには**逮捕・勾留中の被疑者取調べ**のあり方に対しても影響を及ぼすのではないかという点が危惧される。よって，これら判例の意義は，逮捕に至らないと判断される場合でも，任意捜査それ自体として許容されない場合がありうることを基準として明らかにした点にあると理解するのが妥当であろう。

（大野正博）

▷3　大阪高判昭和61年9月17日　判時1222号144頁。

▷**向島こんにゃく商殺害事件決定**
殺人事件の被疑者を任意同行後，その承諾を得て2夜にわたって捜査機関の用意したビジネスホテルに宿泊させ，連日取調べを行った事案に対し，「実質的には逮捕と同視すべき状況下にあった」として，勾留は許されないと判断した（東京地決昭和55年8月13日判時972号136頁）。その他，長時間の取調べを違法としたものとして，富山地決昭和54年7月26日判時946号137頁（〔富山任意同行事件決定〕），9泊10日に及ぶ宿泊を伴う取調べを違法としたものとして，東京高判平成14年9月4日判時1808号144頁（〔ロザール事件判決〕）等がある。

▷**高輪グリーンマンション殺人事件決定**
殺人事件の被疑者を4夜にわたり捜査機関の手配したホテルに監視をつけて宿泊させ，前後5日にわたり連日深夜に及ぶ長時間の取調べを行った事案（最決昭和59年2月29日刑集38巻3号479頁）。

▷**平塚ウェイトレス殺し事件決定**
殺人事件につき，参考人として午後11時に任意出頭をした被疑者に対し，一睡もさせず翌日午後9時の逮捕まで取調べを続け，殺害を自白させた事案（最決平成元年7月4日刑集43巻7号581頁）。

▷**逮捕・勾留中の被疑者取調べ**
⇨Ⅲ-16「逮捕・勾留中の被疑者の取調べ」

Ⅲ　捜　査

 5　所持品検査

▷ 1　なお，昭和33（1958）年10月の第30回国会に提案された所持品検査の規定を盛り込んだ警察官職務執行法改正案は，強い批判を浴びて成立に至らなかった。

▷ 2　**最決昭和29年7月15日**刑集8巻7号1137頁。その他，最決昭和29年12月27日刑集8巻13号2435頁，福岡高判昭和45年11月25日高刑集23巻4号806頁等。

▷**緊急捜索・押収**
逮捕に伴う捜索・押収（刑訴法220条1項2号）を準用して，無令状による捜索・押収を許容すること。なお，逮捕に伴う捜索・押収の詳細については，Ⅲ-27「逮捕に伴う捜索・差押えⅠ」，Ⅲ-28「逮捕に伴う捜索・差押えⅡ」を参照のこと。

▷**米子銀行強盗事件判決**
最判昭和53年6月20日刑集32巻4号670頁。同様に，最高裁が所持品検査を適法としたものとして，ホテル所持品検査事件（最決平成15年5月26日刑集57巻5号620頁）がある。本件は，覚せい剤事犯の嫌疑が飛躍的に高まった状況下で，被告人の明確な拒否の意思表示がなされない中なされた所持品検査を適法としたが，「ファスナーが開いていた」との事実認定は，積極的開披行為に対する判例の消極的姿勢の表れであると思われる。

1　職務質問に伴う所持品検査の許容性

　警察官は，職務質問に伴って，被処分者に対し，所持品検査を行うことは許されるであろうか。所持品検査は，対象者のプライヴァシーを制約する行為であるにもかかわらず，明文の規定がなされているのは，警察官職務執行法2条4項と銃砲刀剣類所持等取締法24条の2のみであることから，それ以外の所持品検査は，およそ許されないとも考えられる[1]。しかし，対象者の任意の承諾がなければ両規定による場合のほか，所持品検査は一切許されないとすると，実際の必要に応えられないため，一定の範囲において所持品検査が許容される場合はあると解するのが多数説の立場である。

2　所持品検査の法的根拠

　所持品検査は，①所持品を外部から観察して，所持品の内容について質問する行為，②所持品の開示を要求し，任意の開示がなされた場合には，それを検査する行為，③衣服，または携帯品があると思われる個所を外部から軽く触れて検査する行為，④相手方の承諾がないまま，衣類，または携帯品の中から一定程度の実力を行使して所持品を取り出し，その内容を検査する行為の四段階に分けられる。このうち，①②は，職務質問の一態様として許容されることに疑いはない。判例も，これを適法としてきている（**最決昭和29年7月15日**など）[2]。問題は，③④の場合である。この点に関し，学説は，(a)組織体としての警察の責務の範囲を明らかにするのと同時に，警察法2条は警察活動の一般的な権限をも付与した規定と解しうることから，任意処分である限り許容されるとする説（警察法2条説），(b)所持品検査は，職務質問と密接に関連し，職務質問の効果をあげる上で必要性・有用性の認められる行為であるため，職務質問に付随する行為として許容されるとする説（警職法2条説），(c)令状を入手する時間的余裕がない場合であっても，憲法35条に規定される捜索・押収の要件が充足されてさえいれば無令状による捜索・押収（**緊急捜索・押収**）が許される場合があり，そのような場合であれば所持品検査が許容されるとする説（憲法35条説）に大別されるが，いずれの説も問題がないわけではない。この点に関し，**米子銀行強盗事件判決**は，職務質問に付随して行う所持品検査は，所持人の承諾を得て，その限度において行うことが原則であるが，「限定的な場合において，

所持品検査の必要性，緊急性，これによって害される個人の法益と保護されるべき公共の利益との権衡などを考慮し，具体的状況のもとで相当と認められる限度において」のみ，「捜索に至らない程度の行為は，強制にわたらない限り，所持品検査においても許容される」と判示し，③④も許容されるとした。つまり，最高裁は，行政警察活動としての任意処分に属する所持品検査につき，根拠，ならびに任意処分性，及び必要性・緊急性・相当性の要件を判例法として法形成したのである。このような法形成機能を働かせることは，必ずしも強制処分法定主義に反するものとまではいえないであろう。

③ 所持品検査の限界

　米子銀行強盗事件に対し，最高裁は，ボーリングバッグの開披については，「所持品検査の緊急性，必要性が強かった反面，所持品検査の態様は携帯中の所持品であるバッグの施錠されていないチャックを開披し内部を一べつしたに過ぎないものであるから，これによる法益の侵害はさほど大きいものではなく」適法であるとしたが，アタッシュケースに対しては，「捜索手続と同一視しうるもの」であり，違法であるとした原審判断を是認している。両者の違いは，施錠されていないチャックを開けたことと，施錠されていたアタッシュケースをドライバーを用いて，鍵をこじ開けたことの外部面にあるが，捜索に当たるか否かの判断につき，物理的損壊の有無が決定的な意味をもつかは疑問である。また，同じ年に最高裁は，**大阪天王寺覚せい剤事件判決**における所持品検査につき，米子銀行強盗事件判決を引用した上で，所持品検査の必要性・緊急性は肯定できるが，承諾がないのに上着左側内ポケットに手を差し入れ，所持品を取り出して検査した行為は，「一般にプライバシィ侵害の程度の高い行為であり，かつ，その態様において捜索に類するものであるから，……本件の具体的な状況のもとにおいては，相当な行為とは認めがたいところであって，職務質問に附随する所持品検査の許容限度を逸脱したものと解するのが相当である」と判断している。その他，**所持品検査を違法とした二つの判例**を併せて考えると，最高裁は，所持品検査に関し，その限界をかなり画定しようとしていることがうかがわれる。ただし，最高裁は**違法収集証拠の排除法則**は採用したものの，所持品検査の違法が重大でないとして証拠排除を認めない傾向にあることには，注意を要する。

　今後，所持品検査については，判例が提示した任意処分性，必要性，緊急性，相当性の要件が基準として判断されるのであろうが，さらに侵害・制約される権利等についても充分考慮して比較衡量し，判断をなしていくことが重要であろう。しかし，いずれにしても所持品検査を職務質問に付随する行為として肯定することについては，解釈上，種々の問題を含むため，立法において，その根拠と要件を明確にすることが望ましいのはいうまでもない。　　　（大野正博）

▷大阪天王寺覚せい剤事件判決
覚せい剤所持の嫌疑がかなり濃厚な者に対する職務質問中，承諾がないまま，上着左側内ポケットに手を差し入れ，所持品（プラスチックケース入りの注射器，ビニール袋入りの覚せい剤と思われる粉末の入った紙包）を取り出し，マルキース試薬を用いて検査した事案（最判昭和53年9月7日刑集32巻6号1672頁）。

▷所持品検査を違法とした二つの判例
①浅草覚せい剤事件決定（最決昭和63年9月16日刑集42巻7号1051頁），②第一京浜職務質問事件決定（最決平成7年5月30日刑集49巻5号703頁）。

▷違法収集証拠の排除法則
違法に収集された証拠の証拠能力を否定する原則。最高裁においては，大阪天王寺覚せい剤事件判決において初めて宣言され，四半世紀後，大津覚せい剤事件判決（最判平成15年2月14日刑集57巻2号121頁）で，初めて証拠能力を否定する判断が示された。今後は，「将来の違法捜査の抑制基準」が，実際の証拠排除にどの程度結びついていくかが課題となってこよう。
⇨ Ⅵ-7 「排除法則」

Ⅲ 捜 査

6 自動車検問

1 自動車検問の意義と分類

　モータリゼーションの発達により，以前に比べ交通事犯が急増状態を招いたほか，自動車を利用した犯罪が多発化している。このような犯罪現象に有効に対処する必要性から，犯罪の予防・検挙の手段として，走行中の自動車を停止させて調査・検分する必要が生じる。これを自動車検問という。自動車検問は，特定車両に対する検問と不特定車両に対する検問に区別することができる。まず，前者であるが，これはさらに，①逮捕行為としての停止行為，②交通違反車両に対する捜査としての停止行為，③道路交通法による行政処分としての停止行為等に分類することができる。このような場合には，捜査行為として，または職務質問（警察官職務執行法2条1項・5条），あるいは道路交通法（58条の2・61条・63条1項・67条1項）を根拠として，自動車検問を行うことが可能である。問題は，後者である。不特定車両に対する自動車検問は，さらに，①「緊急配備検問」，②「警戒検問」，③「交通検問」に大別される。

2 緊急配備検問

　緊急配備検問は，既に発生した重大犯罪，あるいは周囲に直接的な危険を及ぼすおそれのある犯罪との関係が明確であり，検問の必要性・緊急性が認められる場合に，情報の収集や犯人の検挙を目的として緊急配備計画に従ってなされるものである（犯罪捜査規範93条〜95条）。緊急配備検問は，特定の犯罪を前提に，その被疑者の検挙，及び保全をすることを目的とする活動であることから，刑訴法189条2項・197条1項に基づき任意捜査の一環として，あるいは警察官職務執行法（警職法）2条1項の職務質問として，これを行うことができる（**東京高判昭和52年6月30日**，**東京高判昭和62年4月16日**）。停止の際の警察作用の限界については，**職務質問**の概念に当たる場合には，警察比例の原則を適用させ判断することになろう。

3 警戒検問

　警戒検問とは，「サミット警備」に代表されるように，不特定の一般的な犯罪の予防・検挙のために必要であり，効果的であることを前提として，任意の協力を求める形でなされる検問であるが，どれだけ有効であるかは疑わしいと

▷1　東京高判昭和52年6月30日　判時866号180頁。

▷2　東京高判昭和62年4月16日　判時1244号140頁。

▷**職務質問**
警察比例の原則も含め，Ⅲ-3「職務質問」参照。

▷3　判例によれば，単に合図を送って停止させることができるのみならず，相手方がこれに応じないときは，自動車の運転席ドアに手をかけて制止し（東京高判昭和34年6月29日高刑集12巻6号653頁），自動車の窓から手を差し入れてハンドルを握って停止を求め（仙台高秋田支判昭和46年8月24日刑月3巻8号1076頁），自動車のエンジンを切るために手を自動車内に差し込み（東京高判昭和48年4月23日高刑集26巻2号180頁），エンジンキーを回転してスイッチを切ることにより運転を制止する（最決昭和53年9月22日刑集32巻6号1774頁〔鯖江エンジンスイッチ切り事件決定〕），さらにはエンジンキーを引き抜いて取り上げ運転を停止し（最決平成6年9月16日刑集48巻6号420頁〔会津若松採尿事件決定〕），なお停止に応じない自動車に対しては，その前後から挟み打ちにして停止させること（名古屋高金沢支判昭和

40

いわざるを得ない。**大阪高判昭和38年9月6日**[4]は，警戒検問につき，停止を求める行為が任意でなければならず，犯罪を犯し，または犯そうとしている者が自動車を利用しているという蓋然性があり，公共の安全と秩序の維持のために自動車利用者の自由を制限してもやむをえないと是認されることを要件として，警職法2条1項を根拠に検問が許容されるとする。ただし，このような解釈は，「職務質問の要件を判断するための職務質問」を認めることにも繋がりかねないため，理論的に正当化することは困難であろう。

④　交通検問

　走行車両の外観上，交通違反の疑いのある車両を個別的に検問することについては，上述のように争いのないところである。しかし，車両の外観上からだけでは不審事由が確認できない車両に対し，一斉に検問を行うことができるか。また，許容される場合，その法的根拠や要件が問題となる。この点に関し，学説は，以下の4説に大別される。(a)違法説は，交通検問は異常な挙動が基準となっていないことから職務質問に該当せず，また法的根拠がないことから違法であるとするが，法解釈として硬直過ぎるであろう。(b)警職法2条1項説は，走行中の自動車に警察官職務執行法2条1項に定める職務質問の要件を確認するためには，自動車を停止させなければならないため許容されると解するが，警戒検問でも指摘したように，要件確認のための職務まで職務質問に含めることになり，妥当ではなかろう。(c)警察法2条1項説は，警察法2条1項が組織体としての警察の責務の範囲を規定するとともに，責務を遂行すべき権限の一般的な根拠であることから許容されるとする見解であるが，組織法である警察法を具体的な警察活動の根拠にすることには無理があると批判される。(d)憲法説は，憲法31条，または33条・35条を根拠に，デュー・プロセスの観点，あるいはプライヴァシーの制約に合理性がある限り，許容されるとする立場であるが，警察権限を定める下位規範が存在するのに，これを離れて憲法論としてこれを肯定することは，法的安定性を欠こう。判例は，警察法2条1項が，「交通の取締」を警察の責務として定めていることを根拠とし，「交通違反の多発する地域等の適当な場所において，……短時分の停止を求めて，……相手方の任意の協力を求める形で行われ，自動車の利用者の自由を不当に制約することにならない方法，態様で行われる」ことを要件として，外観上の不審事由の有無にかかわらず自動車を停止させ，質問することができると判示している（**宮崎交通検問事件決定**[4]）。ただし，判例に対しても，(c)説と同様の批判が当てはまる。しかし，自動車検問の必要性を否定できない以上，たとえそれが任意手段によるものであったとしても，対象者の権利・利益を侵害・制約する行為であることに鑑みれば，所持品検査同様，立法的措置を講ずることにより問題解決することが正道であろう。

（大野正博）

52年6月30日判時878号118頁）等の行為を適法としている。その他，発進を防ぐため丸太で歯止めをした行為（東京高判昭和57年4月21日刑月14巻3＝4号245頁）や警察車両十数台が対象者を取り囲み，1時間40分移動を不可能にした行為（東京高判昭和62年4月16日判タ652号265頁）も適法とされている。

▷4　**大阪高判昭和38年9月6日** 高刑集16巻7号526頁。

▷**宮崎交通検問事件決定**
交通違反の取締りの際，被告人の自動車を止めたところ，酒臭かったため，免許証の提示を求め，任意同行して取り調べたところ，アルコールが検出された事案（最決昭和55年9月22日刑集34巻5号272頁）。なお，当該判例は，交通検問の法的根拠を警察法2条1項に求める趣旨ではなく，交通検問が警察の責務の範囲内であることを確認したに過ぎないと解する見解も有力である。

おとり捜査

▷おとり捜査
わが国におけるおとり捜査
の導入は，第二次世界大戦
後，占領軍の要請に基づき，
麻薬事犯の取締りの徹底を
なす際に，占領軍関係者よ
り示唆されたものであると
される。
▷1　最決平成16年7月12
日刑集58巻5号333頁
（〔大阪大麻所持おとり捜査
事件決定〕）。
▷2　しかし，一般にこれ
らの規定は，おとり捜査の
創設規定ではないと解され
ている。

▷3　最決昭和28年3月5
日刑集7巻3号482頁。
また，最判昭和29年11月5
日刑集8巻11号1715頁も，
これを引用しつつ，「いわ
ゆる囮捜査は，これによっ
て犯意を誘発された者の犯
罪構成要件該当性，責任性
若しくは違法性を阻却する
ものではない」とした。
▷4　東京高判昭和57年10
月15日判時1095号155頁。
同様の判断を示すものとし
て，東京高判昭和60年10月
18日刑月17巻10号927頁，
東京高判昭和62年12月16日
判タ667号269頁等。

▷岐阜呼気検査事件決定
⇨Ⅲ-2「任意捜査と強制
捜査」

1　おとり捜査の意義と類型

　おとり捜査とは，「捜査機関又はその依頼を受けた捜査協力者が，その身分や意図を相手方に秘して犯罪を実行するように働き掛け，相手方がこれに応じて犯罪の実行に出たところで現行犯逮捕等により検挙するものである」（**最決平成16年7月12日**）。おとり捜査そのものに関する明文規定は存在しないが，麻薬及び向精神薬取締法58条，あへん法45条，銃砲刀剣類所持等取締法27条の3は，捜査官が何人からも薬物ないし銃器等の法禁物を譲り受けることができると規定している。おとり捜査については，犯意の有無を基準として，①機会提供型と②犯意誘発型に区別することができる（二分説・主観説）。①とは，あらかじめ犯意を有している被誘惑者に誘惑者が働きかけをして犯行の機会を提供するものであり，②とは，誘惑者が被誘惑者に働きかけて初めて犯意を抱き，犯罪を実行させる場合をいう。なお，近年は，客観説も有力である。

2　おとり捜査は任意処分か

　おとり捜査につき，**最決昭和28年3月5日**は，「他人の誘惑により犯意を生じ又はこれを強化された者が犯罪を実行した場合，わが刑事法上その誘惑者が場合によっては……教唆犯又は従犯として責を負うことのあることは格別，その他人である誘惑者が一私人でなく，捜査機関であるとの一事を以てその犯罪実行者の犯罪構成要件該当性又は責任性若しくは違法性を阻却し又は公訴提起の手続規定に違反し若しくは公訴権を消滅せしめるものとすることのできないこと多言を要しない」と判示し，下級審において，機会提供型は違法ではないが，犯意誘発型は違法であるとの判断が示された（**東京高判昭和57年10月15日**）。このような状況下において，大阪大麻所持おとり捜査事件決定は，「少なくとも，直接の被害者がいない薬物犯罪等の捜査において，通常の捜査方法のみでは当該犯罪の摘発が困難である場合に，機会があれば犯罪を行う意思があると疑われる者を対象におとり捜査を行うことは，刑訴法197条1項に基づく任意捜査として許容されるものと解すべきである」とした。最高裁は，**岐阜呼気検査事件決定**に照らし，このような位置づけをなしたのである。なお，任意捜査として許容する際には，検挙する犯罪の罪質や重大性，他の捜査方法による摘発の困難性，おとり捜査を用いることの必要性，相手方に対する働きかけの方

法や程度など手段の相当性等の要件が要求されることになろう。また，最高裁は，おとり捜査の許容性につき，刑訴法197条1項に根拠を求めたことにより，**将来発生が見込まれる犯罪捜査**を認めたとの解釈も成り立つ。

③　おとり捜査における違法性の実質

　おとり捜査は，国家が誘惑者となって被誘惑者に犯罪を行わせるものであることから，場合によっては違法となりうる場合がある。なぜなら，本来，犯罪を抑制する立場にある国家が，自ら犯罪を誘発する側面，及び国家機関が一種のトリックを用いて，事情を知らない第三者を罠にかける側面から，手続の公正違反に当たると解されるからである。**最決平成8年10月18日**における反対意見が，「人を犯罪に誘い込んだおとり捜査は，正義の実現を指向する司法の廉潔性に反するものとして，特別の理由がない限り許されない」と述べたのは，このような考え方が前提としてあったからであろう。その他，刑事実体法によって保護される法益を侵害する点や公権力から干渉を受けないという対象者の人格的自立権を侵害する点が強調されることもある。

④　違法なおとり捜査の効果

　違法なおとり捜査に対し，従来は**無罪説**も存在したが，実体法的に犯罪が成立しないとはいえない。そこで，訴訟法上は如何なる効果を付与すべきであるかが問題となる。この点に関し，違法なおとり捜査に基づく証拠については，違法収集証拠の排除法則を適用し，処理すべきであるとの見解が存在する。しかし，おとり捜査の違法性の問題は，もはや個々の証拠の許容性の問題の範疇を超えるものであり，妥当ではない。そこで，違法なおとり捜査に基づき起訴がなされた場合には，形式裁判によって手続を打ち切るべきであるとするのが通説の立場である。この場合，手続を打ち切るための理由として，免訴説と公訴棄却説が対立する。まず，前者は違法なおとり捜査は実体的訴訟条件が欠ける，あるいは国家の処罰適格が欠けることを理由に挙げ，**免訴**をもって手続を打ち切るべきであるとする見解である。なお，**一事不再理**の効力を伴う免訴を主張する見解も存在する。これらの見解に対しては，理論上はともかく，直接の根拠規定を見出すことができないとの批判がなされている。これに対し，後者はおとり捜査の違法が手続の不公正を理由としていることから，デュー・プロセス違反として，**公訴棄却**により手続を打ち切るべきであるとの見解である。この見解に対しては，刑訴法338条4号が起訴手続の違反に関する規定であって，捜査段階の違法は本号とは無関係であると批判される。その他，犯意誘発型のおとり捜査については公訴棄却にするとともに，常軌を逸した機会提供型のおとり捜査については，違法収集証拠の排除法則を適用すべきであるとの見解も存在する。公訴棄却説が，多数説である。　　　　　　　（大野正博）

▷ **将来発生が見込まれる犯罪捜査**
伝統的な行政警察活動と司法警察活動を区別する考え方によれば，前者は犯罪発生前の予防・鎮圧を，また後者は発生後の犯罪を対象とするため，このような判断には矛盾が生じることになる。しかし，両者の区別を目的の違いに求め，犯罪の訴追・処罰に向けられた活動である限り，将来の犯罪についても，任意処分をなすことが可能であるとの考え方によれば，問題はなかろう。なお，同様のことが，ビデオカメラによる監視においても問題とされた。Ⅲ-9「写真・ビデオの撮影・録画」もあわせて参照のこと。

▷ **5　最決平成8年10月18日**　判例集未登載。

▷ **無罪説**
横浜地判昭和26年7月17日高刑集4巻14号2083頁は，憲法前文，及び憲法13条を根拠に，被告人を無罪とした。

▷ **免訴**
確定判決の存在，刑の廃止，大赦，公訴時効の完成の各場合に言渡される判決（刑訴法337条）。

▷ **一事不再理**（ne bis in idem）
ある事件につき，被告人を一度訴追した場合には，同一事件について再度の公訴提起は許されないとする原則（憲法39条，刑訴法337条1号）。

▷ **公訴棄却**
訴訟条件を欠くために，事件の実体についての審理に立ち入ることなく訴訟を打ち切る形式裁判（338条・339条）。

コントロールド・デリバリー

1　コントロールド・デリバリーの意義

　薬物や銃器等の禁制品に関する密輸・密売が従前に比べ，より組織化・密航化されていることから，末端の被疑者から供述を得るだけでは，犯罪組織の実態を解明し，背後の黒幕まで一斉に検挙することは困難である。このような犯罪類型に対し，捜査機関が禁制品を認知した場合，それを知りながらその場で直ちに押収せず，捜査機関の厳重な監視下において，その流通を許容し，追跡することによって，取引に関与した者を発見し，一網打尽に検挙する捜査方法を**コントロールド・デリバリー**という。なお，国際的なコントロールド・デリバリーの定義については，その実施の観点から，**麻薬及び向精神薬の不正取引の防止に関する国際連合条約**１条では，「第３条１の規定に従って定められる犯罪を実行し又はその実行に関与した者を特定するため，１または２以上の国の権限のある当局が，事情を知りながら，かつ，その監視の下に，麻薬，向精神薬，この条約に附属する付表Ⅰもしくは付表Ⅱに掲げる物質又はその疑いがある送り荷が当該１または２以上の国の領域を出，これを通過し又はこれに入ることを認めることとする方法をいう」と規定されている。

2　コントロールド・デリバリーの種類

　コントロールド・デリバリーには，中身の薬物や銃器の禁制品をそのまま運搬させるライブ・コントロールド・デリバリーと他の代替物と入れ替えて運搬させるクリーン・コントロールド・デリバリーに分類される。

　上記条約の批准に備え，平成３（1991年）に国内法整備の一環として，国際的な協力の下に規制薬物に係る不正行為を助長する行為等の防止を図るための麻薬及び向精神薬取締法等の特例等に関する法律が定められたが，その３条・４条は，入国審査官，及び税関長に対し，捜査機関より，通報・要請があり，規制薬物の散逸等の防止につき，十分な監視体制が確保されていると認められる場合には，規制薬物の不法所持者の上陸または麻薬類の輸入を許可することを認めており，ライブ・コントロールド・デリバリーを行うことを可能にするために入国管理・税関手続が定められている。つまり，禁制薬物を所持している者の上陸を禁止している出入国管理及び難民認定法，及び貨物の輸出入の許可を定める関税法に基づく行政上の義務との調整を図ったものであるといえる。

▷コントロールド・デリバリー（controlled delivery）
主に「監視付き移転」と訳される。なお，マスコミ用語としては，一般に「泳がせ捜査」の語が用いられる。
▷麻薬及び向精神薬の不正取引の防止に関する国際連合条約
United Nations Convention Against Illicit Traffic in Narcotic Drugs and Psychotropic Substances, 1988

これに対し，クリーン・コントロールド・デリバリーは，薬物や銃器等の禁制品を抜き取った後に関与した者は，禁制品が存在しない以上，それを所持・譲渡等をしたとしても，実体法上は不能犯とされ，処罰されない可能性を否定できない。しかし，このような行為であっても，薬物乱用や銃器拡散を助長する危険性を否定できないことから，同法8条は，薬物犯罪を犯す意思での規制薬物の物品の輸出入・譲渡・譲受・所持を処罰することを規定しており，クリーン・コントロールド・デリバリーが認められている（なお，銃砲刀剣類所持等取締法31条の17にも，クリーン・コントロールド・デリバリーに関する規定がある）。

③ 捜査手段としてのコントロールド・デリバリーの許容性・適法性

　上記規定は，コントロールド・デリバリーの許容性・適法性を前提としているが，このような捜査手法は，捜査機関に新たな捜査権限を創設したものではないため，薬物や銃器の禁制品の確認・抜き取り行為，代替物との交換，運送過程の監視等については，従来からの捜査手段である尾行・泳がせ監視の延長線上のものとして，刑訴法の観点から検討されなければならないことは，いうまでもない。なお，コントロールド・デリバリーについては，国家が薬物や銃器の禁制品の授受等，新たな犯罪の発生を容認する，あるいはその実施過程において，当該禁制品が散逸・流通すれば，国民の生命・身体等の安全に危害が及ぶおそれがあるとの批判がなされる。また，適正手続の観点から許容性が問われることもあろう。しかし，コントロールド・デリバリーは，**おとり捜査**の場合と異なり，犯意を誘発するなど，捜査機関側から何らかの積極的な働きかけがなされるわけではないことから，国家が新たな犯罪を生み出すことに関与したとまではいえず，問題は比較的小さいものであるといえよう（銃器に関して，ライブ・コントロールド・デリバリーの実施につき，積極的な姿勢が示されなかったのは，この点を意識しているものと推測される）。ただし，捜査過程において，個人の生命・身体等に対し，危険性が生じうる場合にまで，捜査遂行の利益が優先するとまで考えることはできず，また，コントロールド・デリバリーにつき，法律に特別の定めがなされていないことから，刑訴法197条1項により，必要性，緊急性，及び補充性等を考慮し，具体的状況下で相当と認められる場合，つまり十分な監視体制が確保できる場合に限り，任意捜査として許容されることになろう。なぜなら，**岐阜呼気検査事件決定**に照らすならば，コントロールド・デリバリーは，単に被処分者が監視されていることを気付いていないだけであり，その意思を制圧しているものではなく，強制の要素が加わっている行為でもないため，「必要性，緊急性なども考慮した上，具体的状況のもとで相当と認められる限度」の行為であると解されるためである（なお，東京地判平成18年6月29日刑集66巻12号1672頁も，併せて参照のこと）。

（大野正博）

▷おとり捜査
⇨Ⅲ-7「おとり捜査」

▷岐阜呼気検査事件決定
最決昭和51年3月16日刑集30巻2号187頁。なお，Ⅲ-2「任意捜査と強制捜査」参照のこと。

写真・ビデオの撮影・録画

① 写真撮影の法的性質

　物を被写体として写真撮影がなされる場合の法的性質は，検証ないし**実況見分**に該当するとされる（**令状外写真撮影事件決定**）。しかし，人を被写体とする場合には，みだりにその容ぼう・姿態を撮影されないという意味での**肖像権**を有することからして，捜査機関が同意を得ずに撮影行為を行う場合には，その法的性質が問題となる。刑訴法の規定としては，身柄拘束中の被疑者に対し写真撮影を許容する218条3項が存在するのみであり，その他については何らの規定も設けていない。したがって，捜査機関によってなされる写真撮影が，任意処分であるか強制処分であるかが問題となる。強制処分であるとすれば，**強制処分法定主義・令状主義**との関係が問題となるし，任意処分であるとしても，対物撮影の場合とは異なった人権との調整が問題となろう。判例は，憲法13条が保障する国民の私生活上の自由の一つとして，みだりにその容ぼう・姿態を撮影されない自由を有することを認め，①行為の現行犯性，②証拠保全の必要性・緊急性，③撮影方法の相当性を条件として，犯人や除外できない状況にある第三者の容貌等を被撮影者の同意を得ず，また令状なくして撮影することが許容されるとの判断を示している（**京都府学連事件判決**）。

　また，防犯ビデオに写っていた人物と被告人の容ぼう等の同一性判断を行うために，被告人を公道上およびパチンコ店内においてビデオ撮影した行為の適法性につき，最高裁は，「捜査機関において被告人が犯人である疑いを持つ合理的な理由が存在していた」こと，強盗殺人事件で犯人の同一性という「重要な判断に必要な証拠資料を入手するため，これに必要な限度において」，「通常，人が他人から容ぼう等を観察されること自体は受忍せざるを得ない場所」であることを要件として挙げ，これも適法としている（**京都カード強取強盗殺人事件**）。このように，京都府学連事件判決における判断は，街頭における違法なデモ行進を現認した場合についての事例判断であり，事情を異にした捜査機関による写真撮影の全てに対して，この判断を一般化することはできず，その他の写真撮影に対しては，**岐阜呼気検査事件決定**において示された任意捜査の適否に関する一般的な判断枠組みによって，処理されることになろう。したがって，現行犯的な状況にある場合でなくとも，写真撮影の必要性が認められ，かつその方法が相当であれば，適法な任意捜査として写真撮影が許容される場合もあり

得ることになる（**上智大内ゲバ事件判決**）。

❷ 自動速度監視装置による速度違反車両に対する写真撮影

　速度違反取り締まりとしては，パトカーや白バイによる追尾式測定，あるいは可動の速度測定装置による定置式測定があるが，いずれも有人で違反現場において検挙が可能であるため，写真撮影の必要がないのに対し，**自動速度監視装置**に関しては，無人で速度違反取り締まりを行うことから，写真撮影が問題となる。判例は，「自動速度監視装置による運転者の容ぼうの写真撮影は，現に犯罪が行われている場合になされ，犯罪の性質，態様からいって緊急に証拠保全をする必要性があり，その方法も一般的に許容される限度を超えない相当なものであるから」，憲法13条に違反しないとしている。

❸ 犯罪の発生が予想される現場でのビデオカメラによる撮影・録画

　ビデオカメラによる撮影・録画は，写真撮影の場合と異なり，容ぼう等だけでなく挙動が連続的に監視・記録されるが，憲法13条が保障する国民の私生活上の自由については本質的に異なるものではないため，写真撮影が一定の場合に許容されるのであれば，ビデオカメラによる撮影・録画も許容されることになろう。ただし，ビデオカメラによる撮影・録画は，長時間の撮影が可能であることから，犯罪の発生を予想して，撮影・録画を行うことも許されるかが問題となる。

　判例は，「当該現場において犯罪が発生する相当高度の蓋然性が認められる場合であり，あらかじめ証拠保全の手段，方法をとっておく必要性及び緊急性があり，かつ，その撮影，録画が社会通念に照らして相当と認められる方法をもって行われるときには」，犯罪発生前の撮影も許容されるとしている（**山谷テレビカメラ監視事件判決**）。これに対し，既存の犯罪を前提とするものでないことから，捜査活動に該当しないのではないかとの批判がなされる。しかし，同一の撮影・録画につき，犯行の開始までが犯罪予防・鎮圧活動，あるいは犯罪捜査の準備活動であり，犯行開始後は犯罪捜査であると解することは妥当ではない。京都府学連事件判例は，具体的事案に即して写真撮影が許容されるための要件を示したにすぎず，この要件を具備しない限り如何なる場合においても許容されないとする趣旨のものではない。本件事案においては，現行犯的状況の要件が欠けるが，犯行の相当高度な蓋然性が存在する場合には，一定程度要件を緩和せざるを得ないであろう。なお，証拠保全の必要性・緊急性についてであるが，事後の関係人の割出し等のために必要性も高く，かつ緊急性もあったといえ，また撮影方法の相当性についても，特に一般の撮影手段と区別すべき合理的理由は存在しないため，これを欠くものではないと解される。

（大野正博）

10 強制処分の基本原理

1 強制処分とは

　強制処分とは何かということについては様々な見解がある。個人の権利や自由に対して制約を加える処分は全て強制処分であるとする見解もあれば，判例のように，刑訴法197条1項ただし書の強制処分法定主義に重要な意義を認めつつ，実際の捜査の必要性にも配慮して「個人の意思を制圧し，身体，住居，財産等に制約を加えて強制的に捜査目的を実現する行為など」を指すとして，狭く捉える考え方もある。いずれにしても，捜査機関が行える強制処分として刑訴法に明文で規定されているのは，逮捕，勾留，捜索，差押え，検証，鑑定，領置，通信傍受である。

2 強制処分の要件と憲法上の権利の制約根拠との関係

　これらの強制処分と憲法の規定との関係を見てみると，逮捕，勾留は憲法33条と，捜索，差押え，検証，鑑定，通信傍受は35条と主に関係している。こうした憲法の保障が強制処分に及ぶということは，強制処分による個人の権利や自由の制約は，憲法が許容する限度でしか許されないということである。

　憲法は個人に価値を認め，個人の自己表現，自己実現を意味のあるものだとみているので，個人の行動の自由を33条で，プライヴァシーの権利を35条で保障している。とはいえ，これらの保障が絶対で無制約のものとなると，事実を解明して犯罪者に刑事責任を問うことが不可能となる。そこで，こうした権利や自由の保障と捜査の必要との調整が図られなければならない。

　それでは，憲法はその調整をどのように行っているのか。法律や処分が憲法に適合しているか否か裁判所が違憲審査を行う際に，人身の自由などの重要な権利が関係している場合には，権利制約の目的が「やむにやまれぬ必要」に基づいているか否か，制約が「必要最小限」のものであり，目的との関係で「必要不可欠」なものであるか否かが基準とされる。したがって，逮捕や捜索，差押えなどの強制処分の要件も同様に，こうした基準を充たしたものでなければならないということになる。

3 逮捕，捜索・押収の実体要件

　それでは，これらの基準が逮捕の要件としてどのように具体化されているか

▷1　⇨Ⅲ-2「任意捜査と強制捜査」

▷2　領置は刑訴法上の押収の一種であるが，占有の取得に強制力を伴わない点で憲法35条の押収には含まれないと解されている。

▷3　⇨Ⅰ-2「日本国憲法と刑事手続」

というと，憲法33条は明文では，現行犯の場合を除いて，逮捕理由となっている犯罪を明示した令状によらなければならないと定めるだけであるが，これを受けた刑訴法は，①被疑者が罪を犯したことを疑うに足る相当な理由（相当理由）と，②被疑者が逃亡しまたは罪証を隠滅すると疑うに足る相当な理由（必要性）が存在する場合に，③原則として令状に基づいて逮捕することを要件としている。この①，②を逮捕の**実体要件**という。犯人ではないかと強く疑われている者が証拠を破壊して事実解明を妨害するおそれがあり，また逃亡して将来公判が開けなくなるおそれがある場合に，そうした事態を防ぐためにその者の行動の自由を奪い，起訴・不起訴の決定に必要な一定の期間身柄を拘束することは，「やむにやまれぬ必要」に基づいた必要最小限の不可欠の措置であるといってよいと思われる。

　つぎに捜索・押収に関しては憲法35条が，①正当な理由に基づき，②捜索場所を明示し，③押収対象物を明示した，④令状によることを原則として要件としている。この①から③を捜索・押収の実体要件という。事実の解明は証拠なくしては行えないのであるから，犯罪の発生が強く疑われているときに（正当な理由＝相当理由），事実解明のためにその犯罪事実と関連している蓋然性の高い証拠について（押収対象物の特定），その証拠が存在する蓋然性の高い場所に限って捜索することを許し（捜索場所の特定），その証拠が発見された場合には，その証拠のみ押収することを許すのは，これもまた「やむにやまれぬ必要」に基づいた，必要最小限で不可欠のプライヴァシー制約措置であるといってよいと思われる。

④ 令状要件の意義

　逮捕，捜索・押収の領域では，個人の自由と捜査の必要はこのようにそれぞれの実体要件を基準にして調整が図られている。しかし，そうすると，実体要件が整っていれば逮捕や捜索・押収は正当なものであると思われるのだが，憲法33条，35条はこの実体要件のほかに，裁判官が事前に令状を発することを原則的に要件としている。それはなぜか。

　ある処分が要件に基づいて行われたか否かは，普通，その処分実施後の証明手続で判断されることになるが，逮捕や捜索・押収に関しては，実体要件が整っていないにもかかわらず捜査機関がこれを行い，後に判明した事情によって最初から実体要件が整っていたと事後に取り繕う実務が，歴史上行われた。要件を定めても，その認定でごまかしが横行しては意味がない。そこで，処分が実施される前に実体要件の存在を確認し，こうした実体要件のごまかし（後知恵の危険）を防ぐ必要がある。その役割を担うのが令状要件である。このように令状要件は，処分実施前に実体要件充足の有無を確認し，要件のごまかしを防ぐための手段としての性質をもつのである。　　　　　　（柳川重規）

▷4　刑訴法199条2項。

▷5　203条〜205条，207条，60条，なお刑事訴訟規則143条の3。刑訴法203条から205条では，被疑者を逮捕後，身柄拘束を継続する必要がなければ直ちに釈放し，必要があれば所定の時間内に勾留請求しなければならないと定めている。したがって，逮捕後に被疑者の身柄を拘束し続けるには，勾留の要件が整っていなければならないということになるが，逮捕してもその後直ちに釈放しなければならないのでは逮捕した意味がないので，結局，逮捕の時点で勾留と同様の要件が課されていると解釈するのが妥当である。

▷**実体要件**
実質的要件，中身に関する要件のこと。これに対して令状要件は実体要件の有無を確認するための要件なので手続要件である。

▷5　⇨Ⅲ-11「令状主義とその例外」

Ⅲ　捜　査

 令状主義とその例外

▷令状主義
⇨ Ⅲ-10 「強制処分の基本
原理」

▷弾劾主義
⇨ Ⅰ-2 「日本国憲法と刑
事手続」, Ⅰ-4 刑事訴訟
法の基本的性格：糾問主義,
弾劾主義, 職権主義, 当事
者主義
▷実体要件
実質的要件, 中身の要件の
こと。⇨ Ⅲ-10 「強制処分
の基本原理」, Ⅲ-12 「令状
逮捕 (通常逮捕)」, Ⅲ-22
「令状による捜索・押収」

1 令状主義の意義

　憲法33条, 35条は, 逮捕, 捜索・押収が裁判官の事前に発する令状に基づい
て行われることを原則としている。これを一般に**令状主義**と呼んでいる。

　令状主義が採られている理由については, 逮捕, 捜索・押収等の強制処分を
行う権限のない捜査機関に対して, 本来その権限を有している裁判所 (裁判官)
が授権する必要があるからであるとする考え方もある。しかし, わが国の憲法
38条1項が採用する**弾劾主義**の下では, 捜査と公判は分離した別個の手続段階
であるので, 公判を担う機関と捜査を担う機関は別々であり, したがって, 強
制処分を行う権限は, 元々捜査機関が有していると考えるのが妥当である。そ
うすると, 強制処分を行うための実質的な根拠を与える**実体要件**があれば, 捜
査機関は逮捕, 捜索・押収等を行うことが許されてしかるべきであるとも思わ
れるが, なぜ, 裁判官による事前の令状発付が原則として要件となるのか。ア
メリカでの令状制度の発展の歴史が教えるところでは, 第三者機関による事前
審査を経ないと, 実は実体要件が整っていないにもかかわらず捜査機関が逮捕,
捜索・押収を行ってしまったり, さらには, 後に判明した事情を用いてさも最
初から整っていたかのように取り繕うというごまかしが横行する危険 (後知恵
の危険) がある。そこで令状発付という事前審査の制度を設けて, こうした弊
害を回避しようとしたのである。このように令状主義は, 捜査機関による実体
要件欠いた強制処分を行うのを防ぐための原則であるということができる。

2 令状主義に例外が認められる一般的な理由

　憲法33条, 35条は, 令状主義を採用しつつも, 同時に令状に基づかない逮捕,
捜索・押収という例外も認めている。なぜ例外が認められているのか。

　現行犯逮捕に典型的にみられるように, 犯行が目撃され, 通常の逮捕の実体
要件が整っていることは明らかであるが, 令状を入手しようとその場を離れれ
ば, 犯人が逃走してしまうという状況がある。このような場合でも絶対に令状
が必要だということになると, みすみす犯人を取り逃がしてしまうことになる。
令状要件は, 実体要件を欠いた強制処分を防ぐ手段であり, 他の手段によって
もその目的が達成できる場合がある。したがって, 実体要件はあるが令状を入
手する時間的余裕がなく (例外を認める必要性), しかも, 他の手段によって実

50

体要件を欠いた強制処分を防げるのであれば（代替手段の存在），無令状の例外を認めてかまわないということになるであろう。

③ 無令状逮捕が許される理由

　無令状逮捕には刑訴法上，**現行犯逮捕**，**準現行犯逮捕**，**緊急逮捕**の三種類がある。それぞれについて上述した考え方に基づき，無令状逮捕が許される理由を説明してみると，まず，現行犯逮捕は「犯行の現認」，準現行犯逮捕は「罪を行い終つてから間がないと明らかに認められるとき」，緊急逮捕は「罪を犯したことを疑うに足りる充分な理由」が要件となっているので，相当理由を超える嫌疑の程度が存在することがそれぞれ前提となっている。つぎに，犯行を現認された場合や犯行後間がない場合は，直ちに逮捕しなければ犯人は逃走するであろうから，令状入手の時間的余裕のない緊急状況にある。また，緊急逮捕では，緊急状況にあることが明文で要件とされている。そして，犯行の現認が要件であれば，この要件の認定の誤まりやごまかしは生じにくいといえ，また，準現行犯のように著しく高い嫌疑の程度が要件とされていると，一般的にはその要件を欠いた逮捕は行われにくくなる。緊急逮捕では，事後ではあるが裁判官による要件の審査が，場合によっては被疑者の弁解を聞くなどして慎重に行われる。このようにそれぞれに事前審査の代替手段が備わっているのである。

④ 無令状捜索・押収が許される理由

　憲法35条，刑訴法220条は，**逮捕に伴う捜索・押収**を無令状の例外としている。捜査官が逮捕のために正当に立ち入った場所で証拠を目にした場合には，逮捕理由との関係で押収の正当な理由が認められ，また，証拠が現認されているので，押収対象物は特定されており，押収の実体要件は整っている。しかもこの点に関する認定の誤り，ごまかしはほとんど考えられない。また，直ちに押収しなければ，証拠は被逮捕者によって破壊される危険が高く，あるいは，被逮捕者を捕捉した後であっても，被逮捕者の家族や共犯者等によって破壊されるおそれがある。つぎに，逮捕現場で証拠が隠されている蓋然性の高い領域を目にした場合，捜索場所は特定されており，また押収の場合と同様，逮捕理由との関係で捜索の正当な理由も認められ，直ちに捜索をしなければ，被逮捕者やその家族，共犯者によって証拠が破壊されるおそれがあるので，緊急性も認められる。しかも，捜索の実体要件が備わっていたことの証明は，逮捕現場で知った事情にのみ基づいて行わなければならないので，ごまかしは入りにくい。このように，逮捕に伴う押収，逮捕に伴う捜索とも，捜索，押収の実体要件が備わり，緊急状況にあって，しかも実体要件の認定の誤り，ごまかしが行われにくい状況でなされるのである。

(柳川重規)

▷現行犯逮捕
刑訴法212条，213条。⇨
Ⅲ-13「現行犯逮捕・準現行犯逮捕」
▷準現行犯逮捕
刑訴法212条，213条。⇨
Ⅲ-13「現行犯逮捕・準現行犯逮捕」
▷緊急逮捕
刑訴法210条。⇨Ⅲ-14「緊急逮捕」

▷1　逮捕状の発付は，判決，決定，命令という裁判の形式のうちの命令に該当する。刑訴法43条は「決定または命令をするについて必要がある場合には，事実の取調をすることができる」と定めているので，事後の逮捕状発付に当たって被疑者から弁解を聞くなどの事実の取調べを行うことができる。
▷逮捕に伴う捜索・押収
⇨Ⅲ-27「逮捕に伴う捜索・差押えⅠ」，Ⅲ-28「逮捕に伴う捜索・差押えⅡ」

12 令状逮捕（通常逮捕）

1 憲法33条と逮捕の実体要件・令状要件

逃亡や罪証隠滅を被疑者に許せば十分な捜査と起訴後の公正な裁判の実現は覚束ない。そこで被疑者の身柄拘束が必要となる場合があるが，自由社会における基本的な権利である行動の自由の制約は，「やむにやまれぬ必要」が存在し，必要最小限で不可欠なものでなければ許されない。憲法と刑訴法はかかる前提の下，被疑者の身柄拘束に厳格な要件と手続を設けている。

憲法33条は，逮捕を許すべき実質的な要件が満たされていること（実体要件）と，原則としてそれを裁判官が事前に確認し令状を発していること（令状要件）を要求する。逮捕の実体要件の内容を憲法は明文では定めていないが，刑訴法は，①被疑者が罪を犯したことを疑うに足りる相当な理由（相当理由）と，②被疑者が逃亡しまたは罪証を隠滅すると疑うに足りる相当な理由（必要性）の存在を要求している。令状要件は，逮捕の実体要件の存否を捜査機関から独立した裁判官に事前審査させることにより，捜査機関が実体要件の充足を甘く判断したり，逮捕後に得た情報をもとに逮捕時点で実体要件が充足していたようにごまかすことを防ぎ，実体要件の充足を担保することを狙いとする。

捜査機関が事前に裁判官の発する令状（刑訴法上は逮捕状）を得て行う逮捕は憲法の予定する逮捕の原則形態であり，通常逮捕ともよばれる。

2 逮捕状の請求と審査，逮捕状による逮捕

捜査機関は逮捕の実体要件が充足すると考える場合，疎明資料を提供して裁判官に逮捕状の発付を請求できる（199条2項，刑事訴訟規則143条）。請求が慎重に行われるよう請求権者は検察官と司法警察員に限られている。逮捕の不当な蒸し返しを防ぐため，被疑者に対し過去に同一の犯罪事実や現に捜査中のほかの犯罪事実について逮捕状の請求や発付があったときはその旨とその犯罪事実を裁判所に通知しなければならない（199条3項，刑事訴訟規則142条1項8号）。

逮捕状の請求を受けた裁判官は，必要な場合は逮捕状請求者に陳述や書類等の呈示を求めるなどして審査を行い，逮捕の実体要件が充足すると認めるとき逮捕状を発する。ただし実体要件のうち逮捕の必要性は，明らかに存在しないと認められるとき以外は存在するものと扱われる（199条2項ただし書）。これは，逮捕状発付の審査が被疑者の身柄が拘束されていない段階で行われるため，一

▷1 ⇨Ⅲ-10「強制処分の基本原理」
▷2 必要性の要件により取調べや犯罪予防のみを目的とする逮捕は許されないことになる。相当理由については刑訴法199条1項・2項，必要性については203条〜205条，207条1項，60条1項，刑事訴訟規則143条の3，Ⅲ-10「強制処分の基本原理」の側注4を参照。なお刑訴法は，一定の軽微な罪を理由とする逮捕と勾留については要件を加重している（199条1項ただし書，207条1項，60条3項参照）。
▷3 ⇨Ⅲ-11「令状主義とその例外」

▷4 警察官については司法警察員のうち公安委員会が指定する警部以上の者に限られている（199条2項）。
▷5 逮捕状の方式は200条と六法巻末の資料等の見本を参照。
▷6 逮捕期間中，司法警察員や検察官が身柄拘束の継続を要しないと思料したときは直ちに被疑者を釈放しなければならない（203条〜205条）。また逮捕の時

般に急を要し，また捜査機関側の提出した資料のみに基づいて行うほかなく，この時点で逮捕の必要性の正確な判断を裁判官に求めるのは難しいと考えられたからである。なおここからもわかるように，裁判官の逮捕状発付の審査も逮捕の実体要件の充足を完全に担保できるものではない。逮捕状が発付されていても逮捕が実体要件を欠く場合があり得，その場合の逮捕は違法となる。

逮捕状が発付された場合，捜査機関は逮捕状を呈示して被疑者を逮捕できる（199条1項，201条1項）。ただし逮捕状が手元にない場合で急速を要するときは，被疑事実の要旨と逮捕状が発せられている旨を告げて逮捕してよい（緊急執行。201条2項，73条3項）。司法警察員・検察官は，被疑者を逮捕したか，司法巡査・検察事務官から被疑者の引致を受けたときは（202条），被疑者に対し直ちに犯罪事実の要旨と弁護権に関する告知を行い，弁解の機会を与えなければならない（203条，204条）。被疑事実と弁護権の告知は憲法34条の要請である。

③ 逮捕による身柄拘束期間と被疑者勾留との関係

刑訴法は内乱罪等の事件を除き最長23日間被疑者の身柄拘束を許すが，逮捕による身柄拘束は最長72時間に限られている。被疑者の身柄拘束を継続するには，検察官の請求により裁判官が被疑者を勾留する必要がある（207条）。

逮捕状の請求と異なり勾留請求は検察官しかできない。このため司法警察職員が被疑者を逮捕し，司法警察員が身柄拘束の継続を要すると思料するときは，逮捕から48時間以内に被疑者の身柄と事件の証拠等を検察官に送致する手続をしなければならない（203条1項）。被疑者の身柄を受け取った検察官は，被疑者の弁解を聴き（205条1項），公訴提起の見通し等も考慮し勾留請求をするか判断する。勾留請求は，被疑者の身柄を受け取ってから24時間かつ逮捕から72時間以内にしなければならない（205条1・2項。検察官や検察事務官が被疑者を逮捕した場合は逮捕から48時間以内である。204条1項）。

逮捕状請求の際と異なり，勾留請求の時点で被疑者の身柄は捜査機関の下にある。このため裁判官による勾留審査は例外なく行われ，裁判官は被疑者の陳述も聴き（勾留質問。207条1項，61条），必要性を含め逮捕の実体要件が存続していると積極的に認められるときに勾留を行う（207条1項，60条）。

刑訴法が逮捕による長期の身柄拘束を許さず被疑者勾留の手続を設けた趣旨は，①身柄拘束の初期は事情の変化が生じやすいため，長期の身柄拘束は裁判官が被疑者の言い分も聴いた上で実体要件が失われていないことを確認してから行うべきこと，②前述の通り逮捕状発付の審査は逮捕の実体要件の充足を完全には担保できないため，逮捕が実際に実体要件を備えて適法に行われたかを早い段階で裁判官が事後審査すべきことにあると解される。これらの趣旨に照らすと，被疑者の勾留には同一の被疑事実について逮捕が先行していることが必要となるが，この原則は逮捕前置主義とよばれる。　　　　（三明　翔）

間制限内（204条，205条）に公訴提起が行われた場合は裁判官が職権に基づく被告人勾留を審査することになるので，検察官は勾留請求をする必要がない（280条2項，205条3項）。逮捕，被疑者勾留，被告人勾留の対比は，Ⅳ-8「保釈」の表Ⅳ-1を参照。

▷7　逮捕の実体要件と勾留の要件（60条1項）の関係についてはⅢ-10「強制処分の基本原理」の側注4参照。拘束期間が長いこと等から勾留には逮捕よりも高度の嫌疑が要求されるとする見解もある。

▷8　逮捕に関する裁判官の裁判及び捜査機関の処分に不服申立はできないと解されているが（429条，430条。最決昭57・8・27刑集36巻6号726頁），これは勾留審査による逮捕の適法性の事後審査が予定されているからだと説明される。逮捕が実体要件を欠いていた場合のほか，逮捕手続に重大な違法があった場合も勾留請求は却下されると解される（206条2項参照）。

▷9　例えば，A事実で逮捕した被疑者をB事実のみで勾留すること（勾留の切り替え）は許されない。ただしA事実で逮捕した被疑者をA事実とB事実の両方で勾留することは許されると解されている。いずれにせよA事実で勾留される以上，B事実について重ねて逮捕・勾留されるよりも拘束時間が短くなる点で被疑者に利益だからだと説明されることが多い。

（参考文献）
渥美東洋『全訂刑事訴訟法（第2版）』有斐閣，2009年。

現行犯逮捕・準現行犯逮捕

 令状によらない逮捕が認められている理由

　憲法33条は，被疑者を逮捕する場合には，裁判官の発する令状がなければ，被疑者を逮捕することはできないとして，令状主義を規定している。これを受けて，刑訴法199条は，被疑者を逮捕する場合には，捜査機関は被疑者が罪を犯したことを疑うに足りる相当な理由（相当理由）及び罪証隠滅または逃亡の虞（逮捕の必要性）について，疎明資料をもって裁判官に示し，裁判官がこの要件を充たしていると判断したときに，逮捕状が発付されるとする。つまり，憲法33条が求める令状制度によれば，令状が発付されるには，実体要件とそれがあることを裁判官が宣言するという形で発付される手続要件の二つが充たされる必要があることになる。令状制度の目的は，国民の基本権の一つとして人身の自由が重要であることを前提として，犯罪を行っていない者が逮捕されたり，犯罪を行った被疑者であっても不必要な逮捕が行われないようにし，また，逮捕時に，あたかも被疑者が罪を犯していたように装う後知恵の危険を回避するために，捜査機関とは独立した第三者機関である司法機関のチェックを及ぼそうとするものである（**図Ⅲ-1**）。

　しかし，憲法33条は，**令状主義の例外**として，「現行犯として逮捕される場合」には，裁判官の発する令状によらないで，被疑者を逮捕することを認めている。その理由はいかなるものであろうか。現行犯の場合には，逮捕をする者の目の前で犯人が犯罪を行っているのだから，犯罪を行っていない者が誤認逮捕されるおそれがなく，しかも，裁判官の令状発付を求めていては犯人が逃亡したり，罪証隠滅をするおそれがあることで，実体要件が充たされているとして，被疑者を令状によらないで逮捕することができる。そこで，憲法33条の令状主義の例外として，刑訴法では，令状によらない逮捕として，現行犯逮捕，準現行犯逮捕及び**緊急逮捕**を規定している。なお，逮捕の範囲は，通常逮捕，現行犯逮捕，準現行犯逮捕及び緊急逮捕に共通して，刑法上の罪数に従って，一つの被疑事実ごとに決められ（事件単位の原則），その一つの被疑事実については，原則として一度しか行うことができない（一罪一逮捕の原則，再逮捕の禁止）。

▷1　しばしば，マスコミで言われる再逮捕は，Aという被疑事実で逮捕された被疑者がBという被疑事実で逮捕されることを意味することが多いから，正確にいえば，法律上の再逮捕を意味しないことが多い。

▷2　京都地決昭和44年11月5日　110番通報により駆けつけた警察官が，犯行後20分後に，犯行現場から20メートル離れた現場で裁ちばさみを所持していた者を発見し，被害者に犯人と対面させた上で，警察官が被疑者を逮捕する場合には，緊急逮捕の手続を採るべきにもかかわらず，現行犯逮捕の手続を採ったことが違法とされた事例（判時629号103頁）。

▷3　最判昭和23年12月24日　劇場内での業務妨害の30分後に劇場前において行われた現行犯逮捕が適法とされた事例（刑集2巻13号1751頁）。

▷4　最判昭和50年4月3日　あわびの密漁者を発見し，密猟者を約30分にわた

2 現行犯逮捕

刑訴法212条は，「現に罪を行い，又は現に罪を行い終つた者」を現行犯人として，裁判官の令状によらないで逮捕することができるとしている。犯人が犯罪を行ったことが明白であり（犯罪と犯人の明白性）[2]，その犯罪が逮捕する時点において行われた（現行犯性）ものであり，また，逮捕をする場合には，逮捕の理由となった犯罪が行われている最中かそれが終わった直後でなければならない（犯罪の時間的接着性）[3]という三つの要件があれば，現行犯逮捕が許される。そのため，現行犯人は，捜査官だけでなく，一般の私人も逮捕することができる（213条）。現行犯人を逮捕した私人は，逮捕後は直ちに検察官または司法警察職員に現行犯人を引き渡さないと（214条），逮捕した者には，逮捕・監禁罪が成立することもありうる（刑法220条）。なお，実際に犯行を目撃していない者であっても，その犯罪を目撃した者から引き継いで被疑者を逮捕した場合にも，現行犯逮捕は適法となる[4]。もっとも，軽微な犯罪については，被疑者が罪証隠滅あるいは逃亡のおそれがある場合でなければ，現行犯逮捕をすることができない（刑訴法217条）[5]。

3 準現行犯逮捕

刑訴法は，「罪を行い終つてから間がないと明らかに認められ」，かつ，212条2項1号から4号までの要件に該当する場合には，「現に罪を行い，又は現に罪を行い終った者」（212条1項）でなくとも現行犯人とみなして，令状によらないで逮捕することができると規定する（212条2項）。これを準現行犯逮捕という。憲法33条は「現行犯の場合」としていることから，準現行犯逮捕は憲法33条の令状主義の例外には含まれず違憲とする学説も主張されているが，学説の多くは，準現行犯逮捕の時間的，場所的接着性の要件を厳格に解することで合憲適法としている[6]。

（滝沢　誠）

| 実体要件 | 被疑者が罪を犯したことを疑うに足りる相当な理由（相当理由）
被疑者が逃亡または罪証を隠滅するおそれ（逮捕の必要性） |
| 手続要件 | 上記の二つの実体要件が充足されていることを示す裁判官の令状発付 |

図Ⅲ-1　令状制度

り追跡した者から依頼を受けて，密猟者の乗る船舶を約3時間にわたり追跡し，密猟者を現行犯逮捕したことが適法とされた事例（刑集29巻4号132頁）。

▷5　大阪高判昭和60年12月18日　停止線手前で一時停止しなかったタクシー運転手を警察官が現行犯逮捕したものの，逮捕の必要性がないとされた事例（判時1201号93頁）。

▷6　最判平成8年1月29日　和光大学で内ゲバ事件（兇器準備集合，傷害）が発生し，犯罪終了後約1時間後に，犯行現場から直線距離で約4キロメートル離れた現場で警察官が，被告人Aに職務質問のため停止するよう求めたものの，Aが逃げ出したので，約300メートル追跡して追いつき，Aが腕に籠手を装着していたことから準現行犯逮捕をし，また，被告人B及びCについては，警察官が本件犯行終了後約1時間40分後に，犯行現場から直線距離で約4キロメートル離れた路上で，職務質問のため停止を求めたものの，被告人B及びCは小走りに逃げ出したので，数10メートル追跡して追いつき，被告人Cは顔面に新しい傷跡があり，血の混じった唾を吐いたことから，被告人B及びCを準現行犯人として逮捕したことが，それぞれ，刑訴法212条2項2号ないし4号に該当した適法な準現行犯逮捕とされた事例（和光大学内ゲバ事件，刑集50巻1号1頁）。なお，本事案では，適法な準現行犯逮捕に伴う捜索・差押えが問題となっている。⇨Ⅲ-28「逮捕に伴う捜索・差押えⅡ」

緊急逮捕

 現行犯逮捕か緊急逮捕か

　例えば，路上で裁ちばさみを用いた恐喝が行われたので，被害者が直ちにその現場で恐喝の犯人を逮捕した場合には，現行犯逮捕は適法である。では，被害者の110番通報を受けて現場に駆けつけた警察官が，被害者から聞いた犯人の特徴に似た者を，犯行が行われてから20分後に，犯行現場から約20メートル離れた場所で発見した場合には，現行犯人逮捕は違法である。犯行または犯行の終了を現認していなくても，現場や被害者の身体・衣服の状況，被逮捕者の挙動等，犯行直後の客観的状況を逮捕者が認識することで，犯人性の明白さが認められれば，いわゆる現行犯逮捕は違法となろう。しかし，その者らは警察官の職務質問に答えず，職務質問の現場に駆けつけた被害者が，その者が犯人である旨を述べた場合には，警察官は被疑者を逮捕することができるであろうか。

② 緊急逮捕の合憲性とその理由

　刑訴法210条は，被疑者を逮捕する時点で，裁判官の発する令状によらないで被疑者を逮捕することができるとする緊急逮捕を規定している。憲法33条は「現行犯として逮捕される場合」には，令状によらないで被疑者を逮捕できるとする令状主義の例外を規定しているが，この例外に，緊急逮捕は含まれるのかが問題とされてきた。学説の中には，憲法33条にいう「現行犯」には緊急逮捕は含まれず，緊急逮捕は違憲であるとする見解も主張されているが，学説の多くは，緊急逮捕を合憲としている。

　判例は，緊急逮捕は，死刑または無期もしくは長期3年以上の懲役もしくは禁錮に当たる一定の犯罪に限定され，緊急やむをえない場合に認められるものであり，逮捕後直ちに裁判官の逮捕状の発付がなければ，被疑者を釈放しなければならないとして，憲法33条の令状主義の例外に含まれるとして合憲としているが，判例の合憲性の理由づけは明確ではないように思われる。緊急逮捕を合憲とする学説は，緊急逮捕は，事後に裁判官の令状が発付されなければ，被疑者が釈放されるから，全体としてみれば，令状による逮捕の一つとする見解や緊急逮捕は憲法33条にいう手続要件を欠いても許される「現行犯逮捕」に含まれ，令状請求の時間的余裕がない，令状要件の代替手段があることを理由として合憲とする見解が主張されている。憲法は，実体要件が整っているあるい

▷1　最大判昭和30年12月14日　被告人が山中の他人の棕梠皮を勝手に自宅へ持ち帰り処分したことから，警察官が被告人を森林法違反で緊急逮捕したことが合憲であるとされた事例（〔森林法違反事件〕，刑集9巻13号2760頁）。

はそれが他の事情から判断して整っている場合に，誤認逮捕や後知恵の危険のおそれがない場合には，令状によらないで逮捕することを認めていると思われるから，後者の見解のほうが説得的である。

❸ 緊急逮捕の要件

　緊急逮捕は，現行犯逮捕及び準現行犯逮捕が全ての犯罪に対して行えるのとは異なり，死刑または無期もしくは長期3年以上の拘禁刑に当たる一定の重大な犯罪についてのみ行うことができる。そして，検察官，検察事務官または司法警察職員が，被疑者が罪を犯したことを疑うに足りる十分な理由（通常逮捕の相当理由よりもより高い嫌疑とされる）があり，裁判官の令状発付を待っていたのでは，被疑者が逃亡したり罪証隠滅をするおそれがあるときに，逮捕の理由を告げた上で逮捕することができる（刑訴法210条）。▷2

　緊急逮捕が行われた後には，必ず，令状の発付をしなければならないとされているのは，司法的なコントロールを緊急逮捕の適法性の判断に及ぼそうとするためである。そのため，緊急逮捕後，被疑者を釈放した場合であっても，犯罪捜査規範は，逮捕状を請求することを求めている（犯罪捜査規範120条3項）。また，緊急逮捕をした場合には，逮捕の現場で，令状によらないで証拠物を捜索し，それを差押えることができる（刑訴法220条1項2号）。▷3 なお，緊急逮捕後に行われた令状請求手続において逮捕が違法とされたら，被疑者を釈放し，押収された証拠物は返還しなければならない。

　したがって，前述の事例では，警察官は，恐喝罪で被疑者を緊急逮捕することができる。個々の事件の状況や被疑事実の軽重に応じて，被疑者を逮捕する際の要件と逮捕の種類が変わってくることに注意すべきであろう（表Ⅲ-1）。

（滝沢　誠）

▷2　なお，緊急逮捕は，逮捕令状を所持していない警察官が既に逮捕状が発付されている被疑者を逮捕する場合に，逮捕した上でできるだけ速やかに被疑者に逮捕状を提示する緊急執行（刑訴法73条3項）の手続とは異なるものである。

▷3　⇨Ⅲ-27「逮捕に伴う捜索・差押えⅠ」，Ⅲ-28「逮捕に伴う捜索・差押えⅡ」（〔和光大学内ゲバ事件〕，最決平成8年1月29日刑集50巻1号1頁）。

表Ⅲ-1　逮捕の種類とその要件

	令状（通常）逮捕	現行犯逮捕（準現行犯逮捕）	緊急逮捕
条　文	199条	212条1項（212条2項）	210条
逮捕権者	検察官，検察事務官または司法警察職員	何人	検察官，検察事務官または司法警察職員
対象犯罪	全ての罪（ただし，30万円（刑法，暴力行為等処罰に関する法律および経済関係罰則の整備に関する法律の罪以外の罪については，当分の間，2万円）以下の罰金，拘留又は科料に当たる罪については，被疑者が定まった住居を有しない場合又は正当な理由がなく198条の規定により出頭の求めに応じない場合に限る）	全ての罪（ただし，30万円（刑法，暴力行為等処罰に関する法律の罪以外の罪については当分の間，2万円）以下の罰金，拘留または科料に当たる罪については，犯人の住居もしくは氏名が明らかでない場合または犯人が逃亡するおそれがある場合のみ許される，217条）	死刑または無期もしくは長期3年以上の拘禁刑に当たる罪
実体要件	・被疑者が罪を犯したことを疑うに足りる相当な理由（相当理由） ・罪証隠滅または逃亡のおそれ（逮捕の必要性）	・犯罪と犯人の明白性 ・現行犯性 ・犯罪の時間的接着性	・被疑者が罪を犯したことを疑うに足りる十分な理由 ・急速を要し，裁判官の逮捕状を求めることができない
手続要件	事前の令状発付	－	事後の令状請求

勾留の要件・場所

▷1 逮捕前置主義からは，勾留に先立つ逮捕が適法に行われていなければ被疑者の勾留は認められない。しかし，勾留請求に先立つ逮捕の違法が軽微な場合には，その違法が治癒されて，勾留請求が認められることがありうる。逮捕前置主義の内容は，①まずは短期の被疑者の身柄拘束である逮捕のみを認め，その期間に捜査機関に捜査を尽くさせ，それでも被疑者の身柄を拘束する必要がある場合に勾留を行うこと（従って，軽微な事件は逮捕のみで捜査を完結させることが期待される），②それ以外の事件は，逮捕と勾留の二段階での裁判官の司法審査を経ることで，被疑者の身柄拘束の判断を慎重にさせるというものである（なお，補足的には，③逮捕には不服申立ての手段がないことも挙げられる。429条1項。最決昭和57年8月27日刑集36巻6号726頁参照）。そうすると，逮捕前置主義においては，必ずしも勾留に前置される逮捕が適法でなければならないという必然性はなく，仮に，軽微な違法があっても勾留請求を認めないとすると，改めて最初から被疑者を逮捕し，勾留を行うことになり，かえって身柄拘束期間が長期化しうるという問題もあろう。下級審裁判例の中には，被疑

 勾留とは

被疑者が逮捕（令状逮捕，緊急逮捕，現行犯逮捕及び準現行犯逮捕）されると，捜査機関は，その身柄を最長72時間または48時間まで拘束することができる（刑訴法205条1項，204条1項）。しかし，その後，被疑者を釈放したら，その被疑者が罪証隠滅または被疑者が逃亡するおそれがある場合には，それらを防止するためのみに，捜査機関は強制処分により被疑者の身柄を拘束することができる。この被疑者に対する身柄拘束を勾留という（207条）。この勾留は，被疑者が逮捕されなければ行うことができず，また，勾留に先立つ逮捕が適法でなければ行うことができない（逮捕前置主義）。逮捕が違法だった場合には，捜査機関による被疑者の勾留請求を受けた裁判官は，その請求を却下しなければならない。このように，被疑者の身柄を拘束する逮捕・勾留請求を裁判官が二重にチェックすることによって，被疑者の身柄を拘束する逮捕及び勾留が必要のない場合に行われないように工夫されている。

② 勾留の要件

被疑者は逮捕されると，犯罪事実の要旨及び弁護人選任権を告げられ，弁解の機会が与えられる（203条1項，204条1項）。検察官は，留置の必要があると思料するときは，検察官は被疑者の勾留請求をしなければ，被疑者を釈放しなければならない（204条以下）。勾留が認められるには，被疑者が適法に逮捕された時から，72時間または48時間以内に検察官が裁判官に勾留請求をしなければならない（図Ⅲ-2）。勾留請求を受けた裁判官は，被疑事件を告げて，これに対する陳述を聴き，一定の事件の被疑者の場合には，弁護人を選任できることを告げた上で，勾留する必要があれば，勾留状を発付する。勾留状が発付されると，勾留状に記載された「勾留すべき刑事施設」において，被疑者は10日間身柄を拘束されるが，検察官はその期間に被疑者を起訴しない場合には，被疑者を釈放しなければならない（208条）。やむをえない事情がある場合には，勾留期間はさらに最長10日延長される（208条2項。ただし，208条の2では，一定の犯罪については，さらに5日間延長することができる）。勾留されている被疑者が起訴されると，起訴状を受理した裁判所は，被告人の身柄拘束についてを判断する。なお，勾留の範囲は，逮捕と同様に，刑法上の罪数に従って，一つの被

疑事実ごとに決められ（事件単位の原則），一つの被疑事実について一度しか行うことができない（一罪一勾留の原則，再勾留の禁止）。

③ 勾留の場所

　被疑者が勾留されている期間，被疑者は勾留状に記載された「勾留すべき刑事施設」に留置される。原則として，被疑者は，法務省の管轄する刑事施設（いわゆる「拘置所」）に勾留される（刑事収容施設及び被収容者等の処遇に関する法律3条3号）ことになるが，刑事施設に代えて，都道府県警察が管轄する留置施設に被疑者を勾留することも可能である（刑事収容施設及び被収容者等の処遇に関する法律3条，14条1項，15条1項1号）。同法の規定とは異なり，警察が捜査を行う事件においては，多くの被疑者が警察の留置施設で勾留されているのが現状である。このような実務の現状から，次のような問題点が指摘されている。すなわち，逮捕・勾留は，被疑者が罪証隠滅または逃亡のおそれを防止するためだけに行われるにもかかわらず，被疑者が刑事施設や留置施設に逮捕・勾留されている間に，被疑者は取調べを受け，自白を強要され，場合によっては，虚偽の自白をさせられ，[3]それが冤罪の原因になると指摘されている。下級審裁判例の中には，代用監獄で被疑者が勾留されている際に，余罪について執拗に威圧的な取調べを受けているとの理由から，起訴された被告人の勾留場所を警察の留置施設から法務省の刑事施設に変更することを裁判官の職権により認めたものがある。[4]

（滝沢　誠）

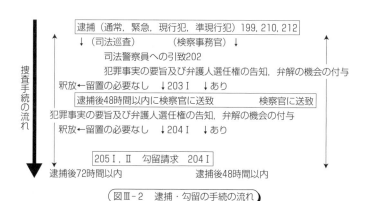

図Ⅲ-2　逮捕・勾留の手続の流れ

出所：筆者作成

▷ 1　者に対する任意同行がなされた場所，方法，態様，時刻，同行後の状況等から実質的な逮捕行為に当たるとしたものの，その違法性の程度は，実質的逮捕の時点において緊急逮捕の理由と必要性があったと認められ，その実質的逮捕の約3時間後には逮捕状による通常逮捕の手続がとられたこと，実質的逮捕の時から48時間以内に検察官への送致手続がとられていることを理由として，勾留請求を認めたものがある（東京高判昭和54年8月14日刑月11巻7・8号787頁）。

▷ 2　なお，拘留は1日以上30日未満，被告人を刑事施設に拘置する刑罰の一種であり（刑法16条），勾留とは別のものである。

▷ 3　⇨Ⅲ-16「逮捕・勾留中の被疑者の取調べ」，Ⅲ-18「別件逮捕・勾留」，Ⅲ-19「余罪の取調べ」，Ⅲ-20「被疑者の接見交通権」，Ⅲ-21「被告人取調べと被告人の接見交通権」等。

▷ 4　浦和地決平成4年11月10日　営利目的で向精神薬を含有する医薬品を有償譲渡した罪で起訴された被告人は代用監獄である越谷警察署の留置施設に勾留されている期間に，余罪について執拗に威迫的な取調べを受けているとして，弁護人は，被疑者の留置する場所を刑事施設に変更するように求めた事例（判タ812号260頁）。

逮捕・勾留中の被疑者の取調べ

1 逮捕・勾留中の被疑者の取調べ

　被疑者の逮捕・勾留は，罪証隠滅または逃亡を防止するために行われる。捜査機関にとっては，事案の真相を解明するために，逮捕・勾留されている被疑者を取り調べる必要性がある。しかし，そもそも逮捕・勾留は，被疑者の罪証隠滅または逃亡を防止するためだけに行われるのであり被疑者を取り調べるために行われるものではない。また，憲法38条1項により，何人にも自己負罪拒否特権あるいは黙秘権が保障されており，自分の犯罪行為を強制的に証言する義務はなく，また，同条2項では，「強制，拷問若しくは脅迫による自白又は不当に長く抑留若しくは拘禁された後の自白」は証拠として使えないと規定している。しかも，被疑者が逮捕・勾留される場所は，刑事施設または留置施設であり，その中においては，取調べが適法に行われているのか判明しないことから（可視性の低さ）[1]，逮捕・勾留中の被疑者を取り調べることができるか，できるとすれば，どのような条件で行うことができるのかが問題となる。

2 取調べ受忍義務について

　刑訴法198条は，捜査機関が身柄拘束を受けていない被疑者に取調べに応じるように出頭を求め（任意同行），被疑者がそれに応じた場合に取調べができ（任意取調べ），その場合に，自己負罪拒否特権あるいは黙秘権があることを被疑者に告げ，被疑者の供述を調書に録取することができ，その内容に誤りがなければ，被疑者は署名をするかどうかの選択権が与えられている[2]。取調べを行うには，自己負罪拒否特権あるいは黙秘権を保障した上で，被疑者の任意な態度に基づいて取調べが行われ，強制，拷問もしくは脅迫により，また，被疑者を不当に長く抑留もしくは拘禁した上で，自白をとることも禁止される。任意取調べは，被疑者が取調べを取調室から退去を求めた時には，原則として，取調べを中止し，被疑者を取調室から退去することを認めるべきであるから，被疑者の出頭義務，取調室の滞留義務はない。

　しかし，198条は身柄拘束を受けていない被疑者の任意取調べを規定しているだけであり，被疑者が逮捕・勾留されている場合には，そもそも，取調べを行うことができるかが問題となる。198条1項ただし書は，「被疑者は，逮捕又は勾留されている場合を除いては」と規定していることから，同条ただし書を

▷1　被疑者の自己罪負拒否特権あるいは黙秘権を保障しない取調べや強制，脅迫による取調べが行われた場合には，取調べをした捜査官を証人尋問し，そのような事実があったかどうかを裁判官が判断することになる。しかし，このような被疑者と捜査官の宣誓合戦では，捜査官の供述が信用されやすいという問題点が指摘されている。
▷2　その際，法文上は，被疑者に弁護権があることまでは告知する必要はないものの，実務においては，被疑者に弁護権が告知されている。

反対解釈すると，逮捕または勾留されている場合には，出頭を拒み，出頭後，何時でも退去することができないことになる。しかし，ただし書の反対解釈を認めてしまうと，逮捕・勾留中の被疑者は取調室に出頭し，取調べに応じる義務（取調べ受忍義務）が課せられることで，取調べは可視性の低い取調室で行われることになり，その結果，被疑者の自己負罪拒否特権あるいは黙秘権が実質的に保障されなくなる危険性もありうる。そのため，学説の多くは，政策的に逮捕・勾留中の被疑者の取調べ受忍義務を否定している。それに対して，判例は，取調べ受忍義務を認めているとされる[43]。もっとも，逮捕・勾留中の被疑者が，捜査機関の求めに応じて，任意に取調べに応じる場合には，任意取調べとして行うことは否定されるべきではないであろう。

❸　取調べの可視性の向上

　被疑者取調べは，警察署や検察庁の取調室で行われ，被疑者の親族や弁護人等が立ち会うことはできない。従前から学説では，取調室における取調べの可視性が低いといわれてきた（渥美東洋・研修508号4頁）。例えば，取調官が，取調室において，誘導や脅迫，任意性が確保されない方法で，被疑者を取り調べた結果，被疑者のした自白を録取した供述調書が作成されると，後日，被疑者（被告人）はその自白の任意性を争うことは，かなり困難である。このような場合には，被疑者（被告人）は，後に，公判で，取調べが違法であって，その結果した自白を録取した供述調書の証拠能力を争うことができるが，取調べを担当した捜査官を証人として尋問しても，その捜査官は，適正に取調べを行い，被疑者が任意に自白をしたと証言し，被疑者（被告人）の供述と真っ向から対立することがある（宣誓合戦）。そうすると，裁判官は，えてして，制服を着た者の証言を信用しがちになってしまうことがありうるからである（他方で，適正な取調べが行われていても，被告人が取調べの違法性を主張することもありうる）。

　平成28年には，取調べの可視性を高める方策として，刑訴法に301条の2の規定が盛り込まれた。この規定により，原則として，検察官，検察事務官または司法警察職員は，301条の2第1項1号から3号に規定されている裁判員裁判対象事件及び検察官が独自に捜査を開始した事件のうち，逮捕・勾留されている事件につき，逮捕または勾留されている被疑者を取り調べたり，弁解の機会を付与する場合には，その状況を原則として録音・録画することが義務付けられ，後日，取調べで得られた自白の任意性・信用性が問題となる場合には，その取調状況が録音・録画された記録媒体を再生し，自白の任意性・信用性を判断することができることになった。そのほか，警察及び検察においては，知的障がい者に対する取調べや録音・録画を必要とする事件について，その取調状況が録音・録画されている[44]。

（滝沢　誠）

▷3　東京地決昭和49年12月9日　警察官の制服及び制帽に対する窃盗事件で逮捕・勾留された被疑者が余罪である放火事件についても取調べを受けた事例（刑月6巻12号1270頁）。

▷4　この記録媒体は，刑訴法301条の2の規定によれば，供述の任意性・信用性を判断するものとして利用することが想定されているが，この記録媒体には伝聞法則の適用がないことから，学説上，供述内容それ自体の真実性を立証するための実質証拠として利用することができるかどうかが学われている。下級審裁判例の中には，これを許容したものがあるが（さいたま地判平成24・7・17LEX/DB25445081，東京地判平成24・12・20LLI/DB06730661，広島高判平成28・9・13LEX/DB25543809，東京高判平成30・3・25高刑速（平成30年）158頁），それを否定するものが多く（さいたま地判平成24・7・17LEX/DB25445081，東京地判平成24・12・20LLI/DB06730661，東京高判平成28・8・10高刑集69巻1号4頁，広島高判平成28・9・13LEX/DB25543809，東京高判平成30・3・25高刑速（平成30年）158頁），録音・録画記録媒体（副本）1枚のうち録画映像を除いた音声のみを証拠採用しているものもある（東京地決令和元・7・4判時2430号150頁）。

⇨ Ⅲ-17 「取調べの録音・録画」

17 取調べの録音・録画

1 導入に至る経緯

　捜査機関による被疑者の**取調べ**（刑訴法198条）は，犯罪事実の解明と立証における自白・供述の価値を踏まえれば，適正に行われている限り，有効な捜査手段である。しかし，職務熱心なあまり行き過ぎた違法・不当な取調べが行われ，任意性や信用性に疑いのある自白・供述が生み出され，それが原因で誤判に至ることもあった。また，取調べは取調官と被疑者のみで行われるため，そこでのやりとりが外から見えにくくなる（可視性の低さ）結果，公判で任意性や信用性が争われた場合，取調官の証言と被告人の供述が対立し（水掛け論），任意性や信用性の判断が難しくなり，裁判を長期化させる要因にもなっていた。

　これまでも，取調べの適正化と任意性・信用性の確保のための取組みは行われてきたが，他方で，諸外国の導入状況も踏まえ，取調べの状況を録音・録画の方法により記録する取調べの録音・録画の導入も主張されていた。この状況の中，取調べや自白・供述に過度に依存する捜査・公判のあり方それ自体の見直しが求められることになり，その導入に向けた本格的な議論が行われ，平成28（2016）年の改正により正式に導入された。

2 制度の概要

　捜査機関は，逮捕・勾留中の被疑者に対して，裁判員制度対象事件または検察官独自捜査事件の弁解録取や取調べを行う場合には，原則として，被疑者の供述とその状況の全てを録音・録画により記録しなければならない（301条の2第4項）。ただし，①機器の故障などやむを得ない事情により記録できないとき，②被疑者が記録を拒むなど，記録すると十分な供述をすることができないと認めるとき，③暴力団の構成員による犯罪に係る事件であると認めるとき，④犯罪の性質，関係者の言動，被疑者がその構成員である団体の性格その他の事情に照らし，被疑者の供述とその状況が明らかにされると被疑者やその親族の身体や財産に害を加え又はこれらの者を畏怖させもしくは困惑させる行為がなされるおそれがあるため，記録すると十分な供述をすることができないと認めるときには，記録することは求められない（同項1号ないし4号）。

　検察官は，被疑者の供述調書の証拠調べを請求した場合において，被告人又は弁護人が任意性に疑いがあることを理由に異議を述べたときは，任意性を証

▷取調べ
⇨Ⅲ-16「逮捕・勾留中の被疑者の取調べ」
▷1　犯罪捜査規範166条ないし182条の3を参照。
▷2　例えば，取調べ書面記録制度〔取調べの都度，取調べ年月日・場所や取調べ担当者，取調べ時間等，取調べの過程・状況等に関する客観的・外形的事項の書面による記録を義務づける制度〕（犯罪捜査規範182条の2，取調べ状況等の記録に関する訓令）や取調べ監督官制度〔不適正な取調べにつながるおそれのある行為を監督対象行為と規定する他，取調べ監督官と称される警察官等が被疑者の取調べ状況を取調べ室外から視認するなどして監督する仕組み等〕（被疑者取調適正化のための監督に関する規則）の創設など。
▷3　日本弁護士連合会編集協力・指宿信編『取調べの可視化へ！』日本評論社，2011年，163頁以下を参照。
▷4　導入に賛成する見解は，その理由として，①違法・不当な取調べを抑制できること，②取調べの状況を事後的かつ客観的に検証できること，③被疑者・被告人による虚偽の主張も防止できるので，捜査機関にも利益になることなどを挙げていた。これに対し，導入に反対する見解は，その

明するため，当該供述調書が作成された取調べ又は弁解録取の開始から終了に至るまでの被告人の供述とその状況を記録した記録媒体の証拠調べを請求しなければならない（301条の2第1項）。ただし，上記①ないし④のいずれかに該当するため記録されなかったことやその他やむを得ない事情により記録媒体が存在しないときは，請求は求められない（同項ただし書）。このように，この制度では，被疑者の弁解録取と取調べの全ての録音・録画が捜査機関に義務づけられているが，検察官は，上記の場合に，その全ての記録媒体の証拠調べを請求することまでは義務づけられておらず，録音・録画を義務づける範囲と記録媒体の証拠調べの請求を義務づける範囲が異なっている。

検察官が同項に違反して記録媒体の取調べを請求しなかった場合，裁判所は，決定で，当該供述調書の取調べ請求を却下しなければならない（301条の2第2項）。ここでは，規定に違反して録音・録画が行われなかったことをもって，当該供述調書の任意性を否定するもしくは任意性を欠くと推定するであるとか，証拠能力を否定するといった構造にはなっていない。そのため，裁判所が，職権で，当該供述調書の証拠調べを行う余地は残されている。

③ 今後の課題

この制度で録音・録画の対象となる事件は全事件の約2.1％にとどまる。上記の議論では，全ての被疑事件を対象とすべきという意見もあった[46]。しかし，議論の結果，裁判員制度対象事件は，国民の関心の高い一定の重大事件であり，任意性や信用性が争われる可能性が高いことを理由に，また，検察官独自捜査事件は，警察が関与しない分，捜査機関内部のチェック機能が働きづらいことを理由に，それぞれ対象事件に設定された。とはいえ，録音・録画が必要な事件はこれらの事件に限定されるものではない。例えば，被疑者が当初から否認をしている事件にあっては，その後に自白に至った場合，任意性や信用性の問題が生じる可能性もあるので，対象事件に含めることも考えられる。

また，記録媒体は，信用性判断のための補助証拠として，さらに供述調書に代わる実質証拠としての使用も考えられ，これを認める裁判例（広島高判平成28年9月13日[47]など）もある一方，これに極めて慎重な高裁裁判例もある。例えば，東京高判平成28年8月10日[48]は，供述態度の評価に重きを置いた信用性の判断は直感的で主観的になる危険性があり，事後の客観的な検証が困難になるとする。学説も，公判中心主義や直接主義の観点から捜査段階の供述は供述調書や記録媒体でなく被告人質問によるべきであること，長時間の記録媒体を法廷で視聴することによる負担なども理由に消極的な見解もある。

さらに，心理学の知見に基づき，録画映像が裁判体に偏見を生み出す可能性があること（カメラ・パースペクティブ・バイアス）などを指摘し，記録媒体の使用を一律に禁止すべきとの主張もある[49]。　　　　　　　　（田中優企）

理由として，①カメラを意識する余り，被疑者が供述しにくくなったり，取調官と被疑者の信頼関係の構築を妨げたりするため，自白・供述を入手することが難しくなるおそれがあること，②暴力団などの組織犯罪の事実の解明が難しくなるおそれがあること，③被疑者・被告人に加え，被害者や第三者などのプライバシーを侵害するおそれがあることなどを挙げていた。

▷5　裁判員制度の導入を契機に，検察においては2006（平成18）年8月から，警察においては2008（平成20）年9月から，それぞれ裁判員裁判対象事件など一部の事件を対象に録音・録画の試行を開始し，徐々にその範囲を拡大するなどの措置を講じてきている。

▷6　また，逮捕・勾留中の取調べだけでなく，任意取調べも対象とすべきとする意見もある。

▷7　LEX/DB25543809。また，法制化の際もその可能性が指摘されていた。最高検察庁もこれを認める通達を出している。

▷8　高刑集69巻1号4頁。その他，東京高判平成30年4月25日裁判所HP，東京高判平成30年8月3日判時2389号3頁など。また，東京地決令和元年7月4日判時2430号150頁は，供述態度を見て信用性を判断する危険性や困難性を回避するため，記録媒体の内，録画映像部分を除く形で証拠採用した。

▷9　⇒Ⅲ-16「逮捕・勾留中の被疑者の取調べ」，指宿信『被疑者取調べの録画制度の最前線』法律文化社，2016年など。

18　別件逮捕・勾留

1　別件逮捕・勾留とは

　別件逮捕・勾留とは，捜査機関が，未だ証拠の揃っていない重大な犯罪（本件）について被疑者を取り調べるために，既に証拠が揃っており，ことさら逮捕（勾留）する必要のない軽微な犯罪（別件）を用いて，被疑者を逮捕（勾留）して，専ら，重大な犯罪（本件）について取り調べる方法である（**表Ⅲ-2**）。別件逮捕・勾留は，法律上の概念ではなく，講学上の概念であるが，以下の点で問題があるとされてきた。[1]

　別件逮捕・勾留では，捜査機関の本当の捜査の目的は，重大な事件（本件）であるけれども，本件について被疑者を逮捕・勾留する要件がないことから，軽微な犯罪（別件）で被疑者を逮捕・勾留し，その間，専ら重大な犯罪（本件）について取り調べるものである。そもそも，逮捕・勾留は，被疑者の罪証隠滅または逃亡のおそれを防止するために行われるのであり，別件逮捕・勾留を認めてしまうと，取調べのための逮捕を許容することになり，見込み捜査を誘発する危険性がある。また，捜査機関が別件について令状を請求しながら，実際，捜査機関の本当の目的は，裁判官の知悉しない本件であり，裁判官が本件について令状審査をすることができず，令状制度を潜脱し，身柄拘束の根拠となる別件と捜査機関の対象となる本件が同一ではなく，事件単位の原則が潜脱されてしまう。しかも，別件で被疑者を逮捕・勾留し，その後，専ら本件について取調べが行われ，その結果，被疑者が本件について自白をした場合には，捜査機関は被疑者が本件について自白をしたことから，本件の逮捕状を請求し，本件について逮捕が認められてしまうと，被疑者の身柄拘束期間が，別件による（実質的な）本件逮捕・勾留（23日）に加え，本件逮捕・勾留（23日）が行われる結果，本件で最長で46日間にわたり逮捕・勾留が行われ，被疑者の身柄拘束期間が長期化し，被疑者の地位が不安定になることから，別件逮捕・勾留は許容することはできない。[2]

2　別件逮捕・勾留の判断基準

　学説及び判例[3]は，別件逮捕・勾留は，違法であるとしている。しかしながら，その判断基準については，大きく分けて，別件基準説及び本件基準説が対立している。

▷1　別件逮捕・勾留については，椎橋隆幸「別件基準説を見直そう」研修598号9頁以下，川出敏裕『別件逮捕・勾留の研究』がある。

▷2　別件逮捕・勾留は，被疑者の犯す犯罪が事件単位でなされるものではないこともある実態のほか，裁判官の発付する令状発付の手続が一方当事者のみが参加する手続（ex parte proceeding）であり（刑事訴訟規則139条以下），明らかに逮捕の必要がない限り令状が発付される（刑訴法199条2項ただし書）という令状発付制度の問題があるとともに，捜査機関にとっては，被疑者の逮捕・勾留の期間が制限されている（刑訴法199条，203条，204条，205条，206条）ことから生じやすい。

▷3　金沢地七尾支判昭和44年6月3日　小学生の殺人，死体遺棄（本件）について嫌疑のかけられていた被疑者を親戚宅への住居侵入とレコード盤4枚の窃盗（別件）で逮捕し，専ら本件について取調べをし，本件についての自白を得た事例（〔蛸島事件〕，刑月1巻6号657頁）。

別件基準説は，別件に着目し，逮捕する必要性のない軽微な犯罪について逮捕・勾留が適法か違法かを判断するものである。しかし，別件の逮捕の要件が具備されていなければ，令状請求は却下されるという当然のことをいっているにすぎないのであって，この基準によれば，別件逮捕・勾留が容易に適法となってしまうとの批判が加えられている。

それに対して，通説的な見解である本件基準説は，捜査機関の意図した本件に着目して，本件の逮捕・勾留が適法か違法かを判断するものである。しかし，本件基準説に対しては，別件についての令状請求を受けた裁判官は本件までも審査できるか，また，別件について逮捕・勾留の理由と必要性があっても令状請求は却下されてしまうことになるという批判が加えられている。

なお，別件逮捕・勾留中に得られた自白の証拠能力は否定される。

③ 別件逮捕・勾留と余罪取調べとの区別

他方で，A罪で逮捕・勾留されている被疑者が，逮捕・勾留の期間中に，捜査機関の知悉しないA罪より重いB罪について任意に自白をし，B罪について令状請求がされた場合がありうる。この場合は，一見したところ，別件逮捕・勾留にみえるものの，これは，適法な**余罪取調べ**である。そこで，このような余罪取調べと別件逮捕・勾留の区別をする必要がある。別件逮捕・勾留が違法となるか，すなわち，適法な余罪取調べであるかどうかは，本件と別件についての軽重，別件で逮捕されている期間，どれだけ本件について取り調べられていたのかという本件と別件の取調べ時間の割合，本件と別件との社会的関連性，別件について令状を請求する時点での捜査機関の意図や被疑者が自発的に自白したかどうかを総合的に判断することになろう。

(滝沢　誠)

▷余罪取調べ
⇨ Ⅲ-19「余罪の取調べ」

▷ 4　最決昭和52年8月9日　女子高生宅への脅迫文送付と身代金要求について嫌疑のかけられた被疑者を恐喝未遂，窃盗，暴行で逮捕・勾留し，強盗強姦殺人，死体遺棄で逮捕・勾留した（第二次逮捕・勾留：本件）場合を別件逮捕・勾留ではなく，両者には社会的事実として一連の密接な関連があることから，別件逮捕・勾留でなく，余罪取調べであるとした事例（〔狭山事件〕，刑集31巻5号821頁）。

表Ⅲ-2　別件逮捕・勾留

軽微な犯罪（別件）	重大な犯罪（本件）
例：窃盗 ・令状請求できる疎明資料あり ・被疑者の身柄を確保する口実	例：殺人 ・令状請求できる疎明資料なし ・取調べのもっぱらの対象

出所：筆者作成

余罪の取調べ

 被疑者が逮捕・勾留されていない場合の余罪の取調べ

　捜査機関は被疑者を取り調べることがあるが，その取調べの対象は当初に捜査機関が被疑者に対して有していた被疑事実だけに限られるのであろうか。刑訴法は逮捕・勾留については，被疑事件ごとに行われるとしているが（刑訴法199条1項，210条，212条，203条〜208条の2等），被疑者取調べについては，その範囲を画する規定を設けていないから（198条），捜査機関は，未だ捜査機関に発覚していない被疑者の余罪についても，取り調べることができるであろうか。余罪取調べを許すか，その限界をどこに置くのかという問題は，余罪取調べによって，捜査機関の見込み捜査や取調べ目的の身柄拘束を回避することができるというだけではなく，仮に，適法な余罪取調べであっても，それが別件逮捕・勾留となってしまうケースもありうる。そこで，被疑者が逮捕・勾留されているかどうかを分けて検討してみる。

　被疑者が逮捕・勾留されていない場合には，被疑者が取調べに応じる任意性があること，自己負罪拒否特権あるいは黙秘権の告知，弁護人選任権の告知，被疑者が退去を求めれば取調べを中止するといった要件を満たしている限りは，捜査機関は，被疑事実以外の余罪についても，任意捜査として被疑者を取り調べることができるであろう。

2 被疑者が逮捕・勾留されている場合の余罪取調べ

　つぎに，被疑者が逮捕・勾留されている場合に，余罪について取り調べることができるか，また，その範囲が問題となる。逮捕・勾留下での被疑者には取調べ受忍義務があるとして，取調べ受忍義務が逮捕・勾留の理由になった被疑事実にのみ及ぶことから，余罪取調べはできないとする考えがある。

　また，別件逮捕・勾留の判断を本件に着目するという前提に立ちながら，余罪についての取調べが実質的に本件の取調べと評価される場合には，余罪取調べは許されないとする考えもある。

　その一方で，逮捕・勾留されている被疑者の取調べの範囲は，逮捕されている被疑事実に限られるとする考えがある。このような考えは，逮捕・勾留の効力は，その基礎となっている被疑事実にしか及ばないという事件単位の原則から主張される。このような考え方によれば，被疑者の取調べの範囲は被疑者が

逮捕・勾留されている被疑事実に限定されることから，余罪取調べにより生じる被疑者の不利益を軽減することができる。しかし，そもそも，事件単位の原則とは，被疑者の逮捕・勾留といった身柄拘束の根拠となった被疑事実の範囲を画する基準であり，それを被疑者に対する余罪取調べの範囲を画する基準と同視・混同しているという難点がある。

　被疑者の逮捕・勾留の基準と取調べの基準は，本来別々のものであるから，逮捕・勾留の基礎となった被疑事実だけしか，捜査機関が被疑者の取調べをできる範囲を画する基準として機能するものと考えるべきではない。逮捕・勾留と取調べの基準を理論上分離した上で，余罪取調べの可否，その基準を判断することとなろう。そうすると，余罪取調べが許される条件としては，余罪を目的として逮捕・勾留がなされていないこと，被疑者が余罪について，自己負罪拒否特権・黙秘権，さらには，弁護人依頼権を行使することが保障され，被疑者の供述の自由が確保された状態であれば，余罪取調べを行うことができるように思われる。

❸　余罪取調べの効果

　逮捕・勾留中の被疑者に対する余罪取調べが一定の場合に許されるとしても，逮捕・勾留と取調べの基準が異なることから，被疑者が多くの余罪で疑われている場合には，事件ごとに逮捕・勾留の期間が決められ，被疑者の身柄拘束期間が長期化することがある。A罪で逮捕・勾留された被疑者が余罪について自白をした場合に，その後，余罪について逮捕・勾留が行われれば，身柄拘束期間は最長で46日間にも及ぶことになる。この時期は，被疑者にとっては，身柄拘束によって，家庭や恋人に会うこともできず，不安感や焦燥感に苛まれ，虚偽の自白をしてしまったりする危険性がある一方で，公訴が提起されるのであれば公判手続への準備期間でもある。そこで，身柄拘束の期間をできるだけ短縮することを考えて，捜査機関には，被疑者の逮捕・勾留の期間内には，捜査機関にとって発覚している全ての犯罪の捜査を終えることが求められるとする考えが主張されている。この考えによれば，Aという被疑事実について逮捕・勾留中にBという被疑事実が捜査機関に発覚していれば，捜査機関は，余罪であるBについても捜査を終えることが求められ，Bについて逮捕・勾留することは再逮捕・再勾留となり許されないことになる。捜査機関には，1回の逮捕・勾留手続で，被疑者に発覚している余罪の捜査を終えることが求められているものと考えられる。そうすることによって，被疑者が事件ごとにより逮捕されることによって生じる身柄拘束期間の長期化を避けることが可能となろう。なお，判例は，被疑者の余罪取調べについて，逮捕・勾留されていない事件（余罪）について取り調べることはできるとする立場に立っているとされている。

（滝沢　誠）

▷1　東京地決昭和49年12月9日　窃盗で逮捕・勾留（別件）し，高校の放火事件について取調べが行われ，それにより得られた自白調書の証拠調べ決定において，その調書の証拠採用が否定された事例（〔富士高校放火事件〕，公刊物未登載）。

被疑者の接見交通権

▷ 1 　⇨Ⅲ-16「逮捕・勾留中の被疑者の取調べ」

1 弁護権の必要性

　被疑者は逮捕や勾留によって身体を拘束されると，刑事施設または留置施設に留置され，行動の自由を制約される。このような被疑者の中には，家族や恋人と自由に会うことができず，不安感や焦燥感に苛まれ，将来を悲観してしまうことがある。また，法的な知識が十分でない被疑者の中には，自己負罪拒否特権あるいは黙秘権が保障されていることを知らなかったり，今後自分に対してどのように手続が進行するのか不安となり，虚偽の自白をしてしまう可能性もある。

　そこで，憲法は34条及び37条において，被疑者・被告人に，法律の専門家である弁護人により弁護を受ける権利を保障している。憲法では，2カ条にわたり被疑者・被告人に弁護権を保障しているが，34条は，上記のような身柄拘束により生じる被疑者・被告人の不利益を軽減するために弁護権を保障しており，また，37条は，当事者・論争主義の必須の要素として弁護権を保障しているという点で，同じ弁護権の保障とはいっても大きな差異がある。

　また，刑訴法は，30条以下で，被告人または被疑者，その法定代理人，保佐人，配偶者等には，弁護人を選任することができるとしている。被疑者・被告人の刑事弁護は，その者の秘密を扱うものであるから，刑事弁護を依頼する被疑者・被告人と弁護人との間での信頼関係が不可欠である。そのため，被疑者・被告人が自らの意思で依頼した弁護人によって弁護してもらうのが原則である（私選弁護の原則）。しかし，被疑者の中には，弁護士を知らなかったり，弁護人を雇うだけの資力がないことから，弁護人を選任できない場合もある。そこで，一定の重大事件の被疑者には，被疑者国選弁護制度が保障され，また，弁護人が選任されていなければ事件を審理することができないという必要的弁護事件制度があり，それらの制度を通じて，国により被疑者・被告人に弁護人が選任されることがある（国選弁護）。

▷ 2 　⇨Ⅱ-5「弁護人の役割」，Ⅱ-6「国選弁護制度とその拡充／公的弁護制度」

2 接見交通権の保障

　憲法34条の規定を受けた刑訴法39条1項は，身体の拘束を受けている被告人または被疑者は，弁護人または弁護人となろうとする者と，立会人なくして，自由に接見し，または書類もしくは物の授受をすることができるとしている。

被疑者と弁護人または弁護人となろうとする者（以下，弁護人とする）が自由に接見することで，不安感や焦燥感を軽減することができ，今後の手続の進行や虚偽の自白や長時間にわたる取調べが抑止されることがある。また，接見を通じて，被疑者の弁護人が被疑者と被害者との間での示談を成立させることができることもある。さらに，事件が起訴されることが予想される場合には，公判手続での充実した審理のために，公判手続の準備が必要となる。その一方で，被疑者・被告人と弁護人の接見により，犯罪の目撃者に証言をしないように威圧したり，重要な証拠を隠滅したりする可能性も考慮しなければならない。したがって，証拠隠滅の可能性を考慮しつつも，身柄拘束を受けた被疑者・被告人の状況及び公判準備の必要性を考えると，接見交通は基本的には自由でなければならないことになろう。

❸　接見指定の合憲・適法性

　刑訴法39条3項は，捜査のため必要があるときは，公訴の提起前に限り，接見の日時，場所及び時間を制限できるとしている。そこで，39条3項の合憲性が問題となる。

　学説の中には，被疑者の接見交通権は憲法上のものであるとして，捜査機関の行う捜査権は法律上のものであるから，捜査機関は，憲法上の接見交通権を制約することはできないとして，39条3項但し書の規定は違憲であるとする見解がある。しかし，学説の多くは，一定の条件のもとで合憲としている。また，判例も，被疑者の接見交通権は憲法34条に由来するものであるとしつつも，捜査権と接見交通権の調整を図りつつ，接見を認めると取調べの中断等により捜査に顕著な支障が生じる場合には，捜査機関は接見指定をすることができるとしている。[3]

　次に，接見指定の要件である「捜査のため必要があるとき」（39条3項）の意義につき，判例は，弁護人等から接見等の申出を受けた時に，捜査機関が現に被疑者を取調べ中である場合や実況見分，検証等に立ち会わせている場合，また，間近い時に右取調べ等をする確実な予定があって，弁護人等の申出に沿った接見等を認めたのでは，右取調べ等が予定どおり開始できなくなるおそれがある場合などは，原則として取調べの中断等により捜査に顕著な支障が生ずる場合に当たるとして，いわゆる準物理的限定説に依拠している（最判昭和53・7・10民集32巻5号820頁〈杉山事件〉等）従来から主張されていた捜査全般の必要性から接見指定を認める捜査全般説や被疑者の取調べ・実況見分・検証等の立会い中といった即時の接見が物理的に不可能である場合のみに接見指定を行うことができるという物理的限定説は採用されていないとはいえ，接見規定にあたっては，捜査機関は，弁護人等と協議してできる限り速やかな接見等のための日時等を指定し，被疑者が弁護人等と防御の準備をすることができるような措置を採らなければならない。[4][5]

（滝沢　誠）

▷3　最大判平成11年3月14日　恐喝未遂の被疑事実で警察署の留置施設に逮捕・勾留された暴力団組長（刑訴法81条の接見指定を受けていた）の弁護人が接見の申出をしたところ，担当検察官は，接見に際して指定書の受領・持参を要求したことから，弁護人の固有の接見交通権が制限されたとして，国家賠償法に基づく損害賠償を請求した事例（民集53巻3号514頁）。

▷4　最判平成12年6月13日　東京都公安条例違反で逮捕された被疑者が逮捕当日に弁護人との接見を希望し，その依頼を受けた弁護人が被疑者の逮捕されている警察署での接見を希望したところ，取調べ中であるとの理由で，当日に接見をさせなかったことから，被疑者及び弁護人の接見交通権が制限されたとして，国家賠償法に基づく損害賠償を請求した事例（民集54巻5号1635頁）。

▷5　さらに，近時では，接見時の電子機器の持込み・使用等の適法性が争われている。接見指定は，被疑者による外部との連絡を遮断する側面もあるから，電子機器の目的・性質に照らして，接見時の持込み・使用等の適法性が判断されよう。

被告人取調べと被告人の接見交通権

▷ 2 例えば，取調べの必要があるときでも出頭及び在室を強制できず，被告人の取調べが違法とされた場合には，これによって作成された供述調書は単に刑訴法上違法であるというに止まらず，憲法31条の法の適正な手続の原則に違背するものであるから，証拠とはなし得ないとするもの（大阪高判昭和43年7月25日判タ223号123頁），捜査官が弁護人を立ち会わせることなく被告事件について取調をすることは，訴訟の当事者としての被告人の本質的権利である，弁護人の弁護を受ける権利を奪うことになり，被告人に対する任意捜査の方法として許されず，供述調書の証拠能力に疑問があるとするもの（東京地決昭和50年1月29日刑月7巻1号63頁。ただし，弁護

1 被告人の地位

　検察官が公訴を提起すると，被疑者は**被告人**と呼ばれる。公判手続では，検察官は，被告人が過去に行ったとされる犯罪行為を，証拠を用いて合理的な疑いを超える程度に証明する**挙証責任**が課せられている。被告人は，弁護人の助力を受けながら，検察官の主張立証活動について，挑戦的，批判的に吟味し，事実認定をコントロールする機会が保障されている。この**当事者・論争主義**が採られている公判手続では，被告人は検察官と対等な立場にある訴訟当事者である。

2 被告人取調べ

　公判手続では，検察官と被告人は対等な当事者であり，被告人は，検察官の主張立証活動を批判的，挑戦的に吟味することができる。これを実現するためには，被告人は，検察官が過去のどの犯罪行為について公訴を提起したのかを知り，それについて公判審理が始まる前までに十分な準備活動をしなければならない。

　このような被告人の地位に鑑みると，公訴の提起後に，捜査機関が被告人を取り調べることは，原則として認められない。公訴の提起後は，被告人は当事者の地位に立ち，公訴の提起後から，被告人は充実した公判審理のため弁護人と準備活動を行う期間であるから，公訴の提起後に被告人の取調べを無制限に行うことを認めると，被告人の公判前の準備時間が少なくなってしまい，十分な公判準備を行うことができなくなってしまうだけではなく，とりあえず公訴を提起して公訴時効の進行を停止させ，それから補充捜査を行うという見込み捜査を誘発させる危険性もある。

　しかし，例えば，当初は単独犯として公訴を提起した事件において共犯者が逮捕されたり，新たな目撃者が現れた場合のように，公訴の提起後，新たな事実が判明した場合には，その新たな事実について捜査を行わなければならない。このような場合には，被告人の同意があれば，補充捜査の限度で，新たな事実について取り調べることが許されよう。判例は，起訴後においては被告人の当事者たる地位にかんがみ，捜査官が当該公訴事実について被告人を取り調べることはなるべく避けなければならないが，これによって直ちにその取調べを違

法とし，その取調べで作成された供述調書の証拠能力を否定すべきではないとしている（最決昭和36年11月21日刑集15巻10号1764頁）。

　もっとも，判例は，被告人取調べの具体的条件を明示していないため，下級審裁判例においては，被告人取調べの具体的要件について明らかにした裁判例が複数ある。

❸　被告人の接見交通権

　起訴後の被告人の取調べは，公判準備をしなければならない被告人の地位に配慮しなければならない。では，身柄を拘束された被告人と弁護人の接見指定をすることができるかが問題となる。接見指定を認める刑訴法39条3項は，被疑者に対する規定であり，被告人の公判準備の必要性を考えると，原則として，被告人と弁護人との接見は自由に行われなければならないから，接見指定は認められないこととなろう。

　他方で，被告人に捜査中の余罪がある場合に，被疑事実を理由として接見指定をすることができるのであろうか。つまり，一人の被告人がある事件では起訴されているが，その被告人には，他の事件（余罪）についてはまだ捜査が行われている場合である（**図Ⅲ-3**）。この場合には，被告人は余罪については被疑者であるから，被疑事実については接見指定をすることができる条件がある場合には，被疑事件については接見指定をすることができよう。ただ，接見指定が行われるためには被疑者の身柄が拘束されていなければならないから，余罪について捜査の必要がある場合に，被告人が捜査中の余罪について逮捕・勾留されていない場合には，被告事件について接見指定をすることはできない。しかし，被告人が捜査中の余罪について逮捕・勾留中である場合には，被告人は同時に被疑者でもあることから，被疑事件については接見指定をする要件が満たされている限り，接見指定をすることはできよう。しかし，被疑者は同時に被告人でもあり，起訴された被告事件については公判手続の準備が必要であることから，接見指定を行う場合には，被告事件についての防御権を不当な制限にわたらない限り，余罪について接見指定をすることができよう。

（滝沢　誠）

接見指定

可　×不可

被疑者（被疑事件）＝（取調べの必要性）

被告人（被告事件）＝（公判準備の必要性）

同一人

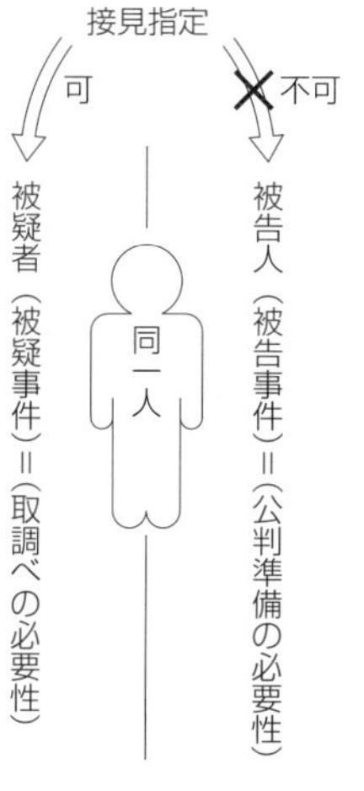

図Ⅲ-3　被告人の余罪

出所：筆者作成

人の立会いまでも要件とすべきかは，疑問であろう），余罪の取調べ中に被告人が自ら起訴事実に関して取調べを受けることに同意をしている場合，起訴前に既に被告人が供述している事項について，補充的に説明を求めたり，共犯者の面通しをするために被告人を取り調べるような場合には許されるとするもの（大阪高判昭和50年9月11日判時803号24頁），公判における被告人質問の後に，被告人質問によって更に明白になった捜査の不備を補完するために，弁護人の援助を受ける権利を与えることなく作成された検察官面前調書の証拠能力を否定したものもある（福岡地判平成15年6月24日判時1845号158頁）。

▷3　最決昭和41年7月26日　チフス菌等を付着させた食品を患者らに食べさせた傷害事件で起訴され，警察の留置場に勾留されていた被告人に対して，弁護人となろうとする複数の弁護士が接見を求めたものの，警察は接見を認めなかったことから刑訴法39条3項を被告人に適用することはできないとして準抗告を行った事例（〔千葉大チフス菌事件〕刑集20巻6号728頁）。

▷4　最決昭和55年4月28日　収賄事件について起訴され勾留中の被告人が余罪である別の収賄被疑事件について逮捕・勾留されていたところ，検察官が余罪である収賄被疑事件について接見指定をしたことから，弁護人が，検察官は接見制限をすることができないと主張した事例（刑集34巻3号178頁）。

Ⅲ　捜　査

 令状による捜索・押収

▷1　政府は，その活動に関して，全く無制約な裁量を有しているのではなく，政府が市民の私的領域に介入・干渉することが許されるのは，そのような干渉を正当化する「やむにやまれぬ理由（正当な理由）」がある場合で，しかも，政府の活動（捜索・押収）がその正当な理由に関連する範囲に限定されていなければならないのである。⇒Ⅲ-10「強制処分の基本原理」

▷**令状要件**
⇒Ⅲ-10「強制処分の基本原理」。なお，令状要件の例外 ⇒Ⅲ-11「令状主義とその例外」。

▷2　最決昭和30年11月22日刑集 9 巻12号2484頁参照。

▷3　最大決昭和33年 7 月29日刑集12巻12号2776頁参照。

▷4　令状請求書には被疑事実の記載が求められており（刑訴規則155条 4 号），逮捕状にも被疑事実の要旨の記載が求められている（刑訴法200条参照）。なお，罰条は，どちらの令状にも求められていない。ちなみに，傍受令状には，被疑事実の要旨，罪名，罰条のいずれも記載事項として法定されている（通信傍受法 6 条 1 項）。

▷5　その他，捜索・押収は主に捜査の初期段階で行われるため，この段階では

1　捜索・押収の基本原理

　憲法35条は，政府による一般的・探索的な捜索・押収を禁止している。それを実現するために，①具体的な犯罪が行われたと疑うに足りる相当な理由（正当な理由）の存在，②捜索場所・押収対象物が正当な理由と関連性のある場所・物に限定されていること，③その押収対象物が捜索場所に存在する蓋然性があることを求めている。これらを捜索・押収の実体要件という。さらに，これらの実体要件がきちんと充足されているか否かについて，原則として，捜索・押収の実施に先立ち，捜索・押収を行う政府の機関とは別の裁判官による審査を受けること（**令状要件**または手続要件）を求めている。

2　令状記載事項

　捜索・差押許可状には，①被疑者の氏名，②罪名，③差し押さえるべき物及び捜索すべき場所等の記載が求められている（刑訴法219条 1 項参照）。ところで，捜索・押収とは，犯罪の証拠を収集する活動であり，令状請求の段階で押収すべき物の全てが厳密な意味で捜査機関に判明しているわけではない。また，捜索すべき場所についても，その内部の構造が全て把握できているわけではない。したがって，合理的に解釈してその場所を特定し得る程度に記載することを必要とするとともに，その程度の記載で足りると解される。通常は，押収すべき物の記載について，いくつかの物件を具体的に記載した上で，「その他本件に関係ありと思料せられる一切の資料及び物件」といった文言を用いて，ある程度概括的な記載が認められている。他方で，刑訴法上は捜索・差押許可状には罰条や被疑事実の要旨の記載が求められていない。その理由は，捜索・押収は被疑者以外の第三者の支配領域においても行われ得るので，被疑者等のプライヴァシーの保護に配慮したものであるといわれる。

　憲法35条の狙いは一般的・探索的な捜索・押収の禁止であり，刑訴法上令状記載事項が法定されている趣旨は令状を執行する捜査機関の権限の範囲を明確にすることによって，①処分を受ける者に対して，その処分の内容・範囲を告知し，②その処分が権限を超えるものである場合には事後に不服申立てを可能にするためである。そのように考えると，殊に特別法違反事件の場合などに，単に「地方公務員法違反」といった罪名のみの記載では，憲法35条及び刑訴法

のねらい・趣旨を実現するためには不十分であるといえ，捜索場所・押収対象物の特定・明示のために，罪名の記載で不十分な場合は罰条をも記載し，それでも不十分な場合は被疑事実の要旨を記載すべきであるといえよう。

③ 捜索・押収の必要性

現行刑訴法上，捜索・押収令状の場合には逮捕状のような必要性についての判断に関する明文規定が存在しない[6]。しかしながら，刑訴法218条は，「犯罪の捜査をするについて必要があるとき」は，令状に基づいて捜索・押収を行うことを許容している。すなわち，捜索・押収は正当な理由と関連する範囲で必要な場合に限り認められるものである。したがって，逮捕の場合と同様に，令状発付裁判官は，捜索・押収の必要性についても審査を行うことができると解し得る[7]。

④ 捜索・押収令状執行中に配達された荷物に対する捜索・押収

令状発付裁判官は，捜索・押収令状発付の際に，令状執行時までを想定して前記実体要件の存否を審査していると思われる。薬物や銃器といったものは通常，使用・譲渡されるものであるため，捜索場所への搬入・搬出が繰り返されるものと裁判官が令状発付の段階で予期していたと考えることができるとすれば，捜索中に当該捜索場所に持ち込まれた物に対しても，実体要件の存在が認められる限り，その令状に基づく捜索・押収と評価することが可能であるといえる[8]。

⑤ 別罪証拠の捜索・押収

捜索・押収令状には，捜索場所・押収対象物及び罪名の記載が求められ，当該被疑事実に関連する物の捜索・押収に限定されている。したがって，別罪の捜索は禁止され，さらには，ある被疑事実についての捜索の際に偶然発見された別罪証拠の押収も禁止されると解されている[9]。しかしながら，令状に基づいて適法に捜索場所に立ち入った場所は，その場所のプライヴァシーが適法に開かれた空間であり，そのような場所で偶々別罪の証拠を発見した場合には，その証拠に対するプライヴァシーの合理的期待は存在せず，その証拠は別罪の被疑事実との関連性があり，そのまま放置したのでは証拠隠滅の危険性もあるといえるため，緊急性を肯定した上でその場での押収を許容し得ると考えることもできよう。

今後は，別件捜索・押収の危険を最小限にしつつ，有効な別罪証拠の押収を許容するための検討がなされるべきであろう。

（檀上弘文）

被疑事実の内容が令状に記載できるほど固まっていないことが多いからであると考えられている。

▷6 刑訴法199条2項と218条1項を比較せよ。

▷7 最決昭和44年3月18日刑集23巻3号153頁（いわゆる國學院大學映研フィルム事件）参照。

▷8 最決平成19年2月8日刑集61巻1号1頁参照。

▷9 現行法上は，①任意提出を受け領置する，②新たに令状の発付を受け，その令状に基づいて押収する，③発見された別罪の証拠が禁制品（銃器・薬物など，その所持自体が犯罪を構成する物）である場合には，その所持を理由に現行犯逮捕を行い，逮捕に伴う押収を行うことになる。
⇒Ⅲ-27「逮捕に伴う捜索・差押え」

Ⅲ　捜　査

 23 捜索・差押えの場所的限界

1 問題の根幹

憲法35条（及び33条）によれば、「正当な理由に基づいて発せられ、且つ捜索する場所及び押収する物を明示する令状がなければ」、自己の支配する所持品や書類（及び身柄）を捜索され、または押収されないことになっている。つまり、政府機関は個人の「保護される領域」を「対象物を特定」する「合理的な根拠」に基づいて開き、そこへ立ち入ることができる、ということになる。▷1

元々この規定は、政府機関が被疑事実や対象物の特定がないのに、「何か怪しいものはないか」探る活動———一般的・探索的活動を行うことを禁じることから出発した、といわれており、その考え方はなお「**城の法理**」などを通じて根幹に息づいている。このため、裁判所の許可を求める、つまり令状を請求する際に、捜索場所、押収対象物の特定、明示が求められることになる。

しかし、捜索・差押えとは、犯罪の証拠を収集しようとする活動のことである。犯罪に関係のない物を押収することは原則として認められないので、令状を請求する際に、押収する対象物が「ある程度」特定されることは必要であるとしても、捜索を行う場所のどこに、どのようなものがあるかが、厳密かつ具体的に、しかも捜査機関に事前にわかっていることはほとんどない。

このため、捜査機関に不可能な特定を要求せず、他方で探索的活動を行わせないような工夫が必要になるのである。

2 捜索範囲の特定

探索的活動を阻止することがその第一義であるから、捜索の範囲が無限定に広がることのないように特定されねばならない。建造物であるならば、地番はもとより、建物の物理的構造や、管理のなされ方によりその範囲を限定する必要があろう。

最高裁はいわゆる**都教組地公法違反事件**で、捜索場所を「都教組本部棟」とする令状を、場所については特段問題としなかった。この判断は基本的に妥当▷2と思われるが、例えば各世帯が別個独立しているマンションや、複数のオフィスが同居する雑居ビルと、一つの企業が複数の建物を管理している場合などでは、たとえ同じ罪名・被疑事実であっても捜索対象場所の範囲は格段に異なることを理解しておかねばならない。

▷1 ⇨ Ⅲ-22「令状による捜索・押収」

▷**城の法理**
アメリカ独立戦争に先立つ時代、イギリスの政治家ウィリアム・ピットの言葉とされる。「極貧な者でも、自分の小屋の中では、国王のあらゆる力に挑むことが許される。この小屋は茅ふきでもろく、屋根はゆれ、風や嵐が吹き込み、雨水も入り込むが、国王の力は、このあばら家の敷居をまたぐことは許されない」。

▷**都教組地公法違反事件**
日教組の幹部である被疑者らが教員の勤務評定に反対するストライキを計画・指導したとして、地方公務員法61条4号（ストライキ、サボタージュなどの争議行為、及びそれらの企て、共謀、唆し、煽りの禁止）違反で逮捕された後、発付された捜索・差押令状による捜索対象の特定・明示が争われた事件。

▷2 最判昭和33年1月29日刑集12巻12号2776頁。なお、Ⅲ-24「捜索・差押えの時間的限界」もあわせて参照。

74

③ 後知恵の危険

　一般的・探索的活動の禁止との関連で，特に問題となるのは，「後知恵の危険」と呼ばれるものである。すなわち，捜査機関が「怪しい」場所や被疑者の捜索を目論み，あたかも捜索・差押えに必要な実体要件が存在するかのように見せかけて令状を請求し，捜索を行った上で証拠を発見し，その後事前に実体要件が存在したようにふるまうと，令状請求にあたり実体要件を課した意味がなくなり，結果として見込み捜査がまかり通ってしまうからである。また，別罪の捜索・押収を意図しているか否かについても注意が必要である。いわゆる**別件逮捕・勾留**などで説かれるように，専ら重大事件の捜索の目的で，微罪の捜索・押収令状の発付を受けるといったことも考えられるからである。

　暴力団幹部の恐喝被疑事件に関しての「本件に関係のある暴力団を標章する状，バッチ，メモ類，封つきの現金，銃砲刀剣類等」を対象物件とする捜索・差押許可状に基づいて，警察が当該組事務所を捜索し，「賭博場を開帳した際の客の名前，金銭のやり取りを記載したメモ約200枚」を押収し，これを証拠として恐喝とは別の被告人が賭博開帳図利・賭博罪に問われた事件で，最高裁は「許可状の記載物件は，暴力団を背景として行われたという事件の組織的背景を解明するために必要な証拠とされたもので，……本件メモが常習的な賭博場開帳の模様が克明に記録されており，……このメモは暴力団的性格を知ることができ，恐喝被疑事件の証拠となる……してみれば，このメモは差押許可状の目的物に当たると解するのが相当である。……憲法35条1項及び刑訴法218条1項，219条1項……の趣旨は，令状に明示されていない物の差押が禁止されるばかりでなく，捜査機関が専ら別罪の証拠に利用する目的で差押許可状に明示された物を差押えることも禁止される……が，このメモは『暴力団を標章する……メモ』の一部として差押えられたものと推認でき，……専ら別罪の証拠に利用する目的で差押えたと見るべき証跡は存在しない」として別罪での利用を肯定した。

　通説は，ある被疑事実について，捜索中に発見された別罪の証拠について，令状に記載がなく，したがって事前の司法審査という要件が欠けているので押収は許されない，とする。しかし，仮にこのような捜索・押収を一切許さないとして，一度捜査機関の目に触れた証拠がどうなるかは火を見るよりも明らかである。**イン・プレイン・ヴューの法理**などから，その捜索場所のプライヴァシーは既に適法に開かれており，被処分者が捜索を受けないとする合理的期待は存在しない。最高裁の理由づけには若干不足な点も見受けられるし，立法論として上記の別件捜索意図を払拭する制度的努力・配慮は必要であろうが，このような捜索を違法とし，あえて証拠を破壊の危険に晒すのは妥当とはいえないであろう。

(松田龍彦)

▷**別件逮捕・勾留**
⇨Ⅲ-18「別件逮捕・勾留」を参照。

▷3　最判昭和51年11月18日判時837号104頁。

▷**イン・プレイン・ヴュー (In plain view) の法理**
適法な捜索に着手した後，捜索中に発見された他罪の証拠は，無令状で押収することが許される，との法理で，アメリカ合衆国で発展してきた。

▷4　Ⅲ-25「捜索・差押許可状で捜索場所にいる第三者の身体・所持品の捜索の可否」の注「現状凍結」(p.79) を併せて参照のこと。

24 捜索・差押えの時間的限界

▷**実体要件**
身柄拘束や捜索・押収の際に必要とされる，犯罪を疑うに足りる相当な理由のこと。この他に形式要件──正当に発付された令状の存在が必要とされる。

▷**都教組地公法違反事件**
⇨ Ⅲ-23「捜索・差押えの場所的限界」

▷1　最判昭和33年1月29日刑集12巻12号2776頁。

▷**記録媒体**
本節では，主に電磁データの記録にために用いられるものを，内蔵ハードディスクや SSD のような可搬性が比較的低いものから，フロッピーディスク，MO，CD，DVD，BD，メモリースティック／カードなど可搬性の高いものまで一緒に扱う。

 問題の根幹

　ほぼ同様なので，前節 Ⅲ-23 「捜索・差押えの場所的限界」の同じ箇所を参照されたい。

2　**物の特定**

　捜索時に，押収対象物の詳細が判明していることは稀であるが，他方で無関係なものの捜索，すなわち**実体要件**のない捜索を許すことはできない。

　したがって，いくつかの対象物を例示列挙し，「その他本件に関係があると思われる一切の資料及び物件」といった文言を用いて令状を請求し，これにより捜索を行うことが実務の大勢となっている。逮捕の場合と異なり，捜索・差押令状の場合には罪名はともかく被疑事実の記載が要件とはされておらず（刑訴法200条1項，219条1項），学説の多くは罪名のほか罰条，及びそれでも特定が十分といえないときには被疑事実の要旨などを記載することによって可能な限り特定することが望ましいとしている。

　最高裁はいわゆる**都教組地公法違反事件**で，罪名を「地方公務員法違反」，押収対象物を「会議議事録，闘争日誌，指令，通達類，連絡文書，報告書，メモその他本件に関係ありと思料される一切の文書及び物件」とする令状の有効性について，「被疑事件の罪名を，適用法条を示して記載することは憲法の要求するところでなく……『本件に関係ありと思料せられる一切の文書及び物件』とは，……具体的な例示に付加されたものであって，……物の明示に欠けるところはない」と判示した。上記の観点から，特に罰条の記載がなされていない点は，他の犯罪に対しての一般的・探索的活動を抑止する観点（地方公務員法は他にも複数の禁止行為ならびに罰則が規定されている）から，疑問の余地がないとはいえないであろう。

3　**電磁的記録・データの特定**

　近年の急速な普及に伴い，パソコン，スマートフォン，携帯電話等の電子機器および**記録媒体**の利用はいまや一般的なものとなったが，その一方でこれらが犯罪に使われたり，犯罪の証拠として保全が必要となることも相当に増加した。しかも，これらの特性として，近年大容量化が進み（DVD や BD 1枚，メ

モリースティック1個に文書ないし画像，音楽などのデータがどの程度記録できるか，それらを他の形態，例えば紙に印刷したものと比べれば理解がしやすいであろう。本書を文字データとすれば，記録媒体1個に少なくとも数十万冊分が収録できる），仮にこれらの内容の一部に犯罪の証拠が存在する蓋然性があり，それを根拠に令状が発付された場合，捜索の現場で厳密に被疑事実との関連性を確認・判別することは，不可能ではないにしても相当に長時間を費やすことになり，被処分者への負担・不利益も無視できないものとなる。他方で，暗号化技術の進歩などから，一度に消去・破壊・隠匿されうる危険性のあるデータの量もまた膨大なものになっている。このため，蓋然性のあるコンピュータ本体，あるいは記録媒体を包括的に押収できるか，という点が問題となる。

▷2 ⇨ Ⅲ-32「電磁的記録に対する捜索・差押え」

　さらに，近年，コンピュータのネットワークへの接続も当然のものとなっている。また，電磁的記録の特性の一つとして，他の媒体への複製が比較的容易であることが挙げられる。つまり，1台のコンピュータに記録されたデータが，他のコンピュータ，あるいはネットワーク上で共有されている可能性があることにも留意し，その上で差押えの必要性ないし関連性を検討する必要がある。

　この点，電磁的記録に係る記録媒体に関する証拠収集手続の規定その他所要の規定を整備することを盛り込んだ「情報処理の高度化等に対処するための刑法等の一部を改正する法律」が平成23（2011）年6月に可決，7月から施行された。

▷3 ⇨ Ⅲ-32「電磁的記録に対する捜索・差押え」

　オウム真理教の教団施設で用いられている自動車についての虚偽登録（電磁的公正証書原本不実記載，同共用罪）についての捜索において，差押対象物を「組織的犯行であることを明らかにするための磁気記録テープ，光磁気ディスク，フロッピーディスク，パソコン一式」とした捜索・差押許可状に基づいて警察がパソコン1台，フロッピーディスク108枚を差押えた。これに対し教団側は，このような包括的差押は一般的・探索的活動であるとし，差押対象物全てが本件犯罪と関連するものではない上，被処分者らの対象選別への協力申出を聞き入れず，無差別的な差押えを行ったことを憲法違反として争った。最高裁は，「差押えられたパソコン，フロッピーディスク等は，本件の組織的背景及び組織的関与を裏付ける情報が記録されている蓋然性が高く……（教団が）記録された情報を瞬時に消去するソフトを開発しているとの情報もあり，差押の現場で内容を確認することなく差押えられたものであるが……そのような情報が実際に記録されているかをその場で確認していたのでは記録された情報を損壊される危険があるときは……内容を確認することなく……差押えることが許されるものと解される」として，主に記録の破壊の危険を理由としてこのような捜索・差押えを肯定した。いささか古い事案ではあるが，その理由付けは現在も広く用いられている。

▷4 最判平成10年5月1日刑集52巻4号295頁。

（松田龍彦）

捜索・差押許可状で捜索場所にいる第三者の身体・所持品の捜索の可否

1 問題の所在

▷ 1 Ⅲ-23「捜索・差押えの場所的限界」及びⅢ-24「捜索・差押えの時間的限界」

これまでの説明のように，憲法35条は捜索場所，押収対象物の特定，明示を求め，これを受けて刑訴法は，被疑者もしくは被告人の氏名，差押えるべき物と捜索すべき場所などを令状に記載することを求めている（刑訴法219条1項）。しかし，捜索・差押えの執行について必要な処分を行うことができ，他者の捜索場所への出入りを禁止できる，との規定はある（111条，112条）が，他方，被疑者・被告人以外の者については，「押収すべき物の存在を認めるに足りる状況がある場合に限り」捜索できる（102条2項，222条1項），としている。

そのため，捜索場所にいる被処分者以外の者，及びその者の所持品について，どのような場合に捜索・差押令状の効力が及ぶかがこれまで問題とされてきたのである。

2 「物」に対する令状の「人」に対する効果

▷ 2 憲法33条及び35条は，ともにアメリカ合衆国憲法第4修正（4th Amendment）を母法とし，そこでは人及び物の保護を同列に扱っている。

憲法35条を物ないし場所に対するプライヴァシーの規定と捉え，他方33条を人の身柄の自由と捉える立場を採ると，憲法35条と33条が分かれており，それぞれが「物」「人」に関する規定，という前提からして，本来捜索・差押えの効力は物にしか及ばない，との解釈も可能である。しかしながら，捜索対象となった場所に日常的に出入りし，被疑者ないし被告人とある程度の関係にある者（例えば，婚姻・内縁関係，親子関係，友人関係など）は，その関係の深さに応じて，一般人に比べて差押え対象となる物をもつ蓋然性は高いといえる。

また，「物」と「人」をあまりに厳格に区別すると，令状に人の身体検査等が明記されていない限りは，捜索場所にあった物を被処分者以外が手に取った時点でその物の押収が適わない，といった結論にもなりうる。重要な証拠が破壊される，あるいは散逸する可能性を見過ごすもので，妥当な結論とはいえない。一方で，処分対象者と第三者を，捜索場所にいるという点のみを以て全く同一の捜索対象として扱ってよい，とするのもまた極論である。

このため，学説は，その場にいる者の身体についても当初の令状が捜索を当然に許容する，といったり，捜索対象物を所持していると認めうる状況の存在を条件として許容する，とか，人の体は令状の対象に当然には含まれないが，その場に元々存在していた物は令状の対象であるから，他人の占有下に移った

としてもこれを追及することができる，といったふうに，程度の差こそあるものの，捜索場所に現存する人の携行している物について，一定の要件の下で捜索を認めるべき，とする考え方をするものが多い。

3 具体的裁判例

　警察官らが，覚せい剤所持・自己使用などの被疑事実で被疑者宅を捜索しようとしたところ，被疑者が不在であった。そのため内縁の夫を立会人として捜索を開始したところ，夫は手にボストンバッグを持っており，警察官らが再三任意提出を求めたが応じなかった。警察官らがこのバッグを取り上げて捜索したところ，中から覚せい剤が発見されたため，この夫を覚せい剤所持の**現行犯で逮捕**し，バッグを差押えた。

　この捜索が問題となった裁判で最高裁は，捜索を認める具体的理由を明らかにはしなかったが，このような事実関係の下では「（この夫が）携帯するボストンバッグについても捜索できるものと解するのが相当である」として捜索を許容した。

　このバッグはあくまで夫のものであるから，捜索・差押えの対象となっている室内とは独立し，その内部についてまで捜索の権限は及ばない，と考えることも一応は可能であろう。捜索場所に居合わせたという一事で，挙動や所持品などについての全てのプライヴァシーが失われるわけではないからである。しかしながら，この夫を，全くの無関係者として，本人ないし所持品には捜索の効力が及ばない，とするのも妥当ではなかろう。被疑事実を立証する証拠——本件では覚せい剤その他——の存在する蓋然性が高い者の挙動に，捜査機関が注目することはむしろ当然である。しかも，そういった蓋然性が高い者が居る室内領域に関してのプライヴァシーは，裁判官の発した令状によって，既に正当に開かれているのであるから，そこでの捜索活動を無意味なものにしないための配慮・行動，具体的には捜索対象物の存在の合理的嫌疑がある際には，一応他者の支配する領域についても捜索を行うことが捜査機関に許されているといってよいであろう。

　どのような場合に別個独立のプライヴァシーが存在し，捜索の及ぶ範囲が画されるかについては，上記の指針に従った具体例の集積によって判断されるべきであろう。また，捜索・差押えの限界を広げすぎない，という視点に立てば，**現状凍結**や，裁判所の判断により下される提出命令といった，より手続の透明性が強く，しかも強制の度合いの弱い方法を立法によって定め，問題点を解消することも考慮されるべきであろう。

（松田龍彦）

▷現行犯逮捕
刑訴法212条以下。なお，本件との事情の違いについて，Ⅲ-27「逮捕に伴う捜索・差押えⅠ」，Ⅲ-28「逮捕に伴う捜索・差押えⅡ」をあわせて参照のこと。
▷2 最決平成6年9月8日刑集48巻6号263頁。

▷現状凍結（impoundment）
アメリカ合衆国で採用されている方策で，逮捕現場に捜索対象物が存在する蓋然性が高いときや，捜索場所で令状の範囲外であるが，別途捜索の対象物が存在する蓋然性が高いときに，その現場をそのままの状態で保存し，令状を請求させ，令状が発されたときは捜索を許し，そうでないときは保存を解除するという手法のこと。

26 捜索・差押許可状の事前呈示とその例外

1 法令上の規定

　刑訴法110条は，捜索・差押許可状を被処分者に示すことを求めているが，法文を読む限りは「事前に」呈示することまで求めてはいない。しかし，学説の大部分はこの事前呈示を必要と考えている。

　その理由としては，110条に73条3項のような事後呈示や**緊急執行**を定めた文章がないことを直接の根拠とし，捜索・差押えを許可する，という裁判官の行った判断を，令状という形で捜索・押収に先立って被処分者に示すことにより，手続の明確性と公正を担保し，被処分者の不服申立ての機会を確保することにある，といわれる。

　また，111条は，この令状の執行について，「錠をはずし，封を開き，その他必要な処分をすることができる」と定める。「必要な処分」は野放図なものであってはならず，令状執行の目的達成のために必要かつ，社会的にみても相当な手段で，被処分者に最も損害の少ない方法によるべきである，といわれる。

　では，具体的にどのような行為が「必要な処分」として許容されうるのか。また，令状の事前呈示は絶対的規定で，これに反する活動は全て違法となるのか，といった点が問題となる。

2 捜査目的の達成と権利保障

　令状を執行することは，公権力の発動であり，人権を侵害するおそれがないとはいえないから，その執行には明確性と合理性が担保されるべきである。しかし，令状執行の目的が無に帰してしまうような要件を付して，令状執行を不可能ないし無意味にしてしまうことも，また避けなければならない。

　しばしば問題となるのが，薬物事犯など，証拠となる物品が容易に破壊されうる場合である。例えば覚せい剤は，水場にたどり着きさえすれば数秒〜数十秒で隠滅できる。これにより所持罪の立証が困難になるおそれが多分に考えられる。

　このため，令状の事前呈示を行わなくてよい場合があるのではないか，という主張がなされるようになった。また，令状の呈示以前に，捜査活動に気づかれただけで同様の危険がある，との認識から，捜索・差押えに「必要な処分」として，同意なく錠を開けるほかに，偽の身分（例えば，ホテルの従業員である

▷緊急執行
刑訴法201条2項，73条3項により，逮捕状を所持していない場合の通常逮捕手続，及びその際に採るべき手順のこと。

とか，荷物の宅配で来訪したとか）を被処分者に示し，ドアなどを開けさせることが許されるか，といったことも議論されるようになった。

令状の事前呈示の用件を緩和する理論として，①令状の事前呈示の要請は絶対的なものであるが，捜索・差押活動に入る以前に被処分者の抵抗をあらかじめ排除するなどの行動は捜索・差押えそれ自体ではないから，実際の捜索・差押えに取り掛かる以前に令状が呈示されていれば，110条の要件は満たされる，とするものと，②令状の事前呈示はそもそも絶対的要請ではないから，場合によっては捜索・差押活動に入ってから令状を示しても違法とならない，との二者が主なものである。

また，警察官が他人になりすますなどの欺罔的な手段については，肯定・否定の学説の対立があり，前者は被処分者の被害が極めて小さいことを理由とし，後者は**警察比例の原則**や，**クリーンハンドの原則**を論拠に挙げて，公務員が「汚い」手法をとることを抑制すべき，とする。

最高裁は，「捜索差押許可状執行の動きを察知されれば，覚せい剤事犯の前科もある被疑者が……短時間のうちに差押対象物件を破棄隠匿するおそれがあったため……捜索差押許可状の提示に先立って……客室のドアをマスターキーで開けて入室した措置は，社会通念上相当な態様で行われている……また，……捜索差押許可状の提示は，手続の公正を担保するとともに，処分を受ける者の人権に配慮したものであるから，令状の執行に着手する前の提示を原則とすべきであるが，前記事情の下においては，……令状の執行に着手して入室した上その直後に提示を行うことは，……捜索差押の実効性を確保するためにやむを得ない」として，令状の事前呈示の原則，及び例外がありうること，事情に照らして欺罔的な手段も合法と認められる余地があることを示した。また，下級審では，合鍵を用いるのではなく，例えば警察官が宅配便配達を装って被疑者に玄関を開けさせる行為を「住居の所有者や居住者に財産的損害を与えるものではなく，社会通念上相当性を欠くものとまではいえない」として許容したものもある。

もっとも，全ての捜索・押収活動において証拠破壊の危険が大きいわけではない（例えば，賭博開帳図利罪での押収物で，金銭のやり取りの手書きメモと，賭博に用いる机・台・機材などを比較すれば，証拠破壊の難易は大きく異なる）ので，こういった事例はあくまで例外といえる。また，薬物犯罪全てにおいて，こういった例外を認める，といった姿勢を現在のところ最高裁判例・通説ともに採っていない。しかし他方で，薬物事犯以外にも即座の証拠破壊の危険を伴う捜索・差押活動は想定しうる（例えば，前記手書きメモや，瞬時にして大量の変更・消去が可能な電磁的記録）から，この問題が薬物事犯に特有のもの，とみることもまた正しくないであろう。

（松田龍彦）

▷**警察比例の原則**
警察権の発動はその対象が生じさせている障害の大きさに比例すべきだとの原則。

▷**クリーンハンドの原則**
主に民事法で採られる，「自ら法を尊重するものだけが法の尊重を要求することができる」という考え。「信義則」。

▷1　最決平成14年10月4日刑集56巻8号507頁。

▷2　大阪高判平成6年4月20日高刑集47巻1号1頁。

27 逮捕に伴う捜索・差押えⅠ：「逮捕の現場」の意義

▷1　平野龍一『刑事訴訟法』有斐閣，1958年，116頁など。

▷2　合理説・相当説の中で，若干見解を異にする。小林充「逮捕に伴う捜索・差押に関する問題点」警察研究48巻5号17頁，鈴木義男「逮捕後になされた令状によらない捜索・差押の適法性」臼井滋夫ほか『刑事訴訟法判例研究』東京法令出版，1983年，113頁など参照。

① 逮捕に伴う捜索・差押えが無令状で許される根拠

憲法35条1項は，「33条の場合を除いては」，捜索・押収は令状によらなければならないと規定する。すなわち，逮捕に伴う捜索・押収については，裁判官の発する令状は必要ない。刑訴法においては，この憲法の規定を受けて，逮捕に伴う捜索・差押えについて，「逮捕する場合に」，「逮捕の現場」で捜索・差押えが無令状で行える旨規定されている（刑訴法220条1項，3項）。ここでいう逮捕については，**令状逮捕・現行犯逮捕・緊急逮捕**の全てが含まれる。

逮捕に伴う捜索・差押えが無令状で許される根拠については，逮捕の際の緊急措置として，逮捕者の身体の安全を確保し，被疑者の抵抗を抑圧し逃亡を防止することと同時に証拠破壊を防止するためであるとする見解（限定説・緊急処分説）と，逮捕の現場には証拠の存在する蓋然性が高いので，令状による捜索・差押えの場合と同様，逮捕に伴う場合にも合理的であり許されるとする見解（合理説・相当説）とがある。限定説・緊急処分説の場合，逮捕に伴う捜索・差押えが許される範囲は，被疑者の身体及びその直接支配する範囲に限定される。これに対して，合理説・相当説では，そのような範囲に限定せず，被疑事実と関連性があり，捜査に必要な合理的範囲（証拠の存在する蓋然性がある場所）で捜索・差押えを許容することになる。

これらの見解は，それぞれ首肯すべき点があるが，証拠破壊は被逮捕者によってのみ行われるものではなく，逮捕の着手によって捜査機関の活動を知った共犯者・家族等が証拠を隠滅するおそれも高まることになるといえよう。そのように考えると，証拠の存在する蓋然性がある場所について，証拠破壊の危険性があるため令状入手の時間的余裕のない場合に，緊急性の例外として，逮捕に伴う捜索・差押えは無令状で行うことができると解すべきであろう。

② 現実に逮捕に成功することが必要か？

「逮捕に伴う」捜索・差押えという言葉からすれば，現に逮捕に成功した場合に限って捜索・差押えが許されると考えられるかもしれないが，通説的には，逮捕行為への着手があれば，無令状で捜索・差押えができるとする。これは，刑訴法上「逮捕する場合」と規定されており，「逮捕した場合」とは規定されていない点をその根拠とする（刑訴法220条1項）。したがって，いったん，逮捕

に着手したが，被疑者に逃亡され，逮捕に成功しなかった場合でも，「逮捕の現場」での捜索・差押えが認められることになる。ただし，逮捕行為自体は，現実的なものでなければならず，その意味では，「逮捕する場合」とは，「逮捕の現場」に被疑者が現に存在し，まさに逮捕しようとする状況がなければならないといえる。いずれにせよ，捜索・差押えに接着して逮捕行為に着手できなかった場合には，その捜索・差押えは違法とされるのであるから，捜査実務では，そのような危険を冒してまで捜索・差押えに着手することの必要性につき慎重な判断を必要としよう。

❸　逮捕行為との場所的接着性

　「逮捕の現場」の意義について，限定説・緊急処分説の場合は，被疑者の身体及び直接的支配の及ぶ範囲に限定されるであろうが，合理説・相当説からは，逮捕の着手した場所，追跡中の場所，現に逮捕した場所の全てが含まれることになり，これらの場所と直接接続する範囲の空間がこれに当たるとされる。しかし，前述のように，証拠破壊は，必ずしも被逮捕者たる被疑者自身によってのみなされるわけではなく，捜査機関の活動を知った共犯者や家族等によっても行われうることを考えると，逮捕場所と同一の管理権の及ぶ範囲ということもできよう。また，逮捕現場が被疑者とは別の第三者の管理する場所である場合には，第三者のプライヴァシーを保護する必要もあるため，押収対象物がその場所に存在する蓋然性が認められる場合のみ，捜索を行うことが許されることとなる。

　下級審の裁判例は，合理説・相当説に近いものであるように思われ，ホテルの5階の待合所で大麻煙草1本を所持していたとして，被疑者を現行犯逮捕した際，居室内にある所持品を携行したいとの同人からの申出により，同人を連行して同ホテルの7階の同人が他の者と同宿している居室に赴いて，室内を捜索した事案において，「逮捕の場所には，被疑事実と関連する証拠物が存在する蓋然性が極めて強く，その捜索・差押が適法な逮捕に随伴するものである限り，捜索・差押令状が発付される要件を殆ど充足しているばかりでなく，逮捕者らの身体の安全を図り，証拠の散逸や破壊を防ぐ急速の必要があるからである」とし，「『逮捕の現場』の意味は，……右のごとき理由の認められる時間的・場所的且つ合理的な範囲内に限られる」と判示し，当該捜索を適法としている。また，別の下級審裁判例では，「逮捕の現場」の概念に関して，「逮捕の際の具体的実情等を考慮に容れることを許さない完全な地点を指称するわけではなく，令状なしの差押を許容する趣旨によって自ら限定される，ある程度の幅のある場所的範囲をいう」とも指摘されている。最高裁は，「逮捕の現場」の意義について，「場所的同一性を意味するにとどまる」としているが，具体的にはどの範囲を含むか明らかではない。

（檀上弘文）

▷3　例えば，被疑者を逮捕するために被疑者がいると思われる場所に向かったというだけでは，未だ逮捕行為に着手したとはいえない。

▷4　五十嵐義治「令状によらない捜索・差押」河上和雄『刑事裁判実務大系11』青林書院，1991年，326頁参照。

▷5　『大コンメンタール刑事訴訟法』第2版，第4巻，574頁参照。

▷6　例えば，マンション・アパートやホテルの別室等は，全く別人の管理権に属する場所といえるので，そのような場所の捜索は許容されない。他方，居間で逮捕した場合は，逮捕場所の隣室，書斎など被逮捕者の管理権の及ぶ範囲の場所に対しても捜索を行うことが許されるということになろう。

▷7　東京高判昭和44年6月20日高刑集22巻3号352頁。

▷8　東京高判昭和47年10月13日刑裁月報4巻10号1651頁。

▷9　最大判昭和36年6月7日刑集15巻6号915頁。

28 逮捕に伴う捜索・差押えⅡ：被逮捕者の身体及び所持品◁*

▷＊　最決平成８年１月29日刑集50巻１号１頁，（〔和光大学内ゲバ事件〕）を参照。

▷１　小林充「逮捕に伴う捜索・差押に関する問題点」警察研究48巻５号18頁，渡辺巧「現行犯逮捕後の違う場所での捜索・差押え」別冊判例タイムズ10号105頁など参照。

▷２　三井誠『刑事手続法(1)〔新版〕』有斐閣，1997年，54頁，加藤克佳・法学セミナー498号75頁など参照。

▷３　清水真・判例評論458号79頁（判例時報1591号241頁）。

▷和光大学内ゲバ事件
この事案は，内ゲバ事件で，逃走犯人を警戒または検索中であった警察官が，犯行後約１時間ないし１時間40分経過後，犯行場所から約４キロメートル離れた場所で被告人らを準現行犯逮捕したが，その場所での逮捕に伴う所持品等の捜索・差押えが適当でないとの判断に基づき，最寄りの警察署まで被告人らを連行して差押えを行ったというものである。

 刑訴法220条１項２号の解釈と差押え手続の適法性

　刑訴法220条１項２号は，被疑者を逮捕する場合，必要があるときは「逮捕の現場」において捜索・差押えを行うことを許容している。この規定に基づき，被疑者を逮捕した直後，逮捕した地点で，被疑者の身体及び所持品に対しても，無令状で捜索・差押えができることについて，ほぼ異論はないようである。しかし，被疑者の身体や所持品に関しては，その場の状況により，逮捕後，逮捕現場で身体・所持品の捜索・差押えを実施することが困難な場合もありうる。そのような場合，被疑者を逮捕現場から離れた場所に連行して，その身体・所持品の捜索・差押えを行うことが許されるであろうか。

　学説の多くは，逮捕現場の状況を考慮した上で，逮捕後の被疑者の身体及び所持品の捜索・差押えについて，逮捕後逮捕現場から移動して行うことを許容する。その根拠として，被疑者の身体については被疑事実に関する証拠が存在する蓋然性が高いこと，身体の捜索は逮捕地点とは別の場所で行われても新たな権利侵害は生じないこと（身体については現場性に実質的な変更がないこと），公道で逮捕したような場合にはその地点での身体捜索には不適当な事情が生じることが少なくないこと（交通の妨害・混乱の発生，被疑者の名誉毀損等）が挙げられている。◁1

　なお，逮捕後に被疑者の身体を捜索する場合と身体以外を捜索する場合とを区別して考える見解もある。◁2 しかし，この見解は，「逮捕する場合」・「逮捕の現場」という文言から離れることを懸念し，歯止めをかけることを意図したもののようであるが，被疑者が逮捕時に所持していた携帯品についても具体的な状況によっては連行後の無令状差押えを全く不可能とする趣旨ではないといえよう。◁3

2 被逮捕者の身体及び所持品に対する捜索・差押えの適法性及び要件

　最高裁は，いわゆる**和光大学内ゲバ事件**◁（最決平成８年１月29日刑集50巻１号１頁）において，準現行犯逮捕に伴う捜索・差押えについて，「逮捕現場付近の状況に照らし，被疑者の名誉等を害し，被疑者の抵抗による混乱を生じ，又は現場付近の交通を妨げるおそれがあるといった事情のため，その場で直ちに捜

索, 差押を実施することが適当でないときには, 速やかに被疑者を捜索, 差押の実施に適する最寄りの場所まで連行した上, これらの処分を実施することも, 同号 (刑訴法220条1項2号) にいう『逮捕の現場』における捜索, 差押と同視することができ, 適法な処分と解するのが相当である」と判示している。

この最高裁の判断は, 逮捕した被疑者の身体, 所持品の捜索・差押えについて, 被疑者を逮捕場所から連行した上でその処分を行う必要性, 合理性があることを認め, このような措置は, 被疑者の名誉の侵害, 抵抗による混乱, 交通の妨げのおそれなどの事情があり, 逮捕の場所でその処分を行うことを適当としない場合に初めて許容され, その場合も, 被疑者を「速やかに」, 「(処分の実施に適する) 最寄りの場所」に連行した上で行われる必要があるとの要件を示したものといえる。また, 一般に, 人の身体に対する捜索を令状によって行う場合でも, 対象者に出会った場所がその処分の実施に適さないときには, その実施に適する場所に移動した上でその処分を実施することが許されるのは当然であるし, そのために, 対象者をその最寄りの場所まで連行することもまた, 当該令状の効力として許容されると解しうる。所持品についても同様に考えることができるといえよう。

▷4 佐藤文哉「強制採尿」刑事訴訟法判例百選〔第5版〕58頁など参照。

❸ 時間的・場所的接着性

従来の下級審裁判例は, 「逮捕の現場」という文言をある程度幅のある概念と捉えて, 逮捕行為から時間的・場所的離隔のある差押えが許されるのは, 逮捕地点で差押えを即時実行することが困難な状況があった場合に限定されるという立場で一貫しているといえよう。

上記最高裁判例については, 刑訴法220条1項2号が**令状主義の例外**とされる趣旨に照らして, 逮捕との間に一定の時間的, 場所的な接着性が必要であることを明示したものと評価されている。もっとも, 具体的な事情を考慮せず, 一律に逮捕とそれに伴う無令状の捜索・差押えとの時間的・場所的離隔を基準化することは, 不可能であり, 無意味であろう。無令状の捜索・差押えが許されるのは, 原則として現実に逮捕した地点に直近する場所に限るとしつつ, 道路の幅員・歩車道の区別の有無・交通量, 被疑者の年齢・社会的地位・抵抗の有無, その他周囲の状況との関係で相対的に適法性を判断すべきことになろう。

▷令状主義の例外
⇨Ⅲ-11「令状主義とその例外」

なお, 建造物内部の捜索と公道上で逮捕した被疑者の身体・所持品の捜索との違いを考慮すべきとする見解も有力であるが, 上記最高裁判例も同様な考えから, 被疑者が抵抗している等の特別な事情により逮捕の地点での捜索の実施が困難な場合には, 被疑者を処分の実施に適した最寄りの場所へ連行した後, その身体及び所持品を可能な限り速やかに無令状で捜索することが許容される旨を判示したものと解されよう。

(檀上弘文)

▷5 渡辺, 前掲書, 105頁参照。

▷6 河上和雄『捜索・差押』立花書房, 1998年, 152頁以下参照。

▷7 木口信之・ジュリスト1093号85頁, 本田守弘・警察学論集49巻4号190頁, 小栗健一・法律のひろば49巻7号60頁など参照。

体液の採取

 強制採尿

　覚醒剤や麻薬の自己使用は，使用者本人の健康を害するのみならず，家庭の崩壊や薬物使用による幻覚症状・禁断症状による犯罪の誘発等，社会に対する悪影響を生じさせる重大犯罪の一つである。しかし，規制薬物の自己使用については，通常，その行為の目撃証言を得ることは非常に困難である。また，薬物使用者は，自らの犯罪の発覚や犯罪組織からの報復を恐れ，尿の（任意）提出を頑強なまでに拒む者が多い。覚醒剤成分が尿から検出され得る期間は，覚醒剤を初めて使用した場合は摂取後4日程度まで，常用者については1週間から10日程度までといわれており，体内に残存する薬物成分が体外へ排出される前に尿を採取し検査しなければならない。

　このように薬物の自己使用罪の摘発・処罰には，尿の採取の必要性が高いといえるが，尿の提出を拒む者からその抵抗を排除して強制的に尿を採取することができるのかという問題がある。最高裁は，覚醒剤の自己使用の嫌疑があり，また被疑者が自己使用の事実を否認し，尿の提出を頑なに拒む状況下では，最終手段としての強制採尿を肯定している。学説の多くも，昭和55年最高裁決定の示す要件の充足を前提に強制採尿を肯定する。すなわち，強制採尿を行うにあたり，まず事前に被疑者に対して尿の任意提出をするよう説得すべきであり，その実施は医師による医学的に相当な方法で行うべきであるとする。また入手すべき令状の種類として，同最高裁決定において，体内に残存する尿を採取する行為は捜索・差押えの性質を有すると解すべきであり，その実施に当たっては，医師をして医学的に相当と認められる方法により行わせなければならない旨記載すべきとして，条件付捜索・差押許可状（強制採尿令状）により行われるべきと判示された。また，身柄を拘束されていない被疑者を採尿場所へ任意同行することが事実上不可能である場合は，令状の効力として，採尿を行うのに相応しい場所・施設等へ被疑者を強制的に連行することができるとする。

 強制採血

　強制採血は，強制採尿とは異なり，被疑者に対して屈辱感等の精神的打撃を与えるものではないといわれる。また，血液を僅かに採取することは被疑者の生命・身体に重大な影響を及ぼすものでもない。したがって，比較的軽微な身

▷1　最決昭和55年10月23日刑集34巻5号300頁。

▷2　従来の捜査実務では，身体検査令状と鑑定処分許可状を入手して強制採尿を実施していた。
▷3　最決平成6年9月16日刑集48巻6号420頁。

体損傷を伴うに過ぎない採血は許容され得る。また，被疑者が出血している場合には，その血液をスポイトやガーゼを用いて採取することを無令状で許容してよいであろう[4]。強制採血の際の令状については，捜査実務上，身体検査令状と鑑定処分許可状の併用が定着している。なお，強制採血の法的性格及び入手すべき令状の種類について，最高裁は未だ判断を行っていない[5]。

　また，採血については，一定の場合に無令状で行うことはできないかが問題となっている。例えば，交通事故現場で，事故の被疑者と思われる運転者に酒臭があり，酒酔いまたは酒気帯び運転の嫌疑が相当程度認められるが，その者が意識消失のため，呼気検査等の血中アルコール濃度の検査が行えない場合がある。下級審では，無令状での強制採血について否定的であり，学説においても，無令状の強制採血を認めない見解が多数である[6]。しかしながら，血中アルコール濃度の検査結果は，酒気帯び・酒酔い運転についての立証上必要不可欠な証拠といえ，他方，血中アルコール濃度は，時間の経過に伴い急速に低下していくものであり，令状入手の間に酒気帯び・酒酔い運転罪の有力な証拠が失われてしまうことになるため，緊急に検査を行い，証拠を確保する必要性は高いといえよう。したがって，酒気帯びまたは酒酔い運転の嫌疑が相当程度認められ，採取の対象（血液）と目的（血中アルコール濃度の測定）が限定され，証拠が体内（血中）に存在する蓋然性が高く，血中アルコール濃度の性質上令状入手の時間的余裕のない（緊急性）場合であるといえるため，医学的に相当な方法によるものであれば，無令状採血も許容され得るのではなかろうか。

3 DNA サンプルの採取

　DNA（デオキシリボ核酸）の塩基配列は，同一人の場合，身体のどの細胞にあるものも全て同じで終生不変であり，一卵性双生児を除いて，個々人によって異なるという特徴があり，その個人識別の制度は高いとされている。

　犯罪捜査においては，犯行現場における遺留物等からDNAサンプルが採取され，そのDNA型と対照して犯人特定につなげるために，捜査対象となっている被疑者等からそれらの者のDNAサンプルを入手する必要が生じ得る。その場合，被疑者の逃亡及び罪証隠滅を防止するため，被疑者が廃棄したゴミや煙草の吸い殻等をその者に気付かれずに領置して，それらからDNAサンプルを採取してDNA鑑定を行うという方法が用いられることがある。

　このようなDNAサンプルの採取に関する裁判例として，警察官が，身柄拘束されていない被疑者から，その者のDNA型検査の資料を得るために，警察官である身分及びDNA採取目的であることを秘して被疑者に手渡した紙コップからDNAサンプルを採取した行為の適法性が争われた事案で，裁判所は，そのような捜査方法は強制処分に当たるとして，無令状で行った本件DNAサンプルの採取を違法と判示している[7]。

（檀上弘文）

▷ 4 福岡高判昭和50年3月11日刑裁月報7巻3号143頁，松山地大洲支判昭和59年6月28日判時1145号158頁。

▷ 5 前記昭和55年判例の射程が強制採血にも及ぶとする見解もある。

▷ 6 仙台高判昭和47年1月25日刑裁月報4巻1号14頁，高松高判昭和61年6月18日刑裁月報18巻5・6号709頁，横浜地判昭和45年6月22日刑裁月報2巻6号685頁。

▷ DNA
⇨VI-5「科学的証拠による証明」

▷ 7 東京高判平成28年8月23日高刑集69巻1号16頁。

通信傍受

1 通信傍受の必要性

　現代社会は，都市化され，匿名化された社会であり，犯罪が行われた場合に，必ずしも目撃者等の有力な証人がいるとは限らず，ましてや組織的に犯罪が行われた場合は，その活動が計画的・密行的に行われるため，その摘発・検挙が非常に困難である。したがって，組織犯罪対策としては，物理的侵入を伴う従来の捜査方法とは異なる，組織の構成員たる個人の行動，ひいては組織それ自体の行動を監視することが必要となる。また，犯罪組織は，今日非常に便利になった情報通信技術を利用して自らの目的を達成しようとしており，こうした犯罪活動の実態から考えても，組織犯罪の捜査には通常の捜査方法がそれほど有効なものとならない場合も多く，組織の活動を把握するためには，その意思連絡を摑むこと，すなわち組織の通信を傍受することが必要とになる。そうした状況の下，組織犯罪の捜査における有効な手段として，平成12（2000）年8月15日に「犯罪捜査のための通信傍受に関する法律」が施行された。▷1

2 憲法との関係

　憲法21条2項は，通信の秘密を保障する。わが国の憲法が保障する基本的人権には様々なものがあるが，それらは濫用が禁止され，公共の福祉の下に制約を受けるものであり，個人の内心にとどまらない限り絶対的に無制約なものではない。通信の秘密の保障も例外ではない。今日の社会では，通信技術が著しく発達し，一般の人々がごく当たり前にそれらを利用している。▷2 通信の秘密の保障は，非常に重要なものであるが，通信制度は公共財であり，これを害悪，すなわち犯罪に利用する場合にまで絶対的にまた無制約に保障すべきものとはいえないはずである。したがって，一定の条件を充たす場合には，通信の秘密の保障を制約することが憲法上許されると考えてよい。▷3

　また，憲法35条は，捜索・押収に関する**令状主義**を定めたものであるが，通信傍受法においては，厳格な要件を充たす場合に，裁判官の発する，傍受すべき通信及び傍受の実施対象とする通信手段を明示する令状によって通信の傍受を行いうるとするものであり，憲法の令状主義に合致するものであるといえよう。

▷1　ただし，犯罪捜査のための通信傍受については，本法成立前にも刑事訴訟法の検証許可状により電話傍受が行われていた。最決平成11年12月16日刑集53巻9号1327頁，甲府地判平成3年9月3日判時1401号127頁，東京高判平成4年10月15日判タ808号168頁，旭川地判平成7年6月12日判時1564合147頁，札幌高判平成9年5月15日判タ962号275頁等参照。

▷2　ただし，その便利さを有効に利用しているのは犯罪者（犯罪組織）も同様である。

▷3　捜査機関による濫用を防止すべく，厳格な要件を規定し，かつ犯罪摘発のための有効な手段として，必要最小限の範囲で通信の傍受を許容することができるといえよう。

▷令状主義
⇨ Ⅲ-11 「令状主義とその例外」

③　刑訴法との関係

　刑訴法197条1項ただし書は，「**強制の処分**」は刑訴法に定められていなければならないとする「強制処分法定主義」を規定している。通信の傍受は，その処分を受けている者が知らぬ間に政府による監視下に置かれるものであるため強制処分と解され，現行法上具体的な実施方法等の要件が定められていないため「強制処分法定主義」違反であり許されないとする見解もあった。捜査においては，通信傍受法制定前，その実施に当たり検証許可状を得て行われていたが，検証に関する規定にも，通信の傍受について明確な定めはなく，通信の傍受は検証には当たらないとの見解も主張されていた。判例上は，検証許可状による電話傍受を肯定しており，学説上も，検証とは法廷にそのまま顕出することができないものを事実認定に当たる裁判官が五感で認識することができるように証拠を保全する活動であり，音声というそのままの状態では法廷に顕出できない証拠を録音という作業によって法廷に顕出できる形態に直して保管するための処分であるので，検証または検証に類似した処分であると解しうるとの見解が示されていた。ただし，検証許可状による電話の傍受については，法律上具体的な要件が定められておらず，傍受実施方法や記録の作成・保管，不服申立て手続等に関する規定がないこと等，適正な実施を担保する措置が不十分であるとの指摘もあった。

④　通信傍受の要件

　通信傍受法は，制定当初，その対象犯罪を薬物関連犯罪，銃器関連犯罪，集団密航に関する罪，組織的な殺人の4種に限定していたが，平成28（2016）年の法改正により，対象犯罪が拡大された。すなわち，新たに追加された対象犯罪は，①殺傷犯等関係（現住建造物等放火・殺人・傷害・傷害致死・爆発物の使用），②逮捕・監禁，略取・誘拐関係，③窃盗・強盗関係，④詐欺・恐喝関係，⑤児童ポルノ関係の犯罪である。なお，新たに追加された対象犯罪については，旧法がすでに規定していた傍受の実施（実体）要件に加えて，「あらかじめ定められた役割の分担に従って行動する人の結合体により行われると疑うに足りる状況がある」ことが要件とされる（通信傍受法3条1項1号）。また，暗号技術を活用し，記録の改変等ができない機器を用いることにより，通信事業者の立会いを不要とした傍受が実施できるようになった（同2条・20条～29条参照）。その場合，暗号化・復号化に必要な変換符号及び対応変換符号（いわゆる「鍵」）の作成は，裁判官の命を受けて，裁判所書記官その他の裁判所の職員がこれを行う（同9条参照）。

（檀上弘文）

▷強制処分
⇨Ⅲ-10「強制処分の基本原理」

▷4　通信傍受法においては，濫用防止のための厳格な要件・実施方法及び関係者の権利保護のための救済策としての不服申立て等の手続が定められた。⇨Ⅲ-35「違法な捜査の救済」

▷5　①対象犯罪が行われたと疑うに足りる「十分な理由」がある場合において，②それらの犯罪が数人の共謀によるものであると疑うに足りる状況があるときで，③当該犯罪の実行に関連する事項を内容とする通信（犯罪関連通信）が行われると疑うに足りる状況があり，かつ，④他の方法によっては，犯人を特定し，または犯行の状況もしくは内容を明らかにすることが著しく困難であること（補充性）である（通信傍受法3条参照）。なお，傍受令状請求手続については，傍受令状の請求先（地方裁判所裁判官），傍受令状の請求権者，傍受期間，傍受期間の延長等については，これまでと同様である（通信傍受法4・5・7条参照）。

参考文献

三浦守・松並孝二・八澤健三郎・加藤俊治『組織的犯罪対策関連三法の解説』法曹会，2001年，429頁以下参照。

秘密録音

▷1　秘密録音についての判例・学説の検討については，長岡哲次「供述録音テープの証拠能力」平野龍一・松尾浩也編『新実例刑事訴訟法Ⅲ』青林書院，1998年，75頁，井上正仁『強制捜査と任意捜査（新版）』有斐閣，2014年，214頁参照。

▷2　平野龍一『刑事訴訟法』有斐閣，1958年，116頁など参照。

▷3　鴨良弼『刑事証拠法』日本評論新社，1962年，377頁参照。

▷4　阪村幸男「盗聴」熊谷弘・松尾浩也・田宮裕編『捜査法大系Ⅲ』日本評論社，1972年，255頁参照。

▷5　佐藤文哉・昭和56年度最高裁判例解説刑事篇258頁以下参照。

▷6　井上正仁「秘密録音の適法性・証拠能力」ジュリスト768号202頁参照。

▷7　椎橋隆幸「盗聴・写真撮影」Law School 17号66頁参照。

1　秘密録音とは

　秘密録音という用語は，多義的に用いられている言葉であるが，本節で検討するのは，会話当事者の一方またはその依頼か承諾により，他方の相手方に秘密裡に録音する場合についてである[1]。このような態様の録音は，当事者録音，一方同意録音等と呼ばれることもある。

　一方当事者の同意のある録音については，モラルの問題は別にして，違法とはいえないとする見解が多数である[2]。他方，このような録音は人格権（表現の自由，自己の音声が他者からの管理を受けない自由）が侵害されるので違法であるとか，または令状主義の貫徹，プライヴァシーの保護，信頼的通信，道義性の要求から，適法性を疑問視する見解なども有力である[3]。さらに，秘密録音を原則として適法としつつ，一定の事情の下で違法とする見解[4]，逆に原則違法としつつ，一定の場合に利益衡量によって例外的に適法とする見解[5]も主張されている。

　実際に，会話の相手方に伝達した内容は，その相手方から他人に洩らされる危険が常にあり，会話が秘匿されるとの期待は弱いともいえよう。会話の相手方が自らの目と耳で知り得た事柄を記憶にとどめ，その記憶を頼りに他人に洩らす危険は他方の会話者が通常甘受しなければならないものといえる。会話を録音器材に録音した場合も，会話の内容を他人に洩らすことが器械による記録・再生として正確に行われるにすぎないので，プライヴァシーの侵害の程度が異なるとはいえないとも考えられた。しかし，会話の相手方が録音器材を身に着けている場合とそうでない場合とでは，話し手は同じ内容を話さないともいえよう。たいていの場合は，話し手は慎重に言葉を選ぶようになり，また，会話の内容についても用心深くなり，結果として自由闊達な会話はできなくなってしまうであろう。したがって，自らの記憶に基づいて会話内容を他人に洩らす場合と一方当事者の同意を得て秘密録音を行う場合とではプライヴァシー侵害への脅威という点では質を異にするというべきである[6]。結論として，会話の一方当事者の同意のある録音は，全く同意のない場合よりも要件を緩和して令状制度の規律の下に認められるべきであろうと思われる。

2　私人である会話当事者による録音

　私人である会話当事者による録音の場合は，捜査機関が行う録音に比較して，

その公共的利益は高くないといえよう。すなわち捜査機関は犯罪解明という公共の利益の実現のため捜査活動を行うが，私人の場合には犯罪捜査を行うことは期待されていない。したがって，公共的必要性が高くはなく，他人のプライヴァシーを制約する私人による秘密録音は，一般的に，正当な理由のない限り許されないものとすべきであり，例外的に当該秘密録音によるプライヴァシー侵害の程度と秘密録音を正当とする理由の有無・内容・程度との比較衡量により判断されるべきであろう。最高裁は，被告人から詐欺の被害を受けたと考えた者が，被告人の説明内容に不審を抱き，後日の証拠とするため，被告人との会話を録音したテープにつき，このような場合に，一方の当事者が相手方との会話を録音することは，たとえそれが相手方の同意を得ないで行われたものであっても，違法ではないと判示している。このように，現在または近い将来の被害に対する「自己防衛」目的または過去の犯罪被害の証拠の確保もしくはその被害についての紛争解決のための証拠の確保のために，相手方の同意のない会話の録音することは許されるといえよう。

❸ 捜査官である会話当事者による録音

　警察官が会話の一方当事者である場合に行われた秘密録音に関しては，下級審裁判例において，一般的には会話の一方当事者による秘密録音につき違法ではないとしながら，「しかし，それは相手方が，機械により正確に録音し，再生し，さらには話者（声質）の同一性の証拠として利用する可能性があることを知っておれば当然拒否することが予想されたところ，その拒否の機会を与えずに秘密録音することが相手方のプライバシーないし人格権を多かれ少なかれ侵害することは否定できず，いわんやこのような録音を刑事裁判の資料とすることは司法の廉潔性の観点からも慎重でなければならない。したがって，捜査機関が対話の相手方の知らないうちにその会話を録音することは，原則として違法であり，ただ録音の経緯，内容，目的，必要性，侵害される個人の法益と保護されるべき公共の利益との権衡等を考慮し，具体的状況のもとで相当と認められる限度においてのみ，許容されるべきものと解すべきである」と判示する。捜査機関による録音の場合には，私人による場合と比べ，多くの人的・物的資源を背景に組織的に行われるため，プライヴァシーの侵害も一般的に大きいといえる。そのため政府の権限行使が恣意的・不当なものとならないようにしなければならず，他方で，犯罪捜査という公共の利益を効果的に実現するために，過度の制限を避け適切に規律されなければならないといえよう。捜査官及びその指示に従って行われる秘密録音については，今後さらなる検討が必要であると思われる。

（檀上弘文）

▷8　最決平成12年7月12日刑集54巻6号513頁参照。その他，参考判例として，最決昭和56年11月20日刑集35巻8号797頁，松江地判昭和57年2月2日判時1051号162頁（共犯者による録音と警察官による録音との両方の場合を含む事例），東京地判昭和57年8月25日判タ496号174頁など参照。
▷9　千葉地判平成3年3月29日判時1384号141頁（三里塚闘争会館事件）参照（この事案においては，例外的に秘密録音を相当と認めて許容している）。その他，東京地判平成2年7月26日判時1358号151頁において，「対話者の一方が相手方の同意を得ないでした会話の録音は，それにより録音に同意しなかった対話者の人格権がある程度侵害されるおそれを生じさせることは否定できないが，いわゆる盗聴の場合とは異なり，対話者は相手方に対する関係では自己の会話を聞かれることを認めており，会話の秘密性を放棄しその会話内容を相手方の支配下に委ねたものと見得るのであるから，右会話録音の適法性については，録音の目的，対象，手段方法，対象となる会話の内容，会話時の状況等の諸事情を総合し，その手続に著しく不当な点があるか否かを考慮してこれを決めるのが相当である」と判示されている。

電磁的記録に対する捜索・差押え

① サイバー犯罪について

　サイバー犯罪とは，コンピュータもしくはコンピュータ・ネットワークを対象としてまたは手段として利用してなされた，刑罰法規に抵触する行為をさす概念と定義され，また，その証拠の特徴としては，不可視性・不可読性，加工（改変）容易性，無痕跡性が，その態様の特徴としては，匿名性の増進，即時性，広域性・伝播性，ボーダレス性，その他派生的特徴として，罪悪感の希薄性，模倣性，技術（専門）性，手口・態様の変遷，犯罪転用の急速性などが挙げられている。このような特徴をもつサイバー犯罪においては，その証拠がコンピュータにより処理され，電磁的記録として記録・保存されていることが多い。

② 憲法35条の趣旨

　憲法35条は，「住居，書類及び所持品」の捜索・押収について規律する。これは，個人の住居や財産に対する物理的な支配権や利用権のみを保護するものなのであろうか。憲法35条の母法といわれている合衆国憲法第4修正は，当初，個人の住居権や財産権を保護するものとして考えられてきた。しかし，今日では，有体財産を保護するだけでは個人のプライヴァシーを保護することはできなくなり，無体物に対してもその保護を及ぼすことにより，個人のプライヴァシーの正当な期待を保護することを求められている。憲法35条も，その性格を継受した合衆国憲法第4修正同様，財産に対する物理的な支配権や利用権のみを保障したものではなく，広く個人のプライヴァシーを保障したものと解することができ，有体物に限らず，無体物もその保護の対象と解することができるといえよう。

③ 押収対象物の概念

　現行刑訴法は，差押えの対象を「証拠物」として規定する（99条1項）。この「証拠物」とは，一般に有体物に限られると解されている。そのように考えると，コンピュータによって処理され，記録・保存された電磁的記録は，そのままでは可視性・可読性を有しない「無体物」であるので，差押えの対象とはならないことになる。実際には，電磁的記録を保存した記録媒体（例えば，パソ

▷1　島田健一「サイバー犯罪捜査とデジタルフォレンジックの実務」警察学論集68巻3号62頁参照。

▷2　そのため，サイバー犯罪の捜査においては，捜査機関もその特徴・性質を十分把握した上で，証拠の収集を行わなければならない。なお，コンピュータ及びコンピュータ・ネットワークが普及した現在では，サイバー犯罪に限らず通常の犯罪に関する証拠も電磁的記録として保存されていることも稀ではない。

▷3　それまでは，エレクトロニクス技術もなく，無体物を保全・収集する技術もなかったため，財産権を保護することで個人のプライヴァシーを保護することができた。

▷4　渥美東洋『全訂刑事訴訟法（第2版）』有斐閣，2009年，107頁以下参照。

▷5　最決平成10年5月1

コン本体，ハードディスク，USBメモリーなど）を差し押さえることで対応している。最高裁は，電磁的記録媒体に被疑事実に関する情報が記録されている蓋然性が認められる場合において，捜索現場で確認することが困難な事情があれば，内容を確認することなくフロッピーディスク等を包括的に差し押さえることができるとした。電磁的記録自体は記録媒体と一体であれば管理可能であり，利用可能であるといえ，また記録媒体という「有体物」を差し押さえることにより，そのままでは可視性・可読性がないなどの相違はあるが，原理的には帳簿や文書等の差押えの場合と同様に捜索・差押えの対象になるといえる。

④ 刑事訴訟法改正及びその後の状況

　サイバー犯罪への適切かつ迅速な対応は，国際的にも重要な課題となっていたが，2011（平成23）年6月，「情報処理の高度化等に対処するための刑法等の一部を改正する法律」が可決・成立し，電磁的記録の捜索・差押えについて，新たな証拠収集方法が採用されることとなった。すなわち，①電気通信回線で接続している記録媒体からの複写（差押え対象がコンピュータであるとき，当該コンピュータとネットワークで接続された他の記録媒体（メールサーバや当該コンピュータで作成したファイルを保管しているストレージサーバなど）に記録されている電磁的記録を当該コンピュータまたは他の記録媒体に複写して差し押さえること（いわゆるリモートアクセス）），②記録命令付差押え（電磁的記録の保管者等に命じて，証拠として必要な電磁的記録を他の記録媒体に記録させた上で，当該記録媒体を差し押さえること），③電磁的記録に係る記録媒体の差押えの執行方法（電磁的記録にかかる記録媒体の差押えに代えて，当該記録媒体に記録された電磁的記録を他の記録媒体に複写するなどして，当該他の記録媒体を差し押さえること），④電磁的記録に係る記録媒体の差押状の執行を受ける者等への協力要請，⑤通信履歴の保全要請といった捜査手法である。

　これら電磁的記録の収集につき，国外のサーバコンピュータに所在する電磁的記録へのリモートアクセスに関する，サーバ存置国の主権侵害とそのような電磁的記録の証拠能力の問題に対しては，事案は異なっているが，高裁レベルでの判断に見解の相違が生じていた。この点につき，最高裁判所は，「刑訴法99条2項，218条2項の文言や，これらの規定がサイバー犯罪に関する条約を締結するための手続法の整備の一環として制定されたことなどの立法の経緯，同条約32条の規定内容等に照らすと，刑訴法が，上記各規定に基づく日本国内にある記録媒体を対象とするリモートアクセス等のみを想定しているとは解されず，電磁的記録を保管した記録媒体が同条約の締約国に所在し，同記録を開示する正当な権限を有する者の合法的かつ任意の同意がある場合に，国際捜査共助によることなく同記録媒体へのリモートアクセス及び同記録の複写を行うことは許されると解すべきである。」と判示した。　　　　　　　（檀上弘文）

日刑集52巻4号275頁。他方で，東京地判平成10年2月27日判時1637号152頁は，第三者であるプロバイダーへの捜索・差押えに際して，被疑者以外の顧客管理データを差し押さえることは，被疑事実との関連性がなく，必要性も認められないので許容されないとする。

▷6　しかしながら，犯罪の捜査上，証拠として実質的価値のあるのは，「無体物」である電磁的記録それ自体であろう。憲法35条の趣旨を前述のように解するのであれば，「無体物」である電磁的記録も，憲法35条の保護しようとするプライヴァシーの内容に含めることが可能であり，また逆に捜索・押収の対象と解することができるのではなかろうか。

▷7　これら新たな証拠収集方法の詳細については，杉山徳明・吉田雅之「『情報処理の高度化等に対処するための刑法等の一部を改正する法律』について」警察学論集64巻10号1頁，『条解 刑事訴訟法（第4版増補版）』1263頁，檀上弘文「サイバー関係をめぐる刑事訴訟法の一部改正について」刑事法ジャーナル30号33頁など参照。

▷8　東京高判平成28年12月7日高刑集69巻2号5頁，東京高判平成31年1月15日高等裁判所刑事裁判速報集（令1）号95頁。

▷9　最二決令和3年2月1日裁判所時報1761号4頁，裁判所ウェブサイト。

(参考文献)

安冨潔『ハイテク犯罪と刑事手続』慶應義塾大学法学研究会，2000年。

GPS 捜査

▷京都カード強取強盗殺人
事件
最決平成20年4月15日刑集
62巻5号1398頁。なお，〔Ⅲ
-9〕「写真・ビデオの撮
影・録画」も，参照のこと。
▷任意処分判例
大阪地判平成27年1月27日
判時2288号134頁，広島地
福山支判平成28年2月16日
文献番号2016WLJPCA021
66006，大阪高判平成28年
3月2日判タ1429号148頁，
広島高判平成28年7月21日
高刑速平成28年241頁，福
井地判平成28年12月6日
LEX/DB25544761。
▷強制処分判例
大阪地判平成27年6月5日
判時2288号138頁，名古屋
地判平成27年12月24日判時
2307号136頁，水戸地決平
成28年1月22日LEX/
DB25545987，名古屋高判
平成28年6月29日判時2307
号129頁，東京地立川支決
平成28年12月22日LEX/
DB25544851。
▷GPS事件大法廷判決
最（大）判平成29年3月15
日刑集71巻3号13頁。

 GPS 捜査の問題点

　従来，被疑者を逮捕可能な嫌疑でない段階においても，張り込みや尾行による監視，あるいは公道等の「通常，人が他人から容ぼう等を観察されること自体は受忍せざるを得ない場所」において被処分者の容ぼう等を撮影することを任意捜査として行うことは可能であった（**京都カード強取強盗殺人事件**）。しかし，近年，科学技術の発展に伴い，捜査機関が，被疑者等の動向を探る際に，尾行による監視の精度や確実性を高めるために，それらの者が使用する車両にGPS端末を秘かに装着し，これを使用する捜査手法が採られるようになってきた。当該捜査手法は，尾行の補助手段に過ぎず，被処分者の容ぼう等の撮影を伴わないことに照らし，プライヴァシー侵害の程度は，低いと捜査機関は解してきた。但し，使用次第によっては，対象車両や被疑者等の所在場所を常時把握することが可能であり，これによって得られた情報の蓄積により，ビッグデータを活用して，プロファイリング等を行うことも不可能ではないことから，仮に公共スペースであるからといって，一概にプライヴァシーを保護する必要性が減少すると解すること自体，妥当であるか検討が要されることになった。この点につき，現行法上の許容性・適法性に関し，下級審においては，**任意処分であると解する判例**と**強制処分であると解する判例**に判断がわかれていたが，最高裁は，平成29年大法廷判決（**GPS事件大法廷判決**）において，強制処分と解するとともに，当該捜査手法を規律する立法的措置を講ずべきとする判断を示した。

2 **強制処分該当性**

　最高裁は，「GPS捜査は，対象車両の時々刻々の位置情報を検索し，把握すべく行われるものであるが，その性質上，公道上のもののみならず，個人のプライバシーが強く保護されるべき場所や空間に関わるものも含めて，対象車両及びその使用者の所在と移動状況を逐一把握することを可能」にし，「個人の行動を継続的，網羅的に把握することを必然的に伴うから，個人のプライバシーを侵害し得るものであり，また，そのような侵害を可能とする機器を個人の所持品に秘かに装着することによって行う点において，公道上の所在を肉眼で把握したりカメラで撮影したりするような手法とは異なり，公権力による私的

領域への侵入を伴う」ことから，GPS捜査は，「合理的に推認される個人の意思に反してその私的領域に侵入する捜査手法」であり，「個人の意思を制圧して憲法の保障する重要な法的利益を侵害するものとして，刑訴法上，特別の根拠規定がなければ許容されない強制の処分に当たる」とともに，「令状がなければ行うことのできない処分と解すべきである」とした。最高裁の判断で，特に注目すべきは，被処分者の「承諾なく秘かにGPS端末を取り付けて位置情報を検索し把握する」処分も，「個人の意思を制圧して憲法の保障する重要な法的利益を侵害する」とし，また，当該捜査手法が侵害する被処分者の法的利益につき，憲法35条によって保障される「住居，書類及び所持品」のみに限らず，「これらに準ずる私的領域に『侵入』されることのない権利が含まれるものと解するのが相当である」としている点である。

③ 強制処分の形式

強制処分に該当する場合，当該処分が如何なる形式であれば，適法とされるかが問題となる。この点につき，最高裁は，「『検証』では捉えきれない性質を有することも否定し難い」としたうえで，GPS捜査は，「GPS端末を取り付けるべき車両及び罪名を特定しただけでは被疑事実と関係のない使用者の行動の過剰な把握を抑制することができず，裁判官による令状請求の審査を要することとされている趣旨を満たすことができない」おそれがあり，また「被疑者らに知られず秘かに行うのでなければ意味がなく，事前の令状呈示を行うことは想定できない」ことから，裁判官が，「事案ごとに，令状請求の審査を担当する裁判官の判断により，多様な選択肢の中から的確な条件の選択が行われない限り是認できないような強制の処分を認めること」は，強制処分法定主義の趣旨に沿うものとはいえず，令状主義の要請を満たすことに疑義があると判示する。同様の問題は，**旭川覚せい剤事件決定**でも生じたものの，傍受の対象をできる限り限定し，かつ適切な条件を付した検証許可状により行われたものと認めることができることから適法と判断したが，GPS捜査については，条件設定による手法を否定したものといえる。そして，最高裁は，「GPS捜査が今後も広く用いられ得る有力な捜査手法であるとすれば，その特質に着目して憲法，刑訴法の諸原則に適合する立法的な措置が講じられることが望ましい」と結論付ける。つまり，従来，最高裁は，**江南警察署採尿事件決定**や旭川覚せい剤事件決定において，令状に条件を付すことにより，新たな強制捜査手法を肯定してきたが，GPS捜査に対しては，立法的な装置に言及している点で，従来の柔軟な姿勢から，転換を図ったと考えられる。今後は，コントロールド・デリバリーの際のGPS端末の活用，携帯電話位置情報の取得，ドローン等を利用した追跡等の捜査手法が課題となってこよう。

（大野正博）

▷旭川覚せい剤事件決定
最決平成11年12月16日刑集53巻9号1327頁。なお，Ⅲ-30「通信傍受」も，参照のこと。

▷江南警察署採尿事件決定
最決昭和55年10月23日刑集34巻5号300頁。なお，Ⅲ-29「体液の採取」も，参照のこと。

報道機関に対する捜索・差押え

1　報道機関の役割と憲法（21条）上の要請

　現代のような大衆社会においては，報道機関の報道が社会に与える影響は非常に大きく，また，国民が様々な局面で自ら判断を下していくには多くの正しい情報を入手する必要があるといえ，その意味において報道機関の活動は非常に重要である。今日では，報道機関は国民の「知る権利」に奉仕する活動を行う機関と位置づけられ，その活動にも特別の配慮がなされている。また「知る権利」に奉仕するために，報道機関には「報道の自由」が認められ，「報道の自由」は憲法21条の保障するものとされる。さらに，「報道の自由」が保障されるためにはその前提として「取材の自由」も保障されなければならない。最高裁は，北海タイムス事件において，「報道の自由」は憲法21条の内容をなす（それ自体に固有の価値を認める）と判示していたが，博多駅事件において，「取材の自由」について憲法21条の精神に照らし，十分尊重に値するとはしながら，それは固有の価値を実現するための「手段的価値」を有するにとどまると評価している。そして，「取材の自由」も無制約ではなく，公正な裁判の実現という憲法の要請があるときはある程度の制約を受けることもやむをえないとする。

2　公正な刑事裁判の実現との調整

　報道の自由と公正な刑事裁判の実現は，ともに民主的で自由な社会を維持・発展させていく上で非常に重要なものである。犯罪捜査や刑事裁判といったものは，社会的にも注目されることが多く，その経過や結果は，国民にとって重大な関心事であり，その事実・内容は，国民に知らせるべき重要な情報といえる。他方で，偏った情報の提供や単なる興味本位の報道は，裁判に悪影響を及ぼす等，裁判自体を誤らせる危険もあり，刑事司法の運用を阻害するおそれもある。さらにいえば，そのような報道は，国民の「知る権利」に奉仕するともいえないであろう。国民は公正な刑事裁判を望んでおり，憲法上も公正・公平な刑事裁判を実現するために強制的手段を許容している。このようなことも憲法の要請であることを十分に理解しておくべきである。最高裁は，前述の博多駅事件において，「報道の自由」と「取材の自由」には一線を画し，「公正な刑事裁判の実現」と「取材の自由」との間で比較衡量論を展開している。その後，日本テレビ事件及び TBS 事件において，博多駅事件の判断を基本的に踏襲し

▷1　最大判昭和33年2月17日刑集12巻2号253頁（いわゆる「北海タイムス事件」），最大決昭和44年11月26日刑集23巻11号1490頁（いわゆる「博多駅事件」）。

▷2　松本一郎「日本テレビ・ビデオテープ押収と証拠収集」ジュリスト926号53頁参照。

▷3　具体的には，①犯罪の性質・態様・軽重，②情報の証拠としての価値，③公正な刑事裁判を実現する上での必要性の有無，と取材の自由が妨げられる程度及び報道の自由に及ぼす影響の度合い等が比較衡量された。

て，報道のための取材の自由は十分尊重されるべきであるが，公正な刑事裁判の実現という要請がある場合には一定の制約があることを認めて，公正な裁判の実現に不可欠な適正迅速な捜査のためには，取材の自由が制約を受ける場合のあること，また，その制約である差押えの可否については，取材の自由と適正迅速な捜査の必要という両者の対立する諸利益を比較衡量して判断するという立場を採用している[4]。

3 具体的な証拠の押収方法（提出命令）について

　報道機関の活動は，「表現の自由」及び国民の「知る権利」とも密接に関連するため，その対応には特に慎重を期す必要がある。報道機関が犯罪について取材しているからといって，一般的に報道機関には証拠があると考えて，捜査機関が自ら捜査し証拠を入手することを怠り，安易に報道機関に対して捜索を行うことは許されない。また，報道機関への過度の干渉により，捜査機関への情報提供を恐れる者は報道機関との接触を拒否し，その結果，将来の情報源が枯渇してしまうおそれも否定できない。それは，国民の「知る権利」に奉仕する役割に反するともいえよう。したがって，報道機関のもつ情報を裁判所・捜査機関が入手する場合には，その方法として工夫が必要である。報道機関の役割・性格を考慮すれば，その保有する情報に対する捜索・差押えには，通常の捜索・差押えの場合に比べより高い必要性が求められ，その証拠が犯罪解明のために不可欠であることが要件とされるべきであろう。このような考えから，報道機関への不必要な干渉を回避するために，裁判所による提出命令を用いるか，捜査機関による証拠の収集によるとしても，報道機関と捜査機関との間で事前に十分な折衝を行い，「捜索」を行うのではなく，「差押許可状」を用いるなど，できる限り不必要な干渉が行われないよう，「提出」に近い形を採ることが適切であると思われる[5]。通常は，報道機関自体が犯罪の被疑者でない限り，証拠の提出を求められても，報道機関が証拠を隠滅するとは考えられないので，このように表現の自由，報道の自由に対する影響を最小限にする配慮を行った上で報道機関への「協力」を求める態様を採用すべきであろう。報道機関に認められている「報道の自由」に関係する取材活動に対しては，その干渉・制約が不当に拡大しないように配慮する必要がある。ただし，報道前のビデオテープ等の証拠については，それを差押えることは表現の自由に対する重大な干渉といえるが，一度報道した内容は一般国民の批判に晒されるので，報道前のものよりも他からの干渉を受けないとの期待は低い。また，TBS事件では，犯罪者の協力により犯行現場が撮影されており，放映も協力者たる犯罪者の不都合にならないような形で行われており，そのような取材の方法を保護する必要性については疑わしいものがあるといえ，将来同じような取材が困難になったとしてもその不利益を考慮する必要性は乏しいともいえよう。　　（檀上弘文）

▷4　最決平成元年1月30日刑集43巻1号19頁（日本テレビ事件），最決平成2年7月20日刑集44巻5号421頁（TBS事件）参照。

▷5　この点では，前記日本テレビ事件においては，日本テレビと捜査機関の間で事前折衝が行われているし，日本テレビ，TBS両事件では，両報道機関への捜索は実施されず，ビデオテープの差押えのみが行われた。

35 違法な捜査の救済：準抗告制度の機能・役割

1 刑事手続上の救済

　基本権を侵害しやすい捜査活動や実際に基本権を侵害した捜査活動が行われた場合，できる限り迅速に吟味する救済手続を制度化する必要性は高い。他方で，捜査の効率・能率を過度に制約することなく，不合理な捜査を抑制し，国民の信頼を高めるための制度設計が求められている。

　現行刑訴法は，令状制度を採用し，強制処分には原則として裁判官による事前の司法審査を必要とし，それにより捜査の適法性が担保され，またそれは違法な捜査の抑止にも貢献しているといえる。とはいえ，捜査段階は，その性格上，一方当事者のみが参加する手続（処分を受ける側の主張・反論を聴取することを予定できないもの）であるため，事後的に，できる限り早急に捜査機関の活動を審査する必要性がある。

　捜査手続に違法があった場合，刑事手続上採られうる一般的な救済手段としては，準抗告（429条～432条）及び公判段階での証拠排除申立がある。

　その他，身柄拘束の取消請求（87条，167条，207条1項）及び公訴棄却等による公訴提起無効の主張（338条4号）等がある。また，直接的な不服申立・救済制度ではないが，身柄拘束下で採取された自白の任意性につき，自白の入手状況の可視性を高める目的を実現する規定が平成16（2004）年の刑訴法改正により新設された（316条の15第1項8号，刑事訴訟規則198条の4）。この規定により，自白採取手続である取調べの状況について，公判の証拠調べ以前に吟味・検討が行われうることになった。

2 その他の救済手段

　その他，刑事手続外での救済手段については，懲戒処分の申出（国家公務員法82条，地方公務員法29条），違法捜査を行った者に対する職権濫用罪等に関する告訴・告発（刑訴法230条～244条）や付審判請求（262条～269条），国家賠償の請求（国家賠償法1条），民事上の損害賠償請求（民法709条以下），人身保護の救済請求（人身保護法2条）等がある。これらは，個々の事案において，手続の各段階，違法の内容・程度等に応じて適切な措置が選択されることになる。なお，人身保護の請求については，準抗告等，刑事手続上の他の救済措置を採ることができない場合に限定され（人身保護規則4条ただし書），実際上も刑事手続法上

▷1　準抗告制度の機能とその役割については本節❸。

▷2　⇨Ⅳ-11「公判前・期日間整理手続」

▷3　違法捜査に対する法的救済については，三井誠『刑事手続法(1)〔新版〕』有斐閣，1997年，171頁など参照。

の身柄拘束に対して人身保護制度はほとんど利用されていない[4]。

また，通信傍受に関しては，通信の当事者に対する事後通知（通信傍受法30条），傍受記録の聴取及び閲覧等（同31条・32条），不服申立て（同33条）があり，不服申立の手続については，通信傍受法に定めるほか，刑訴法429条1項及び430条1項の請求に係る手続の例による（通信傍受法33条7項）とされている。

❸ 準抗告制度の機能とその役割

刑事訴訟法429条1項は，裁判官の行った命令[5]に対する不服申立を規定している。他方，430条1項・2項は，捜査機関，具体的には検察官・検察事務官及び司法警察職員の行った処分[6]に関する不服申立手段につき規定する。捜査段階で捜査機関が行った処分に対する救済は，同条項で準抗告の対象になっている処分を除いては，行政事件訴訟法によることになっている（刑訴法430条3項，行政不服審査法7条1項6号）。これは，本来行政処分として行政訴訟の対象となるべき捜査機関の処分について，刑事手続の中で解決されるほうが迅速かつ適正に処理しうるとの趣旨で設けられたものであり，そのため430条3項によって行政事件訴訟に関する法令の規定は適用しない旨が定められていると一般に理解されている[7]。また，準抗告審の法的性格については，基本的に捜査の適法性についての事後審と解されている。

ところで，現行法上，逮捕，捜索，鑑定留置を除く鑑定処分，検証等の強制処分を捜査段階で救済する手段は存在しない（刑訴法429条・430条参照）。逮捕に対する準抗告の可否については，消極説が多数であり，最高裁も逮捕に関する裁判は，刑訴法429条1項各号所定の準抗告の対象となる裁判に含まれないと判示している[8]。検証については，捜索差押許可状を執行する過程で，その許可状に記載されている「差押えるべき物」に該当しない物についても写真撮影が行われた事案において，最高裁は，写真撮影自体は，検証としての性質を有し，「押収に関する処分」には当たらないので，準抗告の申立は不適法であると判示する[9]。捜索に対しても，準抗告を申し立てることはできない。すなわち，捜索それ自体は差押えの手段であるといえ，差押えの場合は証拠に対する強制的な占有移転の状態が継続して生ずる（権利侵害の継続性）のに対し，捜索の場合，権利侵害は即時的であり，捜索自体に対しては取消しの利益がないと考えられ，押収に対する救済手段で足りると解されている。

現行法上の準抗告制度の考え方は，ある一定の違法状態が継続している場合に限り，準抗告申立の利益があるとされ，その場合に違法状態を解除し，原状回復することを目的とすると解されており，また，本来準抗告申立の対象となるのは，人の収容，物の留置その他その内容が継続的性格をもつものに限定され，準抗告によって原状回復が可能な場合に限られると解されている[10]。

（檀上弘文）

▷4　三井誠ほか編『刑事法辞典』455頁（深尾正樹執筆）参照。

▷5　①忌避の申立を却下する裁判，②勾留，保釈，押収または押収物の還付に関する裁判，③鑑定のため留置を命ずる裁判，④証人，鑑定人，通訳人または翻訳人に対して過料または費用の賠償を命ずる裁判，⑤身体の検査を受ける者に対して過料または費用の賠償を命ずる裁判。

▷6　①接見指定・接見拒否等〔39条3項〕，②押収，押収物の還付に関する処分。

▷7　最高裁判所判例解説刑事篇平成2年度93頁参照。

▷8　最決昭和57年8月27日刑集36巻6号726頁。

▷9　最決平成2年6月27日44巻4号385頁。

▷10　前掲最高裁判所判例解説93頁参照。しかしながら，違法捜査が行われた場合には，できるだけ早く処分を受けた者を救済する必要があることも否定できない。とすれば，刑訴法に列挙された処分以外の処分に対して準抗告の申立を認めることにも，かなりの合理性があるといえよう。

国家訴追主義と私人訴追主義

▷起訴陪審
陪審制度には，起訴するか
どうかを判断する起訴陪審
と，被告人の有罪・無罪に
ついての事実認定等を行う
審理陪審とがある。陪審の
合議体の構成人数の多少に
着目して，前者を大陪審，
後者を小陪審ともいう。
▷1　もっとも，国家訴追
主義と私人訴追主義とのど
ちらか一方のみを採用する
のではなく，両者を組み合
わせたものを採用している
国が多い。例えば，検察官
と起訴陪審（アメリカ合衆
国の多くの州），伝統的な
私人訴追（実際は警察官が
私人の立場で刑事訴追を行
う）と新規導入の検察官
（イギリス），検察官と一定
の軽罪における被害者私人
訴追（ドイツ），検察官と
被害者私訴（フランス）な
どが併用されている。これ
は，一方の制度によった場
合の短所を克服するための
方策とも位置づけられる
（本節❸・❹も参照）。
▷公訴の提起，刑事訴追
「公訴」という概念は，国
家機関による刑事訴追を意
味しており（公益のための
刑事訴追とする見解もあ
る），私人による刑事訴追
を表す「私訴」（民事損害
賠償請求を意味することも
ある）ないし「私人訴追」
に対置されるものである。
また，「（刑事）訴追」とい

国家訴追主義と私人訴追主義の概念

　通説的な見解によれば，国家訴追主義とは国家機関が刑事訴追を行う制度を
いい，私人訴追主義とは私人が刑事訴追を行う制度をいう。後者の私人訴追主
義には，被害者が刑事訴追を行う被害者訴追主義と，個々の一般市民または一
般市民の代表（**起訴陪審**等）が刑事訴追を行う公衆訴追主義とが含まれる。

〈刑事訴追の主体〉

```
┌ 国家訴追主義                    …… 国家機関（検察官）
┤
└ 私人訴追主義 ┬ 被害者訴追主義 …… 被害者
              └ 公衆訴追主義   …… 一般市民
```

図Ⅳ-1　通説による国家訴追主義と私人訴追主義

出所：筆者作成

　以上のように，通説は，訴追制度の形式を重視してそれぞれを区別する。こ
れに対して，少数説は，訴追権は誰に帰属すべきか（訴追は誰のために行われる
べきか）という訴追のあり方ないし理念を重視してそれぞれを区別する。この
少数説によれば，国家機関が刑事訴追を行う制度でも訴追理念として私人訴追
主義を提唱すること，及び，一般市民が刑事訴追を行う制度でも訴追理念とし
て国家訴追主義を提唱することも可能である。

2　わが国の刑訴法の基本的な立場

　わが国の刑訴法247条は，「公訴は，検察官がこれを行う」と規定している。
この規定は，前述の通説によれば，国家訴追主義の採用を宣言したものとされ
る。なぜなら，**公訴の提起**（及び追行）という**刑事訴追**の中心部分を国家の一
機関である検察官が行うと定めているからである。

　また，この規定は，（検察官）起訴独占主義の採用も宣言しているとされる。
国家訴追主義が採用された場合，どの国家機関が公訴の提起を担当するかが問
題になるが，公訴の提起をすることができるのは原則として検察官のみである
ということをこの規定が示しているからである。

　なお，**最判平成 2 年 2 月20日**は，「検察官による公訴権の行使は，国家及び
社会の秩序維持という公益を図るために行われるもの」であると述べている。

❸　国家訴追主義及び起訴独占主義の長所と短所

　長所は，全国的に平等な刑事訴追の実現に結びつきやすいことである。すなわち，私人訴追主義によれば，被害者や一般市民の私的感情や地域ごとの特殊事情等により，場合によっては，公平な刑事訴追が行われない可能性がある。これに対して，国家訴追主義及び（検察官）起訴独占主義によれば，検察官は**検察官同一体の原則**に従うので，全国的に統一された平等な基準により訴追・不訴追の判断がなされることが期待できる。

　短所は，訴追・不訴追の判断が被害者の意向や一般市民の法意識に反するおそれがあることである。この場合，被害者及び一般市民に訴追権限がないという直接的な理由のほかに，検察官という国家機関のもつ官僚主義的性質も影響しているとされる。わが国のように検察官に起訴猶予処分を認める**裁量訴追（起訴便宜）主義**を採る場合，こうした問題がよりいっそう大きくなりうる。

❹　原則の部分的な修正（例外）

　前述の短所を克服するため，原則である国家訴追主義及び起訴独占主義に部分的に修正が行われている。各制度の詳細は以下の各節で触れるが，ここでは国家訴追主義及び起訴独占主義との関係に限定してみておく。

　まず，**付審判請求（準起訴）手続**（刑訴法262条以下）は，一定の場合に，裁判所の付審判決定により公訴の提起があったものとみなす制度である。付審判決定を裁判所が行い，公訴の維持を指定弁護士が行うことから，（検察官）起訴独占主義の例外とされる。しかし，裁判所と指定弁護士は国家機関としてその権限を行使していることから，通説はこの制度を国家訴追主義の例外とは位置づけない。これに対して，付審判請求を私人が行う点などに着目し，国家訴追主義の例外（私人訴追主義）と考える見解も存在する。

　また，**検察審査会**（検察審査会法）は，一般市民から選ばれた11人の審査員によって構成され，検察官の不起訴処分の当否などを審査する。検察審査会による議決はこれまで法的拘束力が認められていなかったが，平成16（2004）年の刑訴法等改正法は，起訴議決に公訴提起の法的拘束力を認め，指定弁護士が公訴を提起・維持することとした（平成21〔2009〕年5月21日施行）。これは，検察官以外の者に公訴の提起・維持の権限を与えるものであり，起訴独占主義の例外である。また，指定弁護士による公訴の提起・維持は一般市民によって構成される検察審査会が行う起訴議決の法的拘束力に依拠するものであることから，国家訴追主義の例外（公衆訴追主義）と位置づけられる。

　なお，**親告罪**は，被害者等が告訴を申し立てないことが不訴追の法的拘束力をもつので，国家訴追主義の例外（消極的な被害者訴追主義）と評価することも可能である。

（黒澤　睦）

う概念は，狭義には「起訴」を意味するが，広義にはその前後の過程・手続をもあわせた概念として用いられることがある。

▷2　最判平成2年2月20日　犯罪被害者ないし告訴人は，捜査機関の捜査が適正を欠くことまたは検察官の不起訴処分の違法を理由として，国家賠償法の規定に基づく損害賠償請求をすることができないとした事案（最高裁裁判集民事159号161頁）。

▷検察官同一体の原則
検察官は，行政機関としての性質をもつので，法務大臣（及び検事総長）を頂点とする全国的に統一的・階層的な組織として，上命下服の関係において一体として検察事務を行う（検察庁法7条～10条，12条，14条等を参照）。これを検察官同一体の原則という。他方で，検察官は，それぞれが独立して権限を行使する独任制の官庁でもある（同4条，6条1項を参照）。⇨Ⅱ-3「検察官の役割」

▷裁量訴追（起訴便宜）主義
⇨Ⅳ-2「裁量訴追（起訴便宜）主義の意義」

▷付審判請求（準起訴）手続
⇨Ⅳ-4「付審判請求（準起訴）手続」

▷検察審査会
⇨Ⅳ-3「検察審査会」

▷親告罪
告訴がなければ公訴を提起することができない犯罪。例えば，名誉毀損罪，一定親族間の窃盗罪，器物損壊罪がある。なお，性犯罪は平成29〔2017〕年に非親告罪化された。

2　裁量訴追（起訴便宜）主義の意義

▷裁量訴追主義，起訴便宜主義

後者の語が定着しているが，「便宜」という語が否定的なニュアンスも含むことを考慮し，裁量訴追主義ないし起訴裁量主義という中立的な語も用いられる。

▷訴訟条件

⇨ Ⅳ-7 「訴訟条件」

▷1　最決昭和59年1月27日
選挙資金の交付が供与行為の一部である疑いがあったが，検察官は公職選挙法上の供与罪ではなく交付罪〔供与罪に吸収〕で起訴した。最高裁は「立証の難易等諸般の事情を考慮して」一罪の一部起訴が許されるとした（刑集38巻1号136頁）。立証の困難な事件は訴追しない運用が，わが国の高い有罪率（99％超）に影響している。最大判平成15年4月23日刑集57巻4号467頁は，先行する抵当権設定行為を起訴せずに後行の所有権移転行為について横領罪で起訴したことを是認し，裁判所の審判の範囲もそれに限定されるとする。最判平成15年10月7日刑集57巻9号1002頁は，常習特殊窃盗罪とせずに個別の単純窃盗罪として起訴したことを是認した。

▷一罪の一部起訴

本来的一罪または科刑上一罪の犯罪事実のうち，検察官がその一部のみを訴因として訴追の対象にすること。

1　裁量訴追主義と起訴法定主義

裁量訴追主義ないし**起訴便宜主義**とは，犯罪の嫌疑があり，**訴訟条件**が備わっている場合であっても，検察官が自らの裁量によって公訴を提起しない処分（起訴猶予処分）をすることができる法制度をいう。これに対して，そのような場合に必ず公訴を提起しなければならない法制度を起訴法定主義という。つまり，起訴猶予処分を認める法制度が裁量訴追主義であり，それを認めない法制度が起訴法定主義である。

刑訴法248条は，「犯人の性格，年齢及び境遇，犯罪の軽重及び情状並びに犯罪後の情況により訴追を必要としないときは，公訴を提起しないことができる」と規定し，検察官の裁量による起訴猶予処分を認めている。したがって，わが国の刑訴法は裁量訴追主義を採用しているといえる。

2　裁量訴追主義の及ぶ範囲

刑訴法257条は，「公訴は，第一審の判決があるまでこれを取り消すことができる」と規定し，検察官がその裁量により公訴に関して事後的に変更を加えることを認める（変更主義）。裁量訴追主義は，狭義には公訴提起段階の問題であるが，広義にはこのように公訴の維持にも関連する。

また，**最決昭和59年1月27日**及び通説は，**一罪の一部起訴**（逆からみると一罪の一部不起訴）を認める。この判例・通説によれば，検察官は，一個の犯罪事実の全体を起訴しない裁量が与えられているのみならず，その一部のみを起訴しない裁量も与えられていることになる。もっとも，検察官の訴追裁量には限界があり，**濫用的な一部起訴**は許されないとするのが通説である。

3　裁量訴追主義の長所

起訴法定主義は，検察官の恣意を排除し，政治的影響を受けずに，画一的な起訴がなされるという特徴がある。これに対して，裁量訴追主義の特徴は，そうした起訴法定主義の画一性・硬直性を回避し，訴追・不訴追が検察官の裁量により柔軟に行われうる点にある。これが，その長所と短所に関連する。

長所の第一は，被疑者に**特別予防**という刑事政策的な配慮が可能になる点である。すなわち，被疑者が訴追されて有罪判決を受け前科者という烙印を押さ

れるのを回避することで，被疑者の改善更生（社会復帰）を阻害しない，または促進させることができる。しかし，この点を強調しすぎると，性格や境遇などを入念に捜査することが必要になり，被疑者のプライヴァシーが過度に侵害されるとともに，被疑者が捜査・取調べを受ける単なる客体になる（捜査の糾問化）おそれがあるなどの批判がある。

長所の第二は，**訴訟経済**に資するという点である。特に軽微事件を不訴追とすることにより，重大事件に刑事司法システムの資源を集中させることが可能になる。これは，現行刑訴法で新たに盛り込まれた「犯罪の軽重」という客観的要素の文言解釈としても十分に成り立ちうる。

なお，その他の長所として，特に不訴追の方向で，被害者や一般市民の意思を考慮することが可能になることを指摘する見解がある。

❹ 裁量訴追主義の短所とその克服

他方で，裁量訴追主義は，原理的に，検察官の裁量による訴追・不訴追（起訴・不起訴）が適正になされない危険性をはらんでいる。それは，場合によっては，前述の長所が発揮されないことをも意味する。こうした裁量訴追主義の短所を克服するためには，究極的には完全な起訴法定主義を採用するという選択肢もないわけではない。しかし，それは逆に起訴法定主義の短所が問題となるので現実的とはいえない。そこで，わが国は裁量訴追主義（及び国家訴追主義・起訴独占主義）を採用した上で，その長所を活かしつつ短所を克服するためのコントロール手段を設けるという形をとっている。

○不当な「不起訴」に対するコントロール手段

不当な不起訴に対しては，内部的コントロールである上級検察官による指揮のほか，外部的コントロールについても比較的多くの法制度が準備されている。それは裁量訴追主義の核心が不起訴の裁量を認める点にあるからである。具体的な法制度には，①**告訴人等への処分の通知**（刑訴法260条）と**不起訴処分の理由の告知**（261条），②**検察審査会制度**（検察審査会法），③**付審判請求（準起訴）手続**（刑訴法262条）がある。

○不当な「起訴」に対するコントロール手段

他方で，不当な起訴に対しては，国家賠償請求（国家賠償法），公務員職権濫用罪（刑法193条），行政法上の懲戒処分（国家公務員法82条）等による救済を図ることも不可能ではないが，実際には認められることは困難である。また，直接的なコントロール手段も法制度として認められていない。そこで，解釈論として唱えられたのが，（違法・）不当な起訴を裁判所が形式裁判によって処理（特に338条4号による公訴棄却）すべきであるとする**公訴権濫用論**である。なお，この他に，検察官適格審査会制度（検察庁法23条を参照）の活性化によって訴追裁量を適正化すべきとの見解がある。

（黒澤　睦）

▷判例・通説は当事者主義を前提とした訴因制度を考慮して原則としてこれを認める。⇨ Ⅴ-5 「訴因制度」

▷**濫用的な一部起訴**
例えば，平成29（2017）年の性犯罪非親告罪化以前の法状況下で，強姦罪で被害者等の告訴なく，手段の暴行のみを起訴した場合。

▷**特別予防**
刑罰の正当化根拠・目的は当該犯罪者の将来の犯罪予防であるとする考え方。これと対置されるのは，一般人の犯罪予防と考える一般予防である。特別予防の観点から，法制審議会で条件付起訴猶予制度が議論されたが，見送られた。

▷**訴訟経済**
訴訟を行うに当たって裁判所を中心とした訴訟に関係する者の労力・費用等をできる限り軽減すべきであるという要請のこと。

▷**告訴人等への処分の通知，不起訴処分の理由の告知**
検察官は，告訴等を行った者に，起訴・不起訴等の処分を通知しなければならない。また，検察官が不起訴処分をした場合に，告訴人等から請求があれば，その処分の理由を告げなければならない。検察官に心理的な規制を及ぼすとともに，付審判請求や検察審査会への審査申立てを担保するものである。しかし，告知内容は限定的に運用されている。

▷**検察審査会制度**
⇨ Ⅳ-3 「検察審査会」

▷**付審判請求手続**
⇨ Ⅳ-4 「付審判請求（準起訴）手続」

▷**公訴権濫用論**
⇨ Ⅴ-5 「公訴権濫用論」
なお，不当な不起訴の具体例も同所を参照。

3 検察審査会

▷起訴陪審
⇨ Ⅳ-1 「国家訴追主義と
私人訴追主義」

▷検察審査会法
検審法と略す。平成16
(2004) 年に大幅改正され
た（本節❹を参照）。改正
後の新条文は「改正検審
法」と表記し，文言が修正
された場合は従来の内容を
〔　〕で示す。本文で引用
した新条文等は，平成21
(2009) 年5月21日に施行
された。

▷裁量訴追主義（起訴便宜
主義）
⇨ Ⅳ-2 「裁量訴追（起訴
便宜）主義の意義」

▷国家訴追主義・起訴独占
主義
⇨ Ⅳ-1 「国家訴追主義と
私人訴追主義」

▷平成12 (2000) 年以降の
法改正
平成12年のいわゆる犯罪被
害者保護関連二法により，
検察審査会法も改正された。
①被害者本人が死亡した場
合に，「その配偶者，直系
の親族又は兄弟姉妹」にも
審査申立権が認められ（検
審法30条・2条2項），②
申立者に審査会への意見
書・資料の提出が認められ
た（同法38条の2）。その
後，平成16 (2004) 年の犯
罪被害者等基本法とそれに
関連した法改正等により，
犯罪被害者の法的地位は大
きく変化した。⇨ Ⅱ-8

1 検察審査会の目的と役割

　戦前のわが国の刑事手続は，糺問主義的な検察官司法が行われていたといわれる。戦後，連合国総司令部（GHQ）から検察の民主化が要求され，特にアメリカの**起訴陪審**を参考にして，昭和23 (1948) 年に検察審査会が創設された。

　このような歴史的背景を反映して，検察審査会の目的は，「公訴権の実行に関し民意を反映させて〔反映せしめて〕その適正を図る」（**検察審査会法**1条1項）こととされた。そして，検察審査会の具体的な職務は，「検察官の公訴を提起しない処分の当否の審査」及び「検察事務の改善に関する建議又は勧告」を行うことである（同法2条1項）。

　この検察審査会制度は，訴追原理との関係では，特に**裁量訴追主義**（起訴便宜主義）（刑訴法248条）による不当な不起訴への対応という点に意義がある。また，公訴提起の過程に一般市民が関与するものであるため，**国家訴追主義・起訴独占主義**（247条）との関係も議論されてきたが，平成16 (2004) 年の法改正以前の検察審査会制度はその例外ではないとするのが通説であった。

　なお，検察審査会制度には犯罪被害者の意思をくみ取るという側面もある。前述の検審法の目的からすると解釈論としては困難を伴うが，**平成12 (2000)年以降の法改正**の趣旨を特に考慮し，犯罪被害者に配慮した運用が望まれる。

2 検察審査会の組織とその構成

　検察審査会が設置されるのは，政令で定める地方裁判所及び地方裁判所支部の所在地である。ただし，〔検察審査会の数は200以上でなければならず〕各地方裁判所の管轄区域内に1カ所以上なくてはならない（検審法1条1項）。

　検察審査会の組織は，当該検察審査会の管轄地域内の衆議院議員の選挙権を有する者の中からくじで選ばれた11人の検察審査員によって構成され（同法4条），同数の**補充員**も選定される（同法13条）。検察審査員と補充員の任期は6カ月である（同法14条）が，3カ月ごとに約半数（5人または6人）が入れ替わる形をとり（同法13条），未経験者のみで検察審査会が構成されないよう工夫されている。

　また，欠格事由（同法5条），就職禁止事由（同法6条），不適格事由（同法7条）が定められ，検察審査会の構成が適正なものになるよう配慮されている。

他方で，辞退事由（同法8条）も定められ，検察審査員になりうる一般市民の負担にも配慮がなされている。

③ 検察審査会の手続の流れ

検察審査会の審査が開始されるのは，①告訴・告発・請求人または犯罪被害者等の申立てによる場合（同法30条・2条2項）と，②検察審査会の職権による場合（同法2条3項）とがある。

審査手続は，検察審査員全員が出席しなければならず（同法25条1項），会議は非公開で行われる（同法26条）。議事は過半数で決するが，**起訴相当**の議決をする場合には8名以上の多数が必要である（同法27条，改正検審法39条の5第2項も参照）。

検察審査会が議決をした場合には，理由を付した議決書を作成してその謄本を当該検察官を指揮監督する検事正と検察官適格審査会に送付し，議決の要旨を当該検察審査会事務局の掲示場に7日間掲示するほか，申立てによる審査の場合には議決の要旨を申立者に通知しなければならない（検審法40条）。

起訴相当・不起訴不当の議決があった場合，検察官はその議決を参考にして検討し，起訴または不起訴の処分をしなければならない（改正検審法41条）。

④ 検察審査会の課題と近時の制度改正

検察審査会の審査は，起訴・不起訴の当否に関しては，検察官による不起訴処分の事後的な審査に限定される。それゆえ，起訴が行われた場合（一罪の一部起訴も含む）には，その機能を発揮できないとの批判がある。

また，検察審査会の議決は，これまで法的拘束力がなく，たとえ起訴相当の議決であっても参考にされるにとどまっていた。こうした点についても，公訴権実行の適正化や民意の反映として不十分であるとの批判がなされてきた。

後者の問題に対応するため，平成16（2004）年の法改正は，検察審査会による「起訴議決」に法的拘束力をもたせた。すなわち，検察審査会から議決書の謄本の送付を受けた裁判所は，公訴の提起・維持に当たる弁護士を指定し（改正検審法41条の9），その指定弁護士は原則として速やかに公訴を提起しなければならないとした（同法41条の10）。これは，検察官による起訴独占主義の例外であるが，さらに**国家訴追主義の例外**であるとの評価も可能である。

なお，起訴議決に関わる検察審査会の審査は**二段階方式**をとる。第二段階の審査では，**審査補助員**を委嘱して法律に関する専門的な知見をも踏まえなければならず（同法41条の4），議決には8名以上の多数が必要である（同法41条の6）。これは，国家訴追主義・起訴独占主義における本来の訴追者である検察官に再検討の機会を与えるとともに，検察審査会の審査をより慎重にさせて起訴による**被疑者・被告人の過当な負担**を避けるためである。　　　　（黒澤　睦）

「犯罪被害者の法的地位」

▷**補充員**
検察審査員が欠けたとき，または職務の執行を停止されたときに，補充員の中からくじで検察審査員が選定される（同法18条1項）。

▷**起訴相当**
検察官の公訴を提起しない処分の当否に関する検察審査会の議決には，①起訴相当，②不起訴不当，③不起訴相当の三種類がある（改正検審法39条の5第1項）。不起訴処分に対する否定的評価が強い順に①＞②であり，③は不起訴処分が相当であるという議決である。年間約2000～3000件の議決がなされ，そのうち起訴相当・不起訴不当とされるのは10％に満たない。

▷**国家訴追主義の例外**
⇨ IV-1 「国家訴追主義と私人訴追主義」

▷**二段階方式**
第一段階の審査で「起訴相当」の議決する。その後，検察官が再び不起訴処分としたか，原則3カ月以内に処分の通知が検察審査会にないとき，第二段階の審査で「起訴議決」をする（改正検審法41条の2）。

▷**審査補助員**
弁護士の中から事件ごとに1名委嘱され，法令とその解釈の説明，法律的問題点の整理と関連証拠の整理，法的助言などを行う。第一段階審査では，審査補助員の委嘱は任意である（改正検審法39条の2）。

▷**被疑者・被告人の過当な負担**
起訴議決による公訴提起後に無罪となる事例が散見されており，検察審査会・起訴議決制度の新たな課題となっている。

4　付審判請求（準起訴）手続

1　付審判請求（準起訴）手続とは何か

　付審判請求（準起訴）手続とは，①職権濫用等の罪について告訴または告発をした者が，検察官の公訴を提起しない処分に不服があるときに，事件を裁判所の審判に付することを請求し，②裁判所がその請求に理由があるして裁判所の審判に付する決定をした場合に，公訴の提起があったとみなされる制度（刑訴法262条以下）である。①裁判所の審判に付する請求を行うという点に着目した名称が付審判請求手続（または付審判手続）であり，②公訴提起（起訴）に準じた効果が生じるという点に着目した名称が準起訴手続である。

　この付審判請求手続は，検察官以外の者に公訴の提起・維持を認めていることから，**起訴独占主義の例外**である（**検察審査会の起訴議決**の制度ができるまでは唯一の例外であるとされてきた）。また，**国家訴追主義**との関係では，公訴提起の効果が裁判所の決定に由来することを重視し，その例外ではないとするのが通説である。これに対して，付審判請求が私人によってなされる点に着目し，その例外とする見解も有力である。

2　付審判請求手続の趣旨・機能

　付審判請求手続の対象となる犯罪は，公務員の権力行使に関わる犯罪である。このような犯罪が問題となる場合，その起訴・不起訴を判断するのも同じく公務員である検察官であることから，不当に不起訴処分を行う（いわば身内に甘い処分をする）危険性が内在している。こうした問題に対応するために付審判請求手続が設けられたわけである。もっとも，より詳しくみると，付審判請求手続の趣旨・機能には以下の二つの観点が存在する。

　一つは，**検察官の不起訴処分に対するコントロール**である。本制度は**ドイツの起訴強制手続**を参考にして創設されたものであるとする見解はこの点を強調する。もっとも，わが国の付審判手続は，ドイツの起訴強制手続とは異なり，対象犯罪が限定されていることから，この機能は部分的なものにとどまるといえよう。

　もう一つは，**公務員による人権侵害の防止**である。この観点は，旧刑訴時代の捜査機関による人権蹂躙という歴史を踏まえたものであり，また，公務員による拷問を禁止した憲法36条にも合致するものと評価されている。

❸ 付審判請求手続の流れ

付審判請求手続の前提として，その事件について告訴または告発がなされ（刑訴法230条，239条），検察官によって不起訴処分がなされることが必要である。

その上で，告訴・告発した者が**不起訴処分の通知**（260条）から7日以内に付審判請求をする。これは当該検察官所属の検察庁の所在地を管轄する地方裁判所に対する請求であるが，請求書は不起訴処分をした検察官に差し出さなければならない（262条2項）。検察官は，請求に理由があるものと認めるときは公訴を提起し（264条），理由がないと認めるときは意見書を添えて書類・証拠物とともに当該裁判所に請求書を送付する（262条1項，刑訴規則171条）。

請求書の送付を受けた裁判所は，合議体で審理・裁判を行う（付審判請求審，刑訴法265条1項）。形式が適法であり請求に理由のあるものであれば，**付審判決定**がなされ（266条2号），そうでなければ請求は棄却される（同条1号）。

付審判決定があったときは，その事件について公訴の提起があったものとみなされる（267条）。裁判所は，その事件について公訴の維持に当たる者を弁護士の中から指定しなければならない（268条1項）。この指定弁護士は，裁判の確定に至るまで検察官の職務を行うが，検察事務官・司法警察職員に対する捜査の指揮は検察官に嘱託して行う（同条2項）。

❹ 付審判請求審の法的性質と審理手続への請求者の関与形態

付審判請求審については，その手続の詳細が規定されておらず（265条，刑訴規則173条を参照），古くからその法的性質と審理手続への請求者の関与形態が議論されてきた。**最決昭和47年11月16日**は，「捜査に類似する性格をも有する公訴提起前における職権手続」であり，「請求人はなんら手続の進行に関与すべき地位にない」とした。しかし，学説では，訴訟に類似した手続として，請求人に**積極的な関与権**を認める当事者主義的構造を採るべきとの見解が支配的である。また，近時，関与形態の問題は付審判請求審の法的性質とは切り離して考えるべきであるとの見解も有力になっている。

❺ その他の諸問題

付審判請求手続に関するその他の重要な争点を手続の流れに従って挙げると，①公訴時効の進行の停止はいつか（**最決昭和33年5月27日**は付審判決定の時とするが，付審判請求手続中に時効が完成してしまう不都合を回避するため，付審判請求時への立法的解決を図るべきとする見解が有力である）。②被疑者に裁判官の忌避申立権があるか（**最決昭和44年9月11日**はこれを肯定する）。③職権濫用罪以外の罪種への訴因変更が可能か（**最決昭和49年4月1日**はこれを肯定するが，付審判請求手続の趣旨・機能に照らして，これを否定すべきとの見解も有力である）。　　　　（黒澤　睦）

▷**公務員による人権侵害の防止**
その重点は，対象犯罪が公務員による権力行使に関わる犯罪であるということにある。付審判請求手続という事後的な救済手段を用意することで，公務員による権力行使に関わる犯罪の正当な起訴が確保されるようにし，その波及効果によって人権侵害がなされるのを防止しようとしている。

▷**不起訴処分の通知**
⇨Ⅳ-2「裁量訴追（起訴便宜）主義の意義」

▷**付審判決定**
制度設立以来，令和元（2019）年末までに付審判決定がなされた事案は22件にとどまる。公務員による権力犯罪という性質ゆえの立証困難性のほか，審理方式の問題も影響しているといわれる。

▷1　**最決昭和47年11月16日**　付審判請求事件の裁判官忌避申立却下が争われた事案（刑集26巻9号515頁）。なお，裁判所の裁量に基づく関与を示唆した判例がある（最決昭和49年3月13日刑集28巻2号4頁）。

▷**積極的な関与権**
具体的には，書類・証拠物の閲覧謄写権（刑訴法40条・270条を参照），証人尋問における立会権・尋問権（157条を参照），証拠調請求権（298条を参照）等が挙げられる。

▷2　**最決昭和33年5月27日**　刑集12巻8号1665頁。
▷3　**最決昭和44年9月11日**　刑集23巻9号1100頁。
▷4　**最決昭和49年4月1日**　刑集28巻3号17頁。

公訴権濫用論

▷訴訟条件
⇨Ⅳ-7「訴訟条件」
▷手続打切り
その裁判形式として，公訴
棄却（338条4号）による
とするのが通説である。他
方で，公訴棄却に加えて，
処罰が相当ではないと考え
られる場合には337条の免
訴を類推適用すべきとの見
解も有力である。
▷形式裁判
実体審理に入らずになされ
る裁判。これと対置される
のは，有罪・無罪などの事
件の内容（実体）に関する
裁判である「実体裁判」で
ある。⇨Ⅶ-2「裁判の意
義，種類及び成立」
▷国家訴追主義・起訴独占
主義，裁量訴追主義
⇨Ⅳ-1「国家訴追主義と
私人訴追主義」，Ⅳ-2「裁
量訴追（起訴便宜）主義の
意義」
▷1　①告訴人等への処分
の通知（260条）と不起訴
処分の理由の告知（261条）
⇨Ⅳ-2「裁量訴追（起訴
便宜）主義の意義」，②検
察審査会制度（検察審査会
法）⇨Ⅳ-3「検察審査
会」，③付審判請求（準起
訴）手続（262条）⇨Ⅳ-4
「付審判請求（準起訴）手
続」。
▷2　訴訟条件を欠く場合
（329条，337条～339条を参
照）の手続打切りも違法な
起訴に対するコントロール
ともいえる。

❶　公訴権とは何か：公訴権濫用論の前提

　公訴権濫用論を検討する前提として，公訴権とは何かが問題になる。一般に，公訴権とは，検察官が公訴を提起し追行・維持する権利・権能をいう。その具体的内容については，裁判所の審判作用との関係で，古くから争いがあった。しかし，現在では，有罪か無罪かという実体判決を請求する権利が公訴権であると考える実体判決請求権説が通説となっている。

　なお，公訴権の概念は**訴訟条件**の概念との関係が争われており（公訴権論否認論，職権主義・当事者主義との関係），さらに，公訴権濫用論も後述のように訴訟条件との関係が問題とされる。

❷　公訴権濫用論とそれが登場した背景

　公訴権濫用論とは，検察官によって公訴権が濫用されて違法・不当な起訴がなされた場合に，裁判所は**手続打切り**（特に刑訴法338条4号による公訴棄却）という**形式裁判**によって対応すべきであるという解釈論である。

　国家訴追主義・起訴独占主義（247条）及び**裁量訴追主義**（248条）の下では，起訴・不起訴の判断が検察官に委ねられているため，検察官による不当な起訴と不当な不起訴という問題が生じうる。後者の不当な不起訴に対しては，必ずしも十全ではないにせよ，諸々の法制度が準備されている。しかし，前者の不当な起訴（さらには違法な起訴）に対しては，直接的なコントロール手段が法制度として認められていない。そこで，こうした違法・不当な起訴に対するコントロール手段を，現行刑訴法の解釈の枠組みの中で実現しようとしたのが，公訴権濫用論である（その原型は刑事弁護の実務から生み出されてきたものである）。

　公訴権濫用論の意義は，検察官によって違法・不当な起訴がなされた場合に，それによって訴訟条件を欠くことになり手続打切りがなされるという結果のみにあるのではない。有力説は，起訴されれば被告人はそれに応じなければならないという刑事訴訟の構造を考慮し，公訴権濫用論においてより重要なのは，違法・不当な起訴に対抗する被告人の妨訴抗弁権・応訴拒否権としての役割であるとする。こうした理解の根底にあるのは，訴訟条件に関する理解の違いである。さらに，その理解の違いは，以下で説明する公訴権濫用論が問題になる具体的場面における理論構成にも影響を与える。

3 嫌疑なき起訴

　刑訴法は，検察官が起訴するに当たって「犯罪の嫌疑」という実体的要件を要求していない（なお，少年法45条5号ただし書を参照）。しかし，有力説は，嫌疑なき起訴が判例上も**国家賠償**の対象になりうるとされていることや起訴による被告人の手続上の負担を重視して，「犯罪の嫌疑」を起訴の条件として取り込んだ上で，その要件を欠く起訴に対して公訴権濫用論による手続打切りを適用すべきであるとする。これに対して，通説は，犯罪の嫌疑を要求すると捜査の長期化・糾問化に繋がりうること，冒頭手続で嫌疑の有無を検討することは予断排除の原則に反すること，**一事不再理効**のある無罪判決の方が被告人にとって有利であり手続打切りには実益が少ないこと等を理由に，公訴権濫用論による手続打切りの適用を否定する。

4 起訴猶予裁量を逸脱した起訴：狭義の公訴権濫用論

　これは裁量訴追主義（刑訴法248条）の短所であり，狭義の公訴権濫用論が問題になる場面である。具体例として，**軽微犯罪の起訴**，**不平等な起訴**，悪意に基づく起訴等がある。この点に関して，**最決昭和55年12月17日**は，極めて限定的ながら，「公訴の提起自体が職務犯罪を構成するような極限的な場合」には，検察官の裁量権の逸脱が公訴の提起を無効にさせることがあることを認めた。これに対して，学説では，起訴猶予相当の情状がある場合に手続打切りを広く認めるべきであるとする見解が有力であるが，この見解も，前述❸の場合と同様に，捜査の長期化や予断排除原則との関係で課題が指摘されている。

5 違法捜査に基づく起訴

　先行する捜査が違法である場合，そのような違法捜査によって得られた証拠は**違法収集証拠**として排除される可能性がある。さらに進んで，捜査手続の違法は起訴にも影響するか。この点について，**判例**は，捜査手続に違法があったとしても，「検察官の広範な裁量にかかる公訴提起の性質」から，公訴の提起（起訴）が違法・無効になることはないとしている。これに対して，学説では，憲法31条の適正手続の保障に照らして，違法捜査に基づく起訴にも手続打切りを認めるべきとする見解が支配的である。ただし，その理論構成には争いがある。大別すると，①捜査手続の（重大な）違法がそのまま訴訟障害に当たるとする直接構成説と，②違法捜査があったにもかかわらず起訴することは訴追裁量（248条）の逸脱であり，その訴追裁量の逸脱が訴訟障害になるとする間接構成説とに分かれる。直接構成説は，違法捜査の抑止と不当な起訴からの被告人の救済という観点をより重視することができる。間接構成説は，248条という実定法上の根拠をもつ点で，解釈論としては優れている。

（黒澤　睦）

▷**国家賠償**
最判昭和53年10月20日民集32巻7号1367頁等を参照。

▷**一事不再理効**
⇨ Ⅶ-3 「裁判の効力」
▷**軽微犯罪の起訴**
極めて軽微な事件の場合，構成要件に該当しないまたは可罰的違法性がないとして，無罪判決を言渡すという実体法上の解決も不可能ではない（一厘事件：大判明治43年10月11日刑録16輯1620頁等を参照）。
▷**不平等な起訴**
同種の事案で，一方は不起訴となり，他方は起訴となる場合。平等原則（憲法14条）に関連する問題である。この点について，赤碕町長選挙事件判決（最判昭和56年6月26日刑集35巻4号426頁）も参照。
▷**3　最決昭和55年12月17日**　水俣病の患者である被告人が，補償交渉のためにチッソ株式会社本社に赴いて社長らとの面会を求めた際，加療1〜2週間の傷害を負わせたとして起訴された事案。なお，本件について公訴権濫用を認めた原審判決を最高裁は失当とした（刑集34巻7号672頁）。
▷**違法収集証拠**
⇨ Ⅵ-7 「排除法則」
▷**4　判例**　最判昭和44年12月5日刑集23巻12号1583頁，最判昭和45年5月29日刑集24巻5号223頁等を参照。

6 公訴時効

改正前		2004年改正	
法定刑	時効	法定刑	時効
死刑	15年	死刑	25年
無期	10年	無期	15年
10年以上	7年	15年以上	10年
		15年未満	7年
10年未満	5年	10年未満	5年
5年未満	3年	5年未満	3年
拘留/科料	1年	拘留/科料	1年

(注)　1)　法定刑の年数は長
　　　　期。懲役・禁錮の
　　　　表記は省略。
　　　2)　下線が改正部分（新
　　　　旧250条を参照）。
　出所：筆者作成
平成22年改正により, 被害
者死亡の場合, 死刑の罪は
時効なし, 無期は30年, 長

1 公訴時効と刑の時効

　刑事法における時効には, 公訴時効と刑の時効とがある。公訴時効とは, 一定期間が経過することによって公訴の提起ができなくなり, 仮に公訴の提起がなされた場合には免訴により手続が打ち切られる制度である（刑訴法250条, 337条4号）。これは, 一定期間内に公訴を提起すること（時効が完成していないこと）を**訴訟条件**としたものと位置づけられる（337条4号を参照）。これに対して, 刑の時効とは, 刑の言渡しが確定したのち, 一定期間その刑の執行を受けないことによって刑の執行が免除される制度である（刑法31条・32条）。

2 公訴時効制度の趣旨

　公訴時効制度の趣旨は, **判例**によれば, 処罰の必要性と法的安定性の調和を図ることにある。

　学説では, 公訴の提起ができなくなる現象面に着目して, ①実体法説, ②訴訟法説, ③競合説が主張されてきた。①実体法説は, 犯罪の社会的影響の微弱化により未確定の刑罰権が消滅するとする。しかし, 必ず微弱化するものではない, 刑罰権が消滅したのなら免訴ではなく無罪を言渡すべき等の批判がある。②訴訟法説は, 証拠の散逸によって正確な裁判ができないとする。しかし, 法定刑による時効期間の長短や, 犯人が国外にいる間の時効停止（255条1項）を説明できない等の批判がある。③競合説は, 実体法説と訴訟法説の両説を融合させる。しかし, 批判も両説に対するものが妥当するとの批判がある。

　現在では, 以上の各説に加え, 公訴時効の機能面に着目して, ④新訴訟法説と⑤総合説（統合説）が有力化している。④新訴訟法説は, 公訴時効を犯人の社会的安定確保（訴追されていない事実状態の尊重）と刑事手続による負担の軽減のための訴追制限と説明する。しかし, その理論的説明が不十分であるとの批判がある。なお, 憲法上の**迅速な裁判の保障**（憲法37条1項）を起訴猶予事由（刑訴法248条）に読み込み, それを定型化したものが公訴時効であるとする見解がある。しかし, 迅速な裁判を受ける権利は法定刑を基準に画一的に定められた公訴時効とは同視できないとの批判がある。⑤総合説は, 単一の要素では説明できないとし, 公訴時効のもつ機能から総合的に説明する。そこでは, 前述の各説の観点のほか, 国家の負担軽減（捜査・訴追に費やすことのできる資源

の有効な分配），被害者の心理（応報感情の衰退，宥恕感情の発生），犯人を取り巻く社会の側の安定確保等も加味される。しかし，公訴時効制度の核心をぼやかし，各要素に例外が多くて説得的でない等の批判がある。

③ 公訴時効の起算点

時効は，犯罪行為が終わった時から進行し（253条1項），共犯の場合には最終の行為が終わった時から全ての共犯に対して起算する（同条2項）。

ここでの「犯罪行為」は行為そのものとそれから生じた結果とを含めた概念であるため，行為と結果発生が必ずしも同時でない犯罪の場合，その基準時をめぐって争いがある。判例・通説は，結果犯（傷害等）では結果発生時，結果的加重犯（傷害致死等）では加重結果発生時とする。しかし，犯人に著しく酷な場合があるため，行為時ないし基本犯の結果発生時とする有力説がある。

また，本来的一罪のほかに，科刑上一罪も一つの「犯罪行為」として扱うか否かに争いがある。判例は，観念的競合（刑法54条1項前段）の場合は一つの「犯罪行為」として扱うが，牽連犯（同項後段）の場合は手段行為の公訴時効期間内に目的行為が行われた場合にのみ一つの「犯罪行為」として扱う。これに対して，通説は，科刑上一罪が本来数罪であることを重視し，各行為を別の「犯罪行為」として扱い，個別に時効が進行するとする。

④ 公訴時効の期間とその延長・撤廃

公訴時効期間は対象犯罪の法定刑を基準に定められている（刑訴法250条以下）。処罰感情の希薄化の度合いが低下したこと，相当期間経過後の証拠収集が可能になったこと等を理由として，平成16（2004）年に重い罪の時効期間の延長が行われた。また，平成22（2010）年にさらなる延長・撤廃が行われた。さらに，被害申告が難しく周囲も被害に気づきにくいこと等を理由として，令和5（2023）年に性犯罪の時効期間が延長された。

⑤ 公訴時効の停止

公訴時効は，一定の事由により進行が停止し，その事由が消滅した後に残存期間が進行する（254条以下）。旧刑訴法は時効の中断を認めていたが，犯人に極めて不利な場合があるため，停止制度に改められた。時効が停止するのは，①公訴の提起（254条1項），②犯人が国外にいる場合（255条1項），③犯人が逃げ隠れているために有効に起訴状の謄本の送達・略式命令の告知ができない場合（255条1項）等である。なお，①に関して，共犯者の一人に対して公訴提起があったときは他の共犯者にもその効力が及ぶ（254条2項）。他方で，「当該事件」（254条1項）の解釈をめぐる時効停止効の客観的範囲については，訴因ではなく公訴事実の同一性の範囲とするのが判例・通説である。　　（黒澤　睦）

期20年は20年，その他の禁錮以上は10年になった。前掲・最判平成27年12月3日は公訴時効撤廃の経過措置規定（時効未完成事件に遡及適用）を合憲とする。
▷性犯罪の時効期間の延長
各5年の延長のほか，被害者が18歳未満の場合は犯罪終了時から被害者が18歳になるまでの期間が加算される（新250条3・4項）。
▷時効の中断
一定の事由があるとすでに進行した期間が効力を失い，その事由が消滅した後に改めて最初から期間が進行するもの。
▷公訴の提起
特に争いがあるのは，起訴状謄本不送達の場合（本文③参照）である。この場合，起訴がさかのぼって効力を失う（271条2項）ため，時効の停止がなかったこととする見解が有力である。しかし，判例は254条1項の文言どおり公訴棄却の裁判の確定時とする（最決昭和55年5月12日刑集34巻3号185頁）。
▷犯人が国外にいる場合
最決平成21年10月20日刑集63巻8号1052頁は，いわゆる海外逃亡に限定されず，一時的な海外渡航の場合も含まれるとする。
▷訴因，公訴事実の同一性
⇨ Ⅴ-9「訴因変更の限界Ⅰ」
▷5　最決昭和56年7月14日刑集35巻5号497頁。最決平成18年11月20日刑集60巻9号696頁は，訴因に記載された事実と公訴事実の同一性に欠ける事実を追加する訴因変更請求がなされた場合でも，請求事実について公訴時効の進行が停止するとする。

7 訴訟条件

▷形式裁判
⇨ Ⅶ-2「裁判の意義，種類及び成立」

▷1　例外として，土地管轄がある（刑訴法331条）。さらに，訴訟条件の追完（要件不備で無効のものを後から要件を補い有効とすること），特に親告罪の告訴の追完が認められるか。通説は親告罪の趣旨を考慮し瑕疵の重大性を理由に否定するが，公訴棄却後の再起訴を考慮して訴訟経済の観点から肯定する見解，冒頭手続までに追完・同意があった場合を例外的に認める見解がある。判例・有力説は，告訴の追完の一形態として告訴を欠く不適法訴因から非親告罪への訴因変更を認める（最決昭和29年9月8日刑集8巻9号1471頁）が，通説は前述の理由からこれも否定する。

▷職権主義と当事者主義
⇨ Ⅰ-4「刑事訴訟法の基本的性格」

訴訟条件の存否の判断基準は，裁判官の心証か，訴因か。当事者主義では訴因が原則となる。裁判官の心証を基準に公訴時効の成立を認めたようにみえる判例もあるが，いずれも縮小認定が可能な事案であり，訴因を基準としても同様の結論に至りうる（最決平成2年12月7日裁判集刑事256号467頁を参照）。

1 訴訟条件とは何か

　訴訟条件とは，公訴の提起及び追行という訴訟手続が適法・有効とされるための（前提）条件をいう。それゆえ，訴訟条件が欠ければ，裁判所は，管轄違い，公訴棄却，免訴という**形式裁判**によって訴訟手続を打ち切らなければならない（刑訴法329条，337条〜339条）。

　この訴訟条件は原則として訴訟手続の全段階で備わっていることが必要である。具体的には，公訴との関係では，①公訴を提起するための条件（公訴提起条件，起訴条件）にとどまらず，②公訴を維持するための条件（公訴維持条件，訴訟存続条件）でもある。また，裁判所の審判作用との関係では，③実体審理を行うための条件（実体審理条件）であり，そして最終的に④実体判決を言渡すための条件（実体判決条件）でもある（③と④をあわせた実体審判条件を訴訟条件とするのが現在の通説であり，特に③が重視されている）。

2 公訴権と訴訟条件

　訴訟条件の概念は，公訴権の概念と密接に関連している。

　公訴権とは，一般に，検察官が公訴を提起し追行する権利・権能である。この権利・権能は，前述の訴訟条件に関する①起訴条件と②訴訟存続条件がそろっている場合，また，③実体審理条件と④実体判決条件がそろっている場合に，通常は認められることになる。それゆえ，公訴権と訴訟条件は同一の訴訟事象を異なる観点から表現したものにすぎず，訴訟条件から独立した公訴権概念は不要であるという理解（公訴権論否認論）も成り立ちうる。しかし，この考え方は裁判所の視点が重視される**職権主義**的なものであり，訴訟条件の理解にもその影響が及びうるとの批判がある。そして，現行刑訴法の基本的立場である**当事者主義**に従って当事者の訴訟追行行為の条件論としての公訴権論が展開されるべきであるとの見解が主張されている。

　もっとも，現在では，当事者の権利・権限としての公訴権論とは独立した形で，訴訟条件そのものを当事者主義的に理解すればよいとの見解が有力になっている。具体的には，①検察官については，公訴を提起し追行する要件，②被告人については，（訴訟条件を備えていない）違法・不当な起訴に対抗するための妨訴抗弁権・応訴拒否権と理解・再構成している。

3 訴訟条件の分類方法

　訴訟条件の分類方法は多彩を極めている。一般に，①**一般的訴訟条件と特別訴訟条件**，②**絶対的訴訟条件と相対的訴訟条件**，③**積極的訴訟条件と消極的訴訟条件**等の分類がある。その他，公訴棄却と免訴の違いに着目して，④**形式的訴訟条件と実体的訴訟条件**，⑤**手続条件と訴訟追行条件**という分類がなされてきた。しかし，現在では，訴訟条件を被告人の妨訴抗弁権・応訴拒否権と捉える立場から，その観点で訴訟条件を一体のものと考え，あらかじめ法定された訴訟条件（類型的訴訟条件）とそれ以外の解釈論による訴訟条件（非類型的訴訟条件）とに分類して考察する方法が有力化している。

4 類型的訴訟条件（法定訴訟条件）

　類型的訴訟条件（法定訴訟条件）は，裁判の形式と根拠条文を軸に，形式的判断の度合いを加味して整理すると，次のようになる。

管轄違いの判決 （刑訴法329条）	①被告事件が裁判所の管轄（事物管轄・土地管轄）に属しない（裁判所法16条，24条，33条，刑訴法2条等，なお330条・331条も参照）
公訴棄却の決定 （339条1項）	②公訴提起後2カ月以内に起訴状謄本が被告人に送達されない（271条2項） ③起訴状記載の事実が真実でも罪となる事実が含まれない ④公訴が取り消された（257条） ⑤被告人が死亡した，または，被告人たる法人が存続しなくなった ⑥異なる裁判所に二重起訴・多重起訴が行われた（10条・11条）
公訴棄却の判決 （338条）	⑦被告人に対して裁判権がない ⑧新たな重要な証拠がないのに，公訴取消しによる公訴棄却決定の確定後に再起訴した（340条） ⑨同一裁判所に二重起訴した ⑩公訴提起の手続がその規定に違反したため無効である
免訴の判決 （337条）	⑪すでに有罪・無罪判決が確定している ⑫犯罪後の法令により刑が廃止された ⑬大赦があった（恩赦法2条・3条） ⑭公訴時効が完成した（250条）

（注）　③過失犯処罰規定がないのに過失犯で起訴した等。⑦治外法権をもつ外国元首等。⑩親告罪で告訴が欠けている，起訴状の記載方式違反等。⇨ Ⅴ-6「訴因の特定」，Ⅴ-7「起訴状一本主義」⑪一事不再理効との関係で免訴を含むか争いがある。⇨ Ⅶ-3「裁判の効力」⑬恩赦の一種で，政令により対象犯罪を定めて行われ，有罪言渡しを受けていない者は公訴権が消滅する場合がある。⑭⇨ Ⅳ-6「公訴時効」

出所：筆者作成

5 非類型的訴訟条件

　前述のような訴訟条件を被告人の妨訴抗弁権・応訴拒否権と理解する立場（もっとも，この立場に限定されない）によれば，被告人の妨訴・応訴拒否の利益という観点から，法定訴訟条件のほかに解釈論として訴訟条件を認める必要性が明らかになるとともに可能性が開かれることになる。そして，それは**公訴権濫用論**や**迅速な裁判違反**による免訴等の形で具体化されている。（黒澤　睦）

▷**一般的訴訟条件と特別訴訟条件**
前者は刑事事件一般で要求される。後者は一定の事件のみで要求される（親告罪における告訴等）。

▷**絶対的訴訟条件と相対的訴訟条件**
前者は職権で調査し判断される。後者は当事者の主張を待って判断される（土地管轄等）。

▷**積極的訴訟条件と消極的訴訟条件**
前者は一定の事実の存在が要求される。後者は一定の事実の不存在が要求され，訴訟障害ともいう（同一事件の二重係属等）。

▷**形式的訴訟条件と実体的訴訟条件**
前者は手続上の条件で，事件内容（実体）に関係せず，管轄違い・公訴棄却による。後者は事件内容に関係する条件で，免訴（実体関係的形式裁判）による。
なお，最判令和2年3月10日刑集74巻3号303頁は，性犯罪の非親告罪化の一部遡及適用を認める改正附則は憲法39条の遡及処罰の禁止に反しないとした。

▷**手続条件と訴訟追行条件**
前者は手続の条件で，管轄違い・公訴棄却による。後者は公訴権という訴訟追行の前提を条件とし，公訴権が消滅した場合はおよそ訴追が許されず，免訴（形式裁判）による。⇨ Ⅶ-3「裁判の効力」

▷**公訴権濫用論**
⇨ Ⅳ-5「公訴権濫用論」

▷**迅速な裁判違反**
⇨ Ⅴ-4「迅速な裁判」
訴訟能力の欠如による公訴棄却判決につき，最判平成28年12月19日刑集70巻8号865頁。

8 保　釈

▷1　予断排除の関心から第1回公判期日までは保釈を含む勾留に関する処分は裁判官が行う（280条1項）。以下，裁判所で代表させる。
▷2　没取されなかった保釈保証金は後に還付される（刑事訴訟規則91条）。
▷3　被告人，弁護人，法定代理人，保佐人，配偶者，直系の親族，兄弟姉妹である（88条）。
▷4　権利保釈の除外事由や裁量保釈の判断において勾留状記載事実以外の余罪の考慮は許されるか。保釈は前提となる勾留の目的を担保しようとする制度であり，勾留の目的は勾留状記載事実との関係で被告人の逃亡と罪証隠滅を防ぐことにあるので，余罪に関する罪証隠滅のおそれ等を直接の根拠に保釈を不許可とはできない。ただ勾留状記載事実の内容や性質，あるいは被告人の経歴，行状，性格等の事情を考察するための一資料として余罪を考慮することは否定されない（最決昭和44年7月14日刑集23巻8号1057頁参照）。
▷5　ただし勾留の目的とは考えられない善行維持や再犯禁止などを保釈条件とすることは許されない。
▷6　通常第一審（地裁）の保釈率（終局前の保釈許可人員の勾留状発付人員に対する割合）は昭和40（1965）年の58.4％から平

1 保釈制度

　捜査段階において被疑者が罪を犯したことを疑うに足りる相当な理由と，逃亡しまたは罪証を隠滅すると疑うに足りる相当な理由が認められる場合，被疑者の逮捕と勾留が行われるが，公訴提起以降は被告人の勾留が行われる（刑訴法60条1項・280条）。捜査段階の身柄拘束と公訴提起以降の身柄拘束は要件等共通する側面もあるが，手続段階の違いに応じた差異も存在する（**表Ⅳ-1**）。

　現行法上被告人勾留にのみ存在する制度として保釈制度がある（88条以下）。保釈とは，保釈保証金の納付を条件に裁判所・裁判官が勾留の執行を停止することをいう。被告人が正当な理由なく召喚に応じなかったり逃亡や罪証隠滅をした場合は保釈を取り消し，納付された保釈保証金の一部又は全部を没取するとの威嚇によって（96条），被告人の身柄拘束を解きつつ，逃亡と罪証隠滅の防止という勾留の目的を担保しようとする制度である。

　被告人勾留は行動の自由という重要な権利の制約であるだけでなく，弁護人との打合せ等の公判準備の妨げとなるため，勾留の目的を担保できるときは広く保釈を許すことが望ましい。現行法は，①保釈保証金を納付させても逃亡や罪証隠滅のおそれが払拭できないと考えられる所定の場合を除いて，裁判所は請求権者の請求により保釈を許さなければならないとし（権利保釈・必要的保釈。89条），さらに，②権利保釈の除外事由が存在する場合も，裁判所が慎重に検討して適当と認めるときは職権で保釈を許すことができるとして柔軟に臨んでいる（裁量保釈・任意的保釈。90条）。③勾留による拘禁が不当に長くなったときも裁判所は保釈を許さなければならない（91条）。

　裁判所は，検察官の意見を聴いた上で保釈を許す場合は，犯罪の性質及び情状，証拠の証明力並びに被告人の性格及び資産を考慮して被告人の出頭を保証するに足りる相当な保証金額を定め（93条1項・2項），保釈保証金の納付後に被告人を釈放する（94条1項）。裁判所は住居制限等の保釈条件を付したり（93条3項），保釈保証金の保釈請求者以外の者による代納や被告人以外の者の保証書による代替を許すこともできる（94条2・3項）。これらは保釈条件や，被告人と代納者・保証人との社会的結び付きを考慮すれば，逃亡と罪証隠滅の防止が担保されると考えられる場合も広く保釈を許そうという趣旨に基づく。なお保釈に関する裁判には抗告・準抗告ができる（420条2項・429条1項2号）。

表Ⅳ-1　逮捕，被疑者勾留，被告人勾留の対比

	逮捕（199条以下）	被疑者勾留（207条以下）	被告人勾留（60条以下・280条）
主体と手続	捜査機関が原則として，裁判官の逮捕状発付を得て行う	裁判官が検察官の請求により，勾留質問後，勾留状を発して行う	裁判所（第1回公判期日までは裁判官）が職権により，勾留質問後，勾留状を発して行う
期　　間	最長72時間（204条・205条）	最長20日（原則10日＋延長最長10日。ただし内乱罪等の事件はさらに最長5日延長可能。208条・208条の2）	2か月＋1か月ごとの更新（更新は原則1回だが，60条2項所定の場合は無制限）
不服申立	×	準抗告（429条）	抗告（419条）・準抗告（429条）
理由開示制度	×	○（207条1項）	○（82条）
取消・執行停止	×	○（207条1項）	○（87条・95条）
逮捕前置主義	—	○（204条〜207条）	×（60条1項）
接見指定	○（39条3項）	○（39条3項）	×（39条3項）
保　釈	×	×（207条1項ただし書）	○（88条以下）

出所：安冨潔『やさしい刑事訴訟法（第6版）』（法学書院，2013年）40頁を参考に筆者作成。

② 保釈を巡る近年の動向

　以上の通り，現行法は被告人の保釈を柔軟に許す選択をしているが，運用上保釈に慎重な傾向がなかったわけではなく，罪証隠滅のおそれが抽象的に認定されたり，罪証隠滅の対象事実を過度に広く捉えているのではないかという懸念があった。平成21（2009）年開始の裁判員裁判への対応を契機に，裁判実務家からも注意喚起がなされ，保釈の積極的・弾力的な運用が進んだ。保釈率は上昇したが，他方で，公判期日への不出頭や所在不明を理由に保釈を取り消される者が増加し，また令和元（2019）年には保釈中の外国人被告人が国外逃亡する世間の耳目を集める事件も起きた。そこで，柔軟な保釈を維持しつつ，被告人の公判期日への出頭等をいかに確保するかが課題となっていたところ，令和5（2023）年にこれに関わる刑訴法改正が行われた。

　同改正では，保釈中の被告人の公判期日の不出頭（278条の2）等に罰則が設けられたほか，裁判所が，保釈する被告人に対し，その住居，労働又は通学の状況，身分関係等の報告を命ずる制度（95の4，96条1項），裁判所が，適当と認める者をその同意を得て，保釈する被告人の逃亡防止や公判期日への出頭確保に必要な監督を行う「監督者」として選任し，被告人と共に出頭することや被告人の生活上・身分上の事項について報告することを命ずる制度（98条の4，同条の8，同条の9等）が新設された。さらに裁判所が，保釈する被告人に対し，国外逃亡防止のため，飛行場や湾岸施設の周辺区域等の所在禁止区域内に立ち入った場合にこれを検知するGPS端末（位置測定端末）を身体に装着することを命ずる制度（98条の12等）も設けられた。

（三明　翔）

成15（2003）年には12.6％まで低下したが，その後上昇に転じ，平成30（2018）年は33.3％であった。第1回公判期日前に保釈される割合も上昇している。この背景として，公判前整理手続で争点と証拠が整理されることにより罪証隠滅のおそれの具体的・実質的判断が可能となったこと，裁判員裁判は連日的に開廷されるため，公判前における被告人と弁護人の円滑な意思疎通を可能とすべき要請が一層高まったこと等が指摘される。なお平成26（2014）年には，裁量保釈における考慮事情を90条に明記する改正が行われた。

▷7　平成30（2018）年の通常第1審保釈取消人員（地裁簡裁総数）は127人で，平成21（2009）年の約3倍となった。

▷8　同改正ではほかに，保釈等の取消し及び保証金の没取に関する規定の整備や，拘禁刑以上の刑に処する判決の宣告後における裁量保釈の要件の明確化，控訴審における判決宣告期日への被告人の出頭の義務づけ等，拘禁刑以上の刑に処する判決の宣告を受けた者等に係る出国制限制度の創設，裁判の執行に関する調査手法の充実化等も行われた。

参考文献

松本芳希「裁判員裁判と保釈の運用について」『ジュリスト』1312号，128頁，2006年。川出敏裕「身柄拘束制度の在り方」『ジュリスト』1370号，107頁，2009年。『刑事法ジャーナル』72号，2022年の「特集・刑事手続関係者の逃亡防止」の各論稿。

⑨　捜査・公判協力型協議・合意制度

❶　制度の必要性

　犯罪事実の解明と立証において，被害者・目撃者等の供述・証言や客観的証拠も有効ではあるが，被疑者・被告人の自白や共犯者の供述は極めて重要である。とりわけ，共犯事件や組織犯罪など複数人が関与する犯罪において，共犯関係や犯罪組織における各人の役割分担や実態を解明し，主犯格や上位者を検挙するためには，他の共犯者や下位者の自白・供述が必要不可欠となる場合もある。現行法上，これらの者から自白・供述を入手する捜査手段に取調べ（刑訴法198条）があるが，自白・供述を求めようとするあまり，違法・不当な取調べが行われ，結果，任意性や信用性に疑いのある自白・供述が生み出されることもあった。そのため，取調べ以外に，任意性や信用性のある自白・供述を入手する手段が求められていたところ，新たな捜査手段として，平成28（2016）年の改正で捜査・公判協力型協議・合意制度が導入された。

❷　制度の概要

　検察官は，①法定の財政経済・薬物・銃器犯罪（特定犯罪）に係る事件の被疑者または被告人が特定犯罪に係る他人の刑事事件について一つ以上の第1号に掲げる行為をすることにより得られる証拠の重要性，関係する犯罪の軽重及び情状，当該関係する犯罪の関連性の程度その他の事情を考慮して，必要と認めるときは，被疑者または被告人との間で，②被疑者または被告人が当該他人の刑事事件について一つ以上の同号に掲げる行為をし，かつ，③検察官が被疑者または被告人の当該事件について一つ以上の第2号に掲げる行為をすることを内容とする合意をすることができる（350条の2）。合意内容となる被疑者または被告人側の行為は，①取調べまたは証人尋問で真実の供述をすること，もしくは②捜査機関の証拠収集に関し，証拠の提出その他の必要な協力をすることである。これに対し，検察官側の行為は，①不起訴，②公訴取消し，③特定の訴因及び罰条による公訴提起または維持，④特定の訴因もしくは罰条の追加もしくは撤回または特定の訴因もしくは罰条への変更の請求，⑤特定の刑を科すべき旨の求刑，⑥即決裁判手続の申立て，もしくは⑦略式命令の請求である。

　検察官は被疑者または被告人及び弁護人と協議を行い（350条の4），結果，合意をする場合には弁護人の同意が必要であり，検察官，被疑者または被告人

▷ 1　自白・供述を誘引する手段としては，他に，刑の減免制度（自白や有罪答弁をしたり，捜査協力をすることで犯罪事実の解明に貢献した場合に，その者の刑を減軽したり免除したりする実体法上の制度）や刑事免責制度（⇨ Ⅳ-10「刑事免責」）がある（ただし，刑の減免制度については，今回の法改正では導入されなかった）。また，協議・合意制度には，本節の「捜査・公判協力型」の他に，「自己負罪型」（被疑者・被告人が自分の犯罪事実を認める代わりに恩典を付与する制度）もあるが，①取引的要素が入るおそれがあること，②被疑者・被告人が，この制度を逆手に取って，あえて自白・供述を渋るおそれがあることなどから，この改正では導入されなかった（椎橋隆幸「証拠収集方法の多様化の意義」『刑事法ジャーナル』43号，10頁，川出敏裕「協議・合意制度および刑事免責制度」『論究ジュリスト』12号，68頁）。

▷ 2　これまでも，検察官の訴追裁量権（248条）を背景に，捜査機関と被疑者・被告人との間で事実上の取引が行われることはあったといわれている。

▷ 3　協議には警察官が関

及び弁護人が連署した書面（合意内容書面）が作成される（350条の3）。[◁4]

　検察官は，①合意をした被疑者の事件を起訴したとき（350条の7），②他人の刑事事件の公判で，合意をした者の供述録取書等の取調べ（350条の8）もしくは証人尋問（350条の9）を行うときは，合意内容書面の取調べを請求しなければならない。

　合意の当事者が当該合意に違反したときまたは被告人及び検察官のそれぞれについて法定された事由があるときは，その相手方当事者は当該合意から離脱することができる（350条の10）。

　検察官が合意内容に違反した場合には，裁判所は，その違反に応じて，公訴棄却の判決または請求の却下をしなければならない（350条の13）。この場合，被告人が協議でした供述及び当該合意に基づく被告人の行為により得られた証拠は，原則として，証拠にすることができない（350条の14第1項）。[◁5]これに対し，被疑者または被告人が，合意に違反して虚偽の供述をしたり偽造または変造した証拠を提出した場合には処罰される（350条の15第1項）。[◁6]

❸ 虚偽供述及び引っ張り込み・責任転嫁の危険性への対処

　導入に際して最も懸念されたのが，ある犯罪に関与したXが，恩典を得るために，虚偽の供述をして，無辜のYを自己の犯罪に引っ張り込んだり，他の共犯者Zに責任を転嫁したりするという危険性である。[◁7]例えば，この場合に，YやZが起訴され，公訴事実について争うことになれば，Xの証人尋問が行われることになる。[◁8]このとき，Xが，合意に違反して虚偽の供述をすれば，それ自体が処罰される（350条の15第1項）。

　また，YやZ及びその弁護人は，証拠開示及び証拠調べ請求がなされたXの合意内容書面を基に，Xに対して反対尋問を行い，Xの証言の信用性や合意内容について吟味・反論することができる。[◁9]また，裁判所は，Xについて合意があることを前提に，Xの証言の信用性を慎重に評価することにもなる。

　なお，そもそもの前提として，捜査機関は，Xと協議をしている段階で，Xの供述の信用性が確認できなければ，Xと合意に至ることはない。また，合意に基づくXの供述について，捜査機関には十分な裏づけ捜査を行うことが事実上求められるので，結果，Xの供述の信用性や他の証拠との整合性が確認できなければ，Xの供述などを基にして，YやZを起訴することもない。

　さらに，協議・合意に際しては弁護人が常時関与する仕組みになっているので，Xの弁護人は，YやZの利益を擁護する立場にはないものの，Xに対し，合意に至るために虚偽の供述をするよう自ら働き掛けたり，虚偽の供述であることを認識しながらそれを放置したりすることは考えられない。むしろ，Xに対し，合意するのであれば真実を供述するよう説得するのが当然であろう。[◁10]

（田中優企）

▷4　合意が成立しなかったときは，協議の際に被疑者・被告人がした供述は証拠とすることができない（350条の5第2項）。

▷5　ただし，当該被告人に異議がない場合または当該被告人以外の者の刑事事件においてその者に異議がない場合には，証拠とすることができる（同条第2項）。

▷6　刑の任意的減免が認められる場合がある（同条第2項）。

▷7　この制度によらない場合でも，共犯者の供述には同様の危険性が本来的に備わっている。⇨Ⅵ-13「共犯者・共同被告人の供述」

▷8　Xの供述調書があったとしても，それは伝聞証拠にあたるので（320条1項），被告人の同意（326条）がない場合には，伝聞例外（321条以下）に該当しない限り，証拠能力が認められない。⇨Ⅵ-14「伝聞法則の意義及びその例外」

▷9　附帯決議で検察官に協議に係る記録の作成・保管が求められた。検察庁では，協議の開始・時期等を明確にする協議開始書や協議の概要等を記録した協議経過報告書等を作成・保管する運用が行われている。

▷10　以上の対処法について，川出・前掲文献の他，「特集・証拠収集方法の多様化」『刑事法ジャーナル』43号（2015年），宇川春彦「供述証拠の収集を容易にするための手段」『法律時報』86巻10号（2014年）を参照。

10 刑事免責

最大判平成 7 年 2 月22日刑集49巻 2 号 1 頁。米国・ロッキード社が, 航空機等の売り込みに当たって, 田中角栄元首相を含めたわが国の政府高官に賄賂を贈ったとされる疑獄事件 (本判決は元首相や総合商社・丸紅の社長等が関与したとされる部分に関するもの)。

▷供述・証言が強制される

典型的な司法取引は, 対象者の任意の協力とその見返りとしての検察官の寛大な処分について両者が交渉する双方向的なものである。他方で, 刑事免責制度は, 刑事免責することによって供述・証言を一方的に強制する法制度であるため, 司法取引ではないとされる。しかし, 両者の結論が類似しているとともに, 現実的な運用として刑事免責制度が用いられるまでの過程で司法取引 (の提案) が行われることも想定できるため, 刑事免責制度の取引的外観・色彩は完全には否定できない。

▷自己負罪拒否特権, 証言拒絶権, 包括的黙秘権

自己負罪拒否特権は黙秘権と同義とされる場合があるが, 通説によれば, 供述拒否権としての自己負罪拒否特権は証人の証言義務 (160条, 161条) を前提として

1 刑事免責とは何か：従来の議論

刑事免責制度とは, 「自己負罪拒否特権に基づく証言拒絶権の行使により, 犯罪事実の立証に必要な供述を獲得することができないという事態に対処するため, 共犯等の関係にあるもののうちの一部の者に対して刑事免責を付与することによって, 自己負罪拒否特権を失わせて供述を強制し, その供述を他の者の有罪を立証する証拠としようとする制度」である (ロッキード事件丸紅ルート最高裁判決)。同制度により組織的犯罪の首謀者の処罰が可能になるとされる。

「刑事免責」の具体的な内容・範囲は, 二つの考え方が成り立つ。①供述者を当該関連犯罪について刑事訴追しないという「行為免責」・「訴追免除」と, ②当該供述及びそれをきっかけにして得られた証拠を使用禁止にする「使用・派生的使用免責」である。②説によれば, 当該供述から独立して得られた証拠によってその供述者を訴追することが可能であるため, 免責の範囲が訴追全般である①説と比べてその範囲は狭くなる。合衆国連邦最高裁は, 合衆国憲法修正 5 条の自己負罪拒否特権の保護範囲と刑事免責の保護範囲を同一のものと解しつつ, ②「使用・派生的使用免責」が憲法上の最低限の要請であるとする。

2 自己負罪拒否特権及び証言拒絶権・包括的黙秘権との関係

刑事免責制度は, 憲法上は, 自己に不利益な供述を強要されるという意味で, 「自己負罪拒否特権」・黙秘権 (38条 1 項) に関わる。また, 刑訴法上は, 他人の事件について供述・証言が強制されるという意味で, 憲法上の自己負罪拒否特権を証人の立場について具体化した「証言拒絶権」 (146条) に関わるとともに, (共犯等である) 自己の事件について供述が強制されるという意味で, 被疑者・被告人の「包括的黙秘権」 (198条 2 項, 291条 4 項・311条 1 項) にも関わる。

自己負罪拒否特権等は, 通説によれば, 刑事訴追・有罪判決を受けるおそれを前提として供述者・証人に認められている権利である。それゆえ, 刑事訴追・有罪判決を受けるおそれがなければ (公訴時効の完成, 実体判決の確定等), それらの権利を保障する必要がなくなる。他方で, 刑事免責制度はそうした刑事訴追・有罪判決を受けるおそれを消滅させる。したがって, 自己負罪拒否特権等は, 刑事免責によってその前提を失い, 原理上は, 消滅 (喪失) させられうる。

③　従来の解釈論としての刑事免責

　刑事免責制度は，平成28（2016）年までは，わが国には明文規定がなかった。前掲最高裁判決は，憲法の解釈として，「我が国の憲法が，その刑事手続等に関する諸規定に照らし，このような制度の導入を否定しているものとまでは解されない」と述べる。その上で，（証拠排除の判断の前提にとどまるが）刑訴法の解釈として，「この制度は，前記のような合目的的な制度として機能する反面，犯罪に関係のある者の利害に直接関係し，刑事手続上重要な事項に影響を及ぼす制度であるところからすれば，これを採用するかどうかは，これを必要とする事情の有無，公正な刑事手続の観点からの当否，国民の法感情からみて公正感に合致するかどうかなどの事情を慎重に考慮して決定されるべきものであり，これを採用するのであれば，その対象範囲，手続要件，効果等を明文をもって規定すべきものと解される」と述べる。つまり，最高裁は，ロッキード事件で行われた「**不起訴宣明**」を解釈論による刑事免責として認めるべきでないとし，多数説もこの結論に賛同していた。なお，本件の原審は，不起訴宣明を**訴追裁量権**（248条）に基づいた不起訴（起訴猶予）の確約であるとして（解釈論による）事実上の刑事免責を認めていたが，これと同旨の学説も有力であった。

④　新たに導入された刑事免責制度

　平成28（2016）年に**合意制度**と刑事免責制度が導入された（平成30〔2018〕年施行）。
　刑訴法新157条の２によれば，検察官は，証人が刑事訴追を受け，または有罪判決を受けるおそれのある事項についての尋問を予定している場合であって，当該事項についての証言の重要性，関係する犯罪の軽重および情状その他の事情を考慮し，必要と認めるときは，あらかじめ，裁判所に対し，当該証人尋問を次の条件により行うことを請求することができる。【条件①】尋問に応じてした供述およびこれに基づいて得られた証拠は，証人が当該証人尋問においてした行為が証言拒絶等（刑訴法161条）または偽証罪（刑法169条）に当たる場合に当該行為に係るこれらの罪に係る事件において用いるときを除き，証人の刑事事件において，これらを証人に不利益な証拠とすることができないこと。【条件②】刑訴法146条の規定にかかわらず，自己が刑事訴追を受け，または有罪判決を受けるおそれのある証言を拒むことができないこと。上記の請求を受けた裁判所は，その証人に尋問すべき事項に証人が刑事訴追を受け，または有罪判決を受けるおそれのある事項が含まれないと明らかに認められる場合を除き，当該証人尋問を上記の条件により行う旨の決定をする。また，刑訴法新157条の３は，証人尋問開始後についても，同様の手続を認める。

　本制度の運用は，自己負罪拒否特権・黙秘権の喪失との関係で，被疑者・被告人の防御の観点からの慎重な検討・対応が必要である。　　　　（黒澤　睦）

それを免除するものであるのに対し，包括的黙秘権（としての自己負罪拒否特権）はそもそも被疑者・被告人の地位を考慮して供述義務を前提にしていないという違いがある。⇨Ⅱ-4「被疑者・被告人の地位」

▷ **証拠排除**
⇨ Ⅵ-7「排除法則」

▷ **不起訴宣明**
将来にわたって公訴を提起しない旨の確約。
▷ 1　東京高判昭和62年7月29日　高刑集40巻2号77頁。これとは別に，不起訴宣明を検察官による公訴権の放棄とする見解がある（東京地決昭53年9月21日刑月10巻9・10号1256頁を参照）。

▷ **訴追裁量権**
⇨ Ⅳ-2「裁量訴追（起訴便宜）主義の意義」

▷ **合意制度**
⇨ Ⅳ-9「捜査・公判協力型協議・合意制度」
平成11（1999）年7月に内閣に設置された司法制度改革審議会による最終意見書である「司法制度改革審議会意見書」（平成13年6月12日付）も，「刑事免責制度により供述を確保する捜査方法の導入は，組織的な犯罪等への有効な対処方策であると認められる（組織の実態，資金源等についての供述を得る有効な手段となりうる。）。一方で，我が国の国民の法感情，公正感に合致するかなどの問題もあり，直ちに結論を導くことは困難であって，多角的な見地から検討すべき課題である」としていた。なお，独占禁止法の課徴金減免制度は刑事免責制度との類似性が指摘されている。

11　公判前・期日間整理手続

▷ 1　公判準備に関する従
来の法令の規定
昭和36（1961）年に導入さ
れた事前準備に関する刑事
訴訟規則178条の2以下の
諸規定及び V-1「公判手
続の概要」参照。

▷ 2　公判前整理手続関連
規定の合憲性
公判前整理手続に関しては，
とりわけ，被告人の主張明
示義務・証拠調べ請求義務
を定める刑訴法316条の17
が，自己負罪拒否特権
（⇨ Ⅱ-4 被疑者・被告人
の地位）を保障する憲法38
条1項に違反しないかにつ
いて議論があった。この点
につき，最決平成25年3月
18日刑集67巻3号325頁は，
刑訴法「316条の17は，被
告人又は弁護人において，
公判期日においてする予定
の主張がある場合に限り，
公判期日に先立って，その
主張を公判前整理手続で明
らかにするとともに，証拠
の取調べを請求するよう義
務付けるものであって，被
告人に対し自己が刑事上の
責任を問われるおそれのあ
る事項について認めるよう
に義務付けるものではなく，
また，公判期日において主
張をするかどうかも被告人
の判断に委ねられているの
であって，主張をすること
自体を強要するものでもな
い」から，憲法38条1項に
は違反しないとしている。

① 司法制度改革と公判前・期日間整理手続の導入

　司法制度改革審議会の意見書は，「刑事裁判の充実・迅速化」のためには，「早期に事件の争点を明確化することが不可欠であるが，第一回公判期日前の争点整理に関する現行法令の規定は，……必ずしも十分に機能していない」との認識を前提に，「第一回公判期日の前から，十分な争点整理を行い，明確な審理の計画を立てられるよう，裁判所の主宰による新たな準備手続を創設」し，「証拠開示の時期・範囲等に関するルールを法令により明確化するとともに，新たな準備手続の中で，必要に応じて，裁判所が開示の要否につき裁定することが可能となるような仕組みを整備すべきである」とした。公判前・期日間整理手続とは，この提言を受けて，平成16（2004）年の法改正によって導入され，平成18（2006）年11月から施行されている「争点及び証拠の整理手続」のことをいう（刑訴法316条の2以下）。

② 公判前・期日間整理手続の内容

　公判前・期日間整理手続は，裁判員制度対象事件に関しては必要的である（裁判員の参加する刑事裁判に関する法律49条）。それ以外の事件については，それぞれ，裁判所が，請求または職権により，「充実した公判の審理を継続的，計画的かつ迅速に行うため必要があると認めるとき」及び「審理の経過にかんがみ必要と認めるとき」に行われるが，その判断にあたって，裁判所は，予め検察官および被告人または弁護人の意見を聴かなければならない（刑訴法316条の2，316条の28）。

　公判前整理手続においては，当該事件の公判を担当する受訴裁判所の主宰の下，刑訴法316条の5各号に列挙された事項によって，「事件の争点及び証拠を整理するための公判準備」が行われる。期日間整理手続は，基本的に公判前整理手続に準じて行われるので（316条の28第2項），以下では，特に公判前整理手続の内容を概観しておこう。

　公判前整理手続は，弁護人がなければ行うことができない（316条の4）。同手続は，期日を定めて訴訟関係人を出頭させる方法，あるいは，書面を提出させる方法によって行う（316条の2第3項）。期日を定めて整理手続を行う場合には，検察官及び弁護人の出席が必要となるが（316条の7），被告人の出席は必

要的ではない（316条の9）。

　公判前整理手続の目的は，裁判所が，当事者の参加の下に「争点及び証拠の整理」を行い，公判の審理計画を策定することにある。刑事裁判においては，審判の対象となる事実の主張・立証の責任は検察官が負うから，まずは，検察官が，「証明予定事実記載書面」を裁判所に提出することにより「公判期日において証拠により証明しようとする事実」を明らかにし，その立証に必要な証拠の取調べを請求するとともに，これを弁護側に開示しなければならない（316条の13，316条の14）。また，検察官は，被告人・弁護人から請求があったときには，保管する証拠の一覧表を交付しなければならない（316条の14第2項～5項）。これに対し，弁護側は，検察官請求証拠の証明力を判断するために必要な証拠で，法が列挙する一定の類型証拠の開示を受けた上で（316条の15），証拠に同意するかどうか等の意見を表明する（316条の16）。弁護側は，開示された証拠を検討した上で，今度は，自己の証明予定事実その他の公判期日においてすることを予定する事実上及び法律上の主張を明示し，その立証に必要な証拠の取調べを請求するとともに（316条の17），請求証拠を検察官に開示する（316条の18）。これを受けて，検察官が，弁護側請求証拠について同意するかどうか等の意見を明らかにし（316条の19），弁護側は，自己の主張に関連する証拠の開示を請求する（316条の20）。

　以上の手続の終了後も，検察官及び弁護側は証明予定事実を追加・変更し，新たに証拠の取調べを請求できるが，この場合には改めて証拠開示が行われる（316条の21・316条の22）。公判前整理手続を終了するに当たっては，裁判所は，事件の争点及び証拠の整理の結果を確認しなければならない（316条の24）。

　事件が公判前整理手続に付される場合には，証拠の取調請求や決定等の手続が第一回公判期日前に前倒しされることになるが，その結果は公判期日において明らかにされなければならない（316条の31：公判前整理手続の結果顕出）。また，当事者は，「やむを得ない事由」によって公判前・期日間整理手続において請求することができなかったものを除き，同手続終了後に証拠調べを請求することができなくなる。ただし，裁判所による職権取調べは可能である（316条の32）。公判前・期日間整理手続に付された事件は必要的弁護事件となり（316条の29），弁護側による冒頭陳述が義務づけられる（316条の30）。

❸ 問題点

　公判前整理手続については，制度設計の段階から，▷2の問題のほか，受訴裁判所が第一回公判期日前に「事件の争点及び証拠の整理」に関わることが，起訴状一本主義により具体化される予断排除の趣旨に反することにならないか等の議論があった。また，個別規定の解釈に当たっては，開示が義務づけられる証拠の範囲や弁護側の主張明示のあり方等をめぐって，議論がある。（松田岳士）

▷ **公判前整理手続の流れ**

検察官による証明予定事実の提示・証拠の取調べ請求（刑訴法316条の13）

↓

検察官請求証拠の開示（証拠一覧表の交付）（316条の14）

↓

類型証拠開示（316条の15）

↓

検察官請求証拠に対する弁護側の意見表明（316条の16）

↓

弁護側の主張明示・証拠の取調べ請求（316条の17）

↓

弁護側請求証拠の開示（316条の18）

↓

弁護側請求証拠に対する検察官の意見表明（316条の19）

↓

弁護側争点関連証拠の開示（316条の20）

▷ 3　**新たな主張の制限**

これに対して，公判前整理手続終了後の新たな主張を制限する規定はない。ただし，判例は，諸般の事情を総合的に考慮し，防御側が主張明示義務に違反したものと認められ，かつ，公判前整理手続で明示されなかった主張に関して被告人の供述を求める行為やこれに応じた被告人の供述を許すことが公判前整理手続を行った意味を失わせるものと認められる場合には，刑訴法295条1項により，公判期日における弁護人の質問や被告人の供述が制限されうるとする（最決平成27年5月25日刑集69巻4号636頁）。

▷ 4　⇨ Ⅴ-1 「公判手続の概要」参照。

▷ 5　⇨ Ⅴ-7 「起訴状一本主義」参照。

▷ 6　⇨ Ⅳ-12 「証拠開示」参照。

証拠開示

① 問題の所在

▷手持証拠・資料
公判前・期日間整理手続において類型証拠もしくは争点関連証拠として弁護人側に開示されるべき訴追側の「手持」証拠・資料の範囲については，検察官が現に所持・保管する証拠・資料に限られるか，それとも，検察官が所持・保管すべき証拠・資料（例えば，本来であれば警察官から検察官に送付されるべきであるにもかかわらず，警察官の手元に残っている証拠・資料）までをも含むと考えるべきかについては，議論がある（最決平成19年12月25日刑集61巻 9 号895頁，最決平成20年 6 月25日刑集62巻 6 号1886頁，最決平成20年 9 月30日刑集62巻 8 号2753頁も参照）。

　証拠開示（discovery）とは，一般に，当事者の**手持証拠・資料**を相手方当事者に閲覧ないし謄写させ，あるいは，それに関する情報を知らせることを意味する。刑事手続においては，訴追側（検察官）手持証拠の防御側への開示と，弁護側（被告人・弁護人）手持証拠の訴追側への開示がありうるが，実際には，弁護側の証拠収集能力は訴追側に著しく劣り，事件に関する重要な証拠・資料は弁護側が収集を開始する以前に既に訴追側の手中にあることも少なくないため，特に前者が問題となることが多い。

　証拠開示が求められる理由としては，主として，①相手方による不意打ち的な立証を防止する必要があること，そして，②当事者に，相手方の手持証拠・資料の内容をあらかじめ知らせることにより，反対尋問その他公判における防御の準備を十分にさせ，さらには，③特に捜査機関が収集・作成した証拠・資料のうち，被告人に有利なもの（特に無罪証拠）を利用する機会を弁護側に与える必要があること等が挙げられており，このいずれを強調するかによって，その範囲・時期・方法に関する理解に差異が生じうる。

　証拠開示の問題は，当事者が相手方の要求に応じて自主的に手持証拠・資料の閲覧等をさせる場合には特に生じない。実際にも，検察官が，弁護側の要求に応じて自主的に手持証拠を弁護側に閲覧・謄写させることも少なくない。しかし，公安事件，労働事件，贈収賄事件等，当事者間の争いが先鋭化しやすい事件において，検察官が証拠・資料の開示を拒否する例もみられ，このような場合に開示を義務づけることができるか，できるとすればいかなる要件・手続によってかが問題とされるようになった。

② 従来の問題状況

　刑訴法40条は，弁護人が，裁判所において訴訟に関する書類及び証拠物を閲覧・謄写することができる旨定める。旧刑訴法においては，公訴提起と同時に検察官の手持証拠・資料が「一件記録」として裁判所に提出されていたため，同様の規定（旧刑訴法44条）は，証拠調べの開始前の段階で訴追側の手持証拠・資料の弁護側への開示を保証する機能を担っていたが，現行刑訴法による**起訴状一本主義**の採用とともに，同規定はこのような機能を失うことになった。

▷起訴状一本主義
⇨ Ⅴ-7 「起訴状一本主義」

　もっとも，刑訴法299条は，当事者は，証拠調べを請求するに当たり，証人等の場合には相手方にその氏名・住所を知る機会を与え，証拠書類・証拠物であれば相手方にこれを閲覧する機会を与えなければならないとする。この規定は，当事者による不意打ち的な立証の防止（上記①）には役立つが，当事者が取調べ請求を予定する以外の証拠・資料等の開示を義務づけるものではないため，上記②及び③の意味での開示までをも保証するものではない。そこで，これらの証拠・資料の開示を当事者に義務づけることができるか，できるとしていかなる形でかが問題とされることになる。

　この問題に関して，判例は，昭和44年4月25日の二つの最高裁決定によって，証拠調べに入った後の具体的な証拠の閲覧については，事案の性質，審理の状況，証拠の種類・内容，閲覧の時期・程度・方法その他諸般の事情に照らし，被告人の防御のため特に重要であり，かつこれにより罪証隠滅，証人威迫等の弊害を招来するおそれがなく，相当と認めるときには，裁判所は，訴訟指揮権に基づいて検察官に開示を命ずることができるものとし，以降，証拠開示に関してはこの判例に従った運用がなされてきた。しかし，この「訴訟指揮権に基づく個別的開示命令」の要件・手続については不明確さも指摘され，また，学説上は**事前全面開示論**も根強く主張されてきたこと等から，この問題に関しては立法による解決が強く望まれていた。

③　公判前・期日間整理手続

　このような状況を背景に，平成16（2004）年刑訴法改正により，公判前・期日間整理手続の一環として新たな証拠開示の制度が整備されることになった。

　この制度においては，証拠開示は，公判前・期日間整理手続において，検察官請求証拠開示（刑訴法316条の14）→類型証拠開示（316条の15）→弁護側請求証拠開示（316条の18）→争点関連証拠開示（316条の20）というように，当事者の主張の提示ないし争点の整理状況に応じて段階的に行われることが予定されている（もっとも，検察官は，開示すべき証拠を最初からすべて開示することが妨げられるわけではなく，実際にもそのような扱いがなされる場合も少なくない）。また，検察官及び裁判所による開示時期・方法の指定（316条の15・316条の20・316条の25・316条の26）や，開示された証拠の目的外使用の禁止（281条の4・281条の5）等，開示に伴う弊害の防止策が用意され，一定の証拠が開示されるべきか否かをめぐる当事者間の争いについての裁判所による裁定（当事者の請求による開示命令）及びそれに対する不服申立（即時抗告）の制度も設けられている（316条の26）。裁判所には，弁護側からの開示命令請求について裁定するに当たり，検察官に，指定する範囲の証拠の標目の一覧表の提示を命ずる権限も与えられている（316条の27）。

（松田岳士）

▷1　最決昭和44年4月25日刑集23巻4号248頁，最決昭和44年4月25日刑集23巻4号275頁。

▷**事前全面開示論**
検察官が所持・保管する証拠・資料は，全て，証拠調べ開始前の段階から，弁護側の閲覧ないし謄写に供されるべきであるとする見解。判例は，これを否定している（最決昭和34年12月26日刑集13巻13号3372頁）。

▷2　**証拠一覧表交付制度**
検察官請求証拠開示後，防御側の請求があるときは，検察官はその保管する証拠の一覧表を交付しなければならない（316条の14第2項〜5項）。防御側に開示を請求すべき証拠の存在を知る手がかりを提供するために，平成28年（2016）年刑訴法改正によって導入された制度である。

即決裁判手続

▷有罪答弁 (guilty plea)
一部では「司法取引」とも呼ばれる。被告人に起訴事実につき有罪か無罪かを答弁させ（罪状認否 allaignment），有罪を答弁したときに，被告人の選択により大部分の事実認定手続きを省いて有罪を宣告し，寛大な量刑を下すことを認める制度がある。
なお，平成28年の刑訴法改正により，「協議・合意制度」が新設され，「司法取引」と呼ばれることがあるが，本項の有罪答弁と同趣旨ではないことに注意を要する。⇨ Ⅳ-9「捜査・公判協力型協議・合意制度」

1 即決裁判手続の定義

　即決裁判手続とは，平成16 (2004) 年の刑訴法改正の際に新たに手続に盛り込まれ，平成18 (2006) 年10月2日から施行された，新しい制度である。後述する**簡易公判手続**の欠点のいくつかを是正する目的で起案されたものとされる。なお，**交通事件即決手続**とは異なるので注意が必要である。具体的な根拠条文は，現在刑訴法350条の16ないし350条の29にわたって規定されている。

2 即決裁判手続の趣旨

　刑事手続において，一般的に想像されるような**公判**手続（通常手続）の利用は，実はそう多くない。資料によれば，令和4 (2022) 年の1年間に検察官が終局処理した人数は約86万0,000人，うち起訴に至った総数は約22万7,600人であるが，内訳は地方裁判所・簡易裁判所の通常手続に係った数は約7万5,700人，残る約15万1,900人は簡易裁判所の略式手続である（司法統計，検察統計による）。つまり，起訴される3人に2人までが略式手続による。

　重大な事件に，司法制度のもつ人的・物的・時間的資源を集中することは必要なことである。また，真摯に罪を認め，反省している被告人を長期間手続に繋ぎとめておくことは，更正や社会復帰という面からも問題がある。ただ，軽微な事件であるからといって，被告人の意思に反して一方的に処理することになれば，これは本末転倒といわざるを得ない。アメリカ合衆国などでは「**有罪答弁**」といわれる制度が用いられてきたが，日本ではこれを「検察官と被告人の取引」として忌避・嫌悪する感情が強いとされている。

　このような観点から，この手続は，これまで簡易裁判所以外の管轄で行われてきた事案でも，比較的軽微なものを短期間に処理することを目的として導入されたものである。

3 即決裁判手続の概要

　対象となるのは，死刑または無期もしくは短期1年以上の懲役もしくは禁錮に当たる事件を除き，さらに事案が明白・軽微で，証拠調べも早期に終わることが見込まれる事件である。起訴前に被疑者の同意が必要となる（350条の16第1項及び2項）。しかもこの同意の前提として，検察官は被疑者に手続を理解

させ，通常手続によることもできることを説明することが求められる（同条3項）し，起訴前に弁護人がいる場合は弁護人の同意が必要となる（同条4項）。また，この手続には弁護人が必須（350条の18）で，公判期日に弁護人の出廷が必要となり（350条の23），判決前にこの同意が撤回されたりした場合など（350条の25第1号他）は，この手続を続けることができなくなる。

　この手続で処理される事件では，証拠書類の閲覧などは通常手続同様に認められ，証拠調べを請求した**証拠の開示**も義務となるが（350条の19），**伝聞法則**などの一部の規定が適用されなくなる（350条の27）。迅速に，という趣旨が強調されるため，即日の判決言渡しが原則となる（350条の28）し，軽微事件を前提としているので，懲役または禁錮を言渡す際には必ず**執行猶予**が付けられることになっている（350条の29）。ただし，事実誤認を理由とする**上訴**はできなくなる（403条の2）。資料によれば，令和3（2021）年には145（地裁137，簡裁8）人がこの手続きによっている。

④　指摘されている問題点

　この制度は，例えば万引きや薬物の自己使用などの初犯事案で，従来の手続でも通常は執行猶予が言渡されるものに用いられている。判決を即日言渡すことが原則となり，しかもこれまで行われた公判の報道をみると，開廷から判決の言渡しまで30分以下で終了しているものが多いようである。この点をとらえて，量刑事情等いわゆる「情状証拠」を十分に立証する余裕がない，との指摘が弁護士会などからなされている。同種の意見として，これまで以上に書面のみの審査が行われ，被告人の主張を聞いてもらえない，といったものもある。逆に，必ず執行猶予を付されるのでは執行猶予の感銘力が薄れ，再犯防止効果が減少するのではないか，という意見がある。

　また，特に勾留などの身柄拘束を伴う事案で，検察官からこの手続を打診された際に，被疑者が拘束から逃れたい一心で事実と異なる供述を行い，結果として誤判を生むのではないか，との懸念が指摘されている。

　いずれも，簡易迅速を旨とする制度にはつきものの批判といえるが，起訴前段階にもなるべく弁護人を付けることや，被疑者・被告人に十分な説明を行い，事情をきちんと知らせた上で，被疑者・被告人の防御を害することなくこの制度を活用することが求められるであろう。

（松田龍彦）

▷**証拠の開示**
⇨Ⅳ-12「証拠開示」
▷**伝聞法則**
公判廷外の他者の供述や，公判廷における供述に替わる書面などの証拠能力を否定する原則のこと。⇨Ⅵ-14「伝聞法則の意義及びその例外」
▷**執行猶予**
これを言渡された被告人が，取り消されることなくその期間を経過すれば，刑の言渡しが効力を失う，とする制度（刑法25条以下）。
▷**上訴**
⇨第Ⅷ章「上訴」を参照。

（令和元年　第1審の処理状況）

	総　数	死　刑	無期懲	有期懲役・禁錮	罰　金	拘　留	科　料	無　罪	その他
地裁	42,278	0	19	39,264	1,611	0	0	66	1,418
簡裁通常手続	2,629	—	—	1,934	475	4	4	6	272
簡裁略式手続	199,784	—	—	—	199,759	—	—	0	42

出所：令和4年度司法統計および検察統計をもとに筆者作成。

簡易公判手続

 簡易公判手続の定義

　刑訴法291条3項によれば，被告人及び弁護人は，当該事件についての意見を陳述する機会が与えられる。通常の公判ではここで意見を述べる際に，有罪あるいは無罪との姿勢，すなわち自白事件（被告人が有罪を認めた事件）と否認事件（有罪を認めず，争う事件）の別を明確にするのだが，裁判前に有罪である旨を陳述した場合，条件によっては比較的簡易な手続を採ることができることになっている。これを簡易公判手続という。具体的には，291条の2，291条の3のほか，320条2項，307条の2，315条の2などに規定されている。

② 簡易公判手続の趣旨

　この手続は刑訴法制定時ではなく，やや遅れて昭和28（1953）年に追加されている。この手続が創設された理由は，自白事件と否認事件とを同じ公判手続で扱うことには無駄が多いので，自白事件では簡易な手続により無駄を省き，その分重大な事件の審理を重点的に処理することを促進することをめざすためであった，とされている。いわば，前節で述べた有罪答弁制度のように，被告人に種々の権利を放棄させ，公判審理手続をほぼ完全に省き，量刑のみを判断する制度と，否認事件と自白事件を区別せずにどちらも正式・完全な手続として扱う制度の中間に位置するもの，といえる。**即決裁判手続**でも説明したが，その理念は司法制度のもつ人的・物的・時間的資源を集中すること，という点では同様である。実際，適用される対象事件の範囲は全く同じ（死刑または無期もしくは短期1年以上の懲役もしくは禁錮に当たる事件を除く。291条の2）で，いったん簡易公判手続による決定がなされた後でも，その手続によることができないことが判明したときや，相当でないときには通常手続に移行すること（291条の3）といった点も類似している。被告人にとって，比較的簡易かつ迅速な手続で，裁判，および被告人としての社会的に不安定な地位から開放される，という利点も同様といえる。

③ 簡易公判手続の問題点

　しかし，即決裁判手続で採られたような被告人の明示の意思の確認や，可能な限り弁護人を付すことによって被告人に軽率な判断を避けさせる，といった

▷即決裁判手続
⇨Ⅳ-13「即決裁判手続」

方策は付随していなかったため（むしろこれらの方策によりかえって手続が煩雑になる，と考えられていた），いくつか不都合が生じることになった。

当初の批判としては対象事件の範囲が軽微過ぎる，本来活用すべき事案が対象とならない，というものもあったが，例えば審理が進むにつれ**訴因が変更**されてより重大な犯罪について審理しなければならなくなった場合とか，当初の被告人の有罪の自認が任意になされたものでないおそれが判明したとか，有罪の自認を支える証拠がない，あるいは証拠は存在するにしても根拠薄弱であることが判明したとか，自認の意思が揺らぐようになったとかの理由で，そのままでは誤判のおそれがある，として審理をいったん更新せねばならない，とした主張がなされるようになった。これまで進んでいた手続を，いったん御破算にして，あらためて正式の手続に則って行うことは，これまで述べた「資源」の無駄遣いに繋がる。

また，簡易公判手続では**伝聞法則**の適用が原則としてなされず（320条2項），証拠調べの範囲，順序，方法などについて厳格に定めた規定（296条，297条，300条～302条，304条など）も適用されないため，ともすれば被告人の主張が十分に容れられないとか，本来法廷に提出できない証拠で有罪認定されるおそれがある，などの誤判をおそれる理由でこの制度の利用を渋る向きがあった。その他にも，複数の訴因について併合起訴されている場合に，一部の訴因についてのみ有罪を自認している場合などに（このようなことは実際に相当例ある）公判を分離することは，簡易とはいえ新たに別の公判を開くことになってしまうため，やはり迅速性や資源の重点投入の観点から不都合で，利用がおぼつかない事になる，といえる。

さらには，自白事件で，しかも罪質，刑罰とも軽微な事件では，そもそも公判ではなく，後述の**略式手続**によることを被告人が好む傾向があることも，大きな理由として挙げられる。

これらの理由により，この制度は，簡易裁判所でも半数以下の利用にとどまり，地方裁判所ではわずか数％と，有効に活用されているとはとてもいい得ない状況になってしまった（司法統計年報による）。

これらの欠点・問題点について，要件を明確にし，より適切な形で簡易な手続を定めようとして制定されたのが，前節の即決裁判手続，ということになる。今後，この制度は，主に執行猶予の有無を争うような事案などについて用いられることが想定されるものの，今以上にその適用例が少なくなっていくと思われる。

（松田龍彦）

▷訴因変更
当初の起訴状に記載された訴因を，審理の結果一定の範囲内で追加，撤回，変更すること（刑訴法312条）。
⇨ Ⅴ-5 「訴因制度」，Ⅴ-8 「訴因変更の要否」も参照。

▷伝聞法則
⇨ Ⅳ-13 「即決裁判手続」，Ⅵ-14 「伝聞法則の意義及びその例外」

▷略式手続
⇨ Ⅳ-15 「略式手続」

略式手続

1 略式手続の定義

略式手続は，検察官の起訴（刑訴法247条，256条）により始まる，という点ではこれまで説明してきた手続と共通するものの，それ以外ではかなり異なる点がある。つまり，これまで述べた制度が対象とするよりもさらに軽微な犯罪につき，被告人が罪を認めて争う意思がない場合を想定している。

まず，略式手続は簡易裁判所でのみ行われ，100万円以下の罰金または**科料**を科す場合に限られる（461条）。また，これまで説明した手続がいずれも裁判官，検察官，被告人（及び弁護人）といった当事者が公開の法廷に揃って行われる対審構造であったのに対して，非公開で，しかも**対審構造**ではなく，原則として検察官が提出した資料だけを調査して判決を下すことになる。このため，ごくまれに起こる手続上のミスや被告人死亡による公訴棄却を除けば，有罪以外の判断が下ることはほぼない，といってよい。

2 略式手続の概要

検察官が略式手続を用いようとするときは，被疑者に対して，略式手続がどういった内容のものであるかを説明し，通常の公判によって手続をすることができる旨を告げた上で，略式手続によることに異議がないかどうかを確かめ，さらにその旨を書面によって明らかにせねばならない（461条の2，462条）。検察官はその上で公訴提起と同時に略式命令を裁判所に請求し，上記の書面や証拠物を裁判所に提出する。実務上は，**科刑意見**も同時に書面にして提出されるようである。

略式手続に被疑者が同意しなかったり，例えば罰金や科料が法定刑に定まっていない犯罪を略式請求していたことが判明した場合など，この手続によることができない場合には，裁判所は通常手続によって裁判をしなければならず，これを検察官に通知しなければならない（463条）。また，裁判所の判断を受けた被告人または検察官が，例えば内容に不服があるなどの場合，告知を受けてから14日以内に正式裁判の請求ができ（465条），正式裁判の請求には上訴に関する規定を準用することになっている（467条）。適法に請求された場合には正式裁判を行う（468条2項）。正式裁判によって判決がなされた場合には先の判断は効力を失うことになっている（469条）。

▷**科料**
刑法17条に規定された，罰金より軽微な財産刑のこと。

▷**対審構造**
裁判官の面前で，当事者が，口頭で主張を行う裁判の形式を指す。刑事手続においては，通常の公判期日は対審であるが，令状請求や公判準備手続などは対審ではない。
▷1　Ⅳ-13「即決裁判手続」の表も参照のこと。

▷**科刑意見**
検察官が被告人をどの程度の刑に処するべきかを示したもの。通常の公判では公判終結時に「求刑」として示される。

対審構造ではないので，裁判所の判断は口頭弁論を必要とする判決ではなく，命令の形で下されることになる。このため，ニュース報道などでは「略式命令」と呼ばれることが多い。

現在，簡易裁判所ではこの手続が一般化しつつある。統計によれば，通常手続の請求が令和4（2022）年では2,600件余りなのに対し，略式手続請求は約15万6,000件，しかもその過半は交通違反事件処理によるもので，同年で約13万9,000件弱である。最近では，交通違反事件を起こしても，反則金の支払いをせず，出頭要求にも応じない者に対して，逮捕状を請求・執行して身柄を拘束した上で，その間にこの略式命令を請求する手続が行われる。これを「待命式略式手続」といい，後に述べる交通事件即決手続に替わって多用されるようになった。

▷ 2 IV-13 「即決裁判手続」の表を参照のこと。

③ 略式手続の問題点

これまで説明してきた手続と異なって非公開で行われるので，例えば反則金で処理されない交通違反を犯した被告人に対しても，無用な社会的非難がなされるのを避けることができ，また被告人の負担も正式裁判に比べ軽くなるといえる。しかしながら，憲法37条1項・2項にいう「公開裁判を受ける権利」や「自己に有利な証拠を調べてもらう権利」「不利な証拠に反証する権利」の適用がなく，刑訴法256条の**起訴状一本主義**，すなわち**予断排除原則**も働かない。同意による被告人の権利放棄，と解するにせよ，純粋に理論的にみれば問題のある制度といえる。

▷起訴状一本主義，予断排除原則
⇨ V-7 「起訴状一本主義：予断排除の原則」

この点を払拭するために，書面によって被告人の意思を明確にし，さらには被告人が不公正な裁判を受けたなどの不服がある場合には，特に理由を付けなくとも正式裁判を請求することができるようにする，といった配慮がなされている。

ただ，実務をみると，いくつか疑問が残る。被告人の権利放棄は検察官の面前で行われるのだが，検察官は本来対立当事者なのだから，これは裁判官の面前で行われるべきであろう。また，略式命令後の正式裁判の請求は検察官にも許されることになっていて（刑訴法465条），これは量刑不当などの是正の道を残したものと説明されるが，本来この請求権は被告人の基本権保障のためにあるものなので本来その趣旨が異なる。さらには，正式裁判に移行した際には，以前の略式命令に拘束されないが，判例では「**不利益変更禁止**」の適用もないとされている。しかし，正当な権利行使である正式裁判請求に対し，報復意図で検察官が過大な求刑をするおそれがないとはいえないので，この点も保障がなされるべきであろう。

▷不利益変更禁止
一般に被告人の上訴権行使を躊躇させないため，原判決よりも重い刑を言渡すことができない，とする制度（402条）。⇨ VIII-1 「上訴制度」を参照。
▷ 2 最決昭和31年7月5日刑集10巻7号1020頁。

（松田龍彦）

交通事件即決手続

1 交通事件即決手続の定義

　前節まで説明してきた手続が刑訴法に規定があったのに対して，この手続は別の法律，「交通事件即決裁判手続法」（昭和29年法律第113号）が根拠規定になる。この法律は，交通に関する刑事事件の迅速適正な処理を図る（1条）ことを目的として制定された。裁判所の管轄（簡易裁判所），簡易裁判所にのみ管轄権があること，刑の範囲（50万円以下の罰金または科料を科す場合，同法3条）については略式手続とほぼ同様で，期間の短さ（通常は即日結審・判決がなされる），手続への不服申立てにも同様の配慮がなされている（同法3条2項，7条）が，公開の法廷で対審構造をとって行う（同法8条，9条）ことが一番の相違点である。これには，裁判官の面前での手続により被告人に感銘力を与えるとか，書面のみによらない手続により被告人に刑事責任を自覚させる，との目的がある。

2 交通事件即決手続の概要

　検察官がこの手続を用いようとするときは，**略式手続**と同様，被疑者に対して，この手続がどういった内容であるかを説明し，通常の公判によることもできる旨を告げた上で，即決手続によることに異議がないかどうかを確かめるが，略式手続と異なりこれを書面によって明らかにする義務はない（同法4条2項）。検察官はその上で公訴提起と同時にこの手続を裁判所に請求し，必要とされる書面や証拠物を裁判所に提出する。また，検察官の出席は必須ではない代わりに，科刑意見も同時に書面にして提出することが許される（同法8条3項）。

　即決手続に被疑者が同意しない場合など，この手続によることができない場合には，裁判所は通常手続によって裁判をしなければならない（同法6条）。この裁判は公開の法廷で行われる。正式裁判と同様に裁判官・被告人の出廷は必要だが，検察官や弁護人の出廷は義務ではない（同法8条，9条）。正式手続同様に**人定質問**を行い，裁判官からも被告人に異議がないことを確認する。その上で，被告人には事件の要旨と黙秘権が告知され，陳述の機会が与えられる（同法10条1項，2項）。裁判所は検察官の提出した**書証**だけでなく，検察官の主張・立証に疑いの残る点があったり，被告人の陳述・主張に沿った認定を行おうとするなど，必要があれば被告人や参考人の陳述を聞き，証拠物などによってさらに事実取調べをすることができる（同法10条3項）。

▷略式手続
⇨ Ⅳ-15「略式手続」

▷人定質問
公判開始に先立ち，被告人の氏名・年令・住所・職業等を確認する質問。主に人違いでないことを確認するためとされる。

▷書証
証拠調べの方式により，人証・物証と区別される証拠のことで，書証は朗読により取り調べられる。

この即決裁判を宣告するには，罪となるべき事実，適用した法令，科すべき刑等のほか，宣告を受けてから14日以内に正式裁判の請求ができることを告げることになっており，調書の形で判決として記録される（同法12条）。正式手続が適法に請求された場合には正式裁判を行い，正式裁判によって判決がなされた場合にはこの交通手続即決裁判の宣告は効力を失うことになっている（同法14条）。

③ 交通事件即決手続の問題点

略式手続と同様，この手続にも**起訴状一本主義**――予断排除原則は保障されていないが，被告人の出廷や対審構造，権利告知や事実の取調べなど，略式手続に比べてはるかに憲法や刑訴法が考える理念に近いものといえる。正式裁判を求める手立てが保障されること，及び当該被告人に対する**特別予防効果**なども考慮すると，こちらの手続を活用するほうがより「正義に適う」ともいえる。

もっとも，この手続は正式裁判に比べれば明らかに簡易とはいえ，略式手続のような「流れ作業」に比べればやはり手間と時間がかかる。「その割に被告人の主張がほとんど容れられず，形だけ」との批判も一部にあった。また，本来この手続は交通事件処理全般を担うものと期待されて昭和29（1954）年に創設されたものだが，モータリゼーション，マイカーの普及，自動車交通網の発達・整備に伴って事件数も爆発的に増加し，この手続を履践していたのでは事案をさばき切れなくなってしまったといわれる。昭和38（1963）年には交通切符制度（いわゆる「赤きっぷ」），昭和42（1967）年には交通反則通告制度（いわゆる「青きっぷ」）が導入され，交通事件処理は一部を除いて「裁判外」で行われるようになった。さらにその残った部分も前述の略式手続や，「待命式略式手続」，あるいは少年審判などが取って代わり，この交通事件即決手続は現在は用いられなくなった。

（松田龍彦）

▷起訴状一本主義
⇨ Ⅴ-7 「起 訴 状 一 本 主義」

▷特別予防効果
主に裁判対象者に対する犯罪（再犯）予防の効果等をいう。

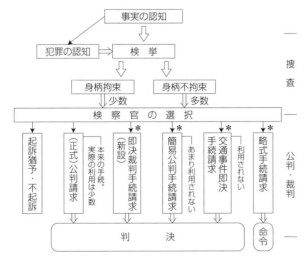

（注）＊被告人の同意が必要。
出所：筆者作成

公判手続の概要

 ## 公判（手続）の意義

　公判または公判手続とは，広義では，検察官による公訴提起を受けて裁判所が事件を受理してから，終局裁判が確定して事件が裁判所の手を離れるまでの手続全般を意味する。この意味での公判手続は，大きく，公判期日における審判手続とその準備としての公判準備手続に分けられる。

　公判期日における審判手続は，公開の法廷（公判廷）において，「公平な裁判所」の前で両当事者の対等な参加の下に行われる（刑訴法282条参照）。このことは，法廷の物理的な構造にも反映される。すなわち，法廷においては，傍聴席を手前に，裁判官席（法壇）が正面奥の中央の位置に，そして，当事者，つまり，訴追側と弁護側の席が，裁判官席からそれぞれ等距離の場所に置かれ，全体として，「二等辺三角形」の構造をとるのである。公判手続の重点は，この公判期日における審判手続におかれ[1]，それ以外の手続はその「準備」としての意味をもつにすぎない。そのため，「公判」または「公判手続」の語は，狭義では，公判期日における審判手続のみを意味するものとして使用される。

　以下では，公判前・期日間整理手続に付されない事件についての正式公判の手続の流れを概観する[2]。

公判準備の手続

　公判準備は，検察官が起訴状の提出により公訴を提起し，裁判所書記官がこれを受理して，あらかじめ定められた規則に基づいて，事件が特定の部または係に配付されるところから始まる。このようにして当該事件の審判を担当することが決まった「受訴裁判所」により，被告人に対する起訴状謄本の送達（271条），弁護人選任権の告知と弁護人の選任（272条），事前準備（刑訴規則178条の2〜），公判期日の指定・変更及び通知（刑訴法273条〜276条），被告人の召喚（273条2項）等の手続等が行われ，第一回公判期日（初公判）を開く準備が整えられることになるのである。

　一回の公判期日で全ての審判手続が終了しない場合には，必要に応じて，第二回以降の公判期日が開かれることになるが，その場合には，期日終了後に次回以降の期日の準備活動が行われることがある。ここでは，次回以降の公判期日の指定・変更及び通知（273条〜276条），被告人の召喚（273条2項）等のほか，

▷1　⇨ V-2 「公判の諸原理・諸原則」

▷2　事件が公判前・期日間整理手続に付される場合の公判準備手続及び公判期日における審判手続の特例については， IV-11 「公判前・期日間整理手続」を，簡易化された公判手続については， IV-13 「即決裁判手続」及び IV-14 「簡易公判手続」を参照。

当事者による証拠調べの請求（刑訴規則188条）及びその採否の決定（191条）や，公務所等への照会（刑訴法279条），期日外の証人尋問（281条・158条），検証（128条～），押収・捜索（99条～），鑑定の命令（165条～），通訳・翻訳の命令（175条～）等の証拠収集・保全活動も行われうる（なお，303条参照）。

③ 公判期日における審判手続

公判期日における手続は，大きく，Ⓐ冒頭手続→Ⓑ証拠調べ→Ⓒ弁論手続→Ⓓ判決宣告の四段階に分けられる[▷3]。

Ⓐ冒頭手続においては，裁判長が，氏名・年齢・住所・職業など，被告人に対し人違いでないことを確かめるための事項を質問した後（人定質問），検察官が起訴状を朗読する（291条1項）。引き続き，裁判長は，被告人に，黙秘権等の権利を告知した上で（291条2項），被告人及び弁護人に，被告事件について陳述する機会を与える。

Ⓑ証拠調べは，検察官が，証拠により証明すべき事実を明らかにすることによって開始される（296条：冒頭陳述）。被告人または弁護人も冒頭陳述を行うことができる[▷4]（刑訴規則198条）。引き続き，訴追側→弁護側の順に証拠調べの請求がなされる（刑訴法298条1項）が，被告人の自白調書については，犯罪事実に関する他の証拠が取り調べられた後でなければ取調べを請求することができない（301条）[▷5]。当事者の証拠調べの請求に対して，裁判所は，その採否の決定を行う（刑訴規則190条：証拠決定）。証拠調べは原則として当事者の請求によって行われるが[▷6]，裁判所が補充的に職権により証拠調べをすることもある（刑訴法298条2項）。証拠調べの範囲・順序・方法については，裁判所が，当事者の意見を聴いた上でこれを定め，また，いつでもこれを変更することができる（297条）。証拠調べの方式は，証人・鑑定人等，証拠書類，証拠物，証拠物たる書面等，証拠の種類によって異なる（304条～307条）。通常は，これらの証拠が取り調べられた後に被告人質問が行われ，証拠調べが締めくくられる。

証拠調べが終わると，当事者による意見陳述が行われることになる。このⒸ弁論手続は，検察官による事実及び法律の適用についての意見の陳述により始まる（293条1項）。これを，論告・求刑と呼ぶ。その後，被害者参加人[▷7]や，被告人及び弁護人も，意見を陳述することができる（316条の38，293条2項）。この弁護側の最終弁論をもって弁論の終結が告げられ，これにより「審理」が終結することになる（この状態を「結審」と呼ぶ）。

Ⓓ判決は，公開の法廷で，宣告により告知する（342条）。判決の宣告は，裁判長が主文及び理由を朗読するか，あるいは，主文を朗読し理由の要旨を告げることによって行われる（刑訴規則35条）。

（松田岳士）

▷3 審理と判決
公判手続は，「審理」と「判決（宣告）」の二つの段階に分けられることもある。「審理」とは，Ⓓ判決宣告の手続を除く，Ⓐ冒頭手続→Ⓑ証拠調べ→Ⓒ弁論手続までの段階をいう。審理と判決（宣告）の両手続をあわせて，「審判」と呼ぶ。

▷4 弁護側の冒頭陳述
公判前整理手続に付された事件については，弁護側は，検察官の冒頭陳述に引き続き，証拠により証明すべき事実その他の事実上及び法律上の主張を明らかにしなければならない（刑訴法316条の30）。

▷5 被告人の自白調書等の取調べ請求の時期
刑訴法301条の趣旨に沿って，実務上，訴追側の証拠は，「甲号証（乙号証以外の証拠）」と「乙号証（被告人の自白調書，身上・前科関係の証拠等）」に分類され，検察官は，乙号証については弁護側の反証取調べ後に取調べを請求するのが通例となっている。

▷6 当事者主義と証拠調べ請求
当事者主義の下では，原則として，証拠調べは当事者の請求によって行われ，また，取調べ請求すべき証拠の選択は当事者に任されるが，刑訴法は，裁判所による職権取調べの可能性も認めている（298条2項）。また，検察官に一定の証拠の取調べ請求が義務づけられる場合もある（300条等）。

▷7 ⇨ II-8「犯罪被害者の法的地位」

公判の諸原理・諸原則：公開主義，口頭主義，直接主義

 公判の諸原理・諸原則と関連規定

　近代的な刑事公判手続においては，一般に，公開主義，口頭主義，直接主義，継続審理主義，口頭弁論主義等の諸原理・諸原則が妥当するものとされる。わが国の刑事訴訟も，これらの諸原理・諸原則の精神に則った近代的な刑事手続の系譜に属するということができるが，以下では，このうち，公開主義及び口頭主義・直接主義の意義について説明する。

2 公開主義の意義・内容

　公開主義は，広く一般に裁判を公開し，その傍聴を認めることを要請する。[1]刑事裁判は，国家による刑罰権発動の前提となるものであり，その公正な運用は国民（一般市民）全体の重大な関心事であって，事件が闇から闇へ葬り去られるようなことはあってはならないのはもちろん，その前提となる事件審理それ自体も，「密室」で行われるようなことがあってはならない。こうして，公開主義が要請する「裁判の公開」は，裁判を国民の監視下におくことによって，その公正を担保するとともに，国民の裁判に対する信頼を確保する意味をもつ。

　日本国憲法は，原則として，「裁判の対審及び判決は，公開法廷でこれを行ふ」とする一方で（憲法82条），被告人に「公開裁判を受ける権利」を保障しており（憲法37条1項），刑訴法も，公判期日における取調べ及び判決の宣告は「公判廷」で行うものとする（282条1項，342条）。

　「裁判の公開」が，一般国民に裁判の自由な傍聴を制度として保障することを意味することについては争いはないが（制度的保障説），[2]さらに，裁判傍聴を個人の権利として保障することまでを含意するか（権利説）については議論がある。判例は，憲法82条1項の趣旨について，「裁判を一般に公開して裁判が公正に行われることを制度として保障」するものであって，「各人が裁判所に対して傍聴することを権利として要求できることまでを認めたもので〔は〕ない」とする。[3]実際，法廷内に収容できる傍聴人の数には限度があり，多数の傍聴者が予想される事件では，傍聴券が交付され，全ての希望者に傍聴が許されないこともある。もっとも，被害関係者については，優先的に傍聴できるよう配慮がなされる（犯罪被害者等の権利利益の保護を図るための刑事手続に付随する措置に関する法律2条）。また，一般に，法廷での写真撮影，録音，テレビ放映等

を認めることまでは，公開主義の要請には含まれないと解されており，刑事訴訟規則215条も，「公判廷における写真の撮影，録音又は放送は，裁判所の許可を得なければ，これをすることができない」とする。[4]

「公開の原則」は，「政治犯罪，出版に関する犯罪又は……憲法第3章で保障する国民の権利が問題となっている事件」については絶対的なものであるが，それ以外の事件の「対審」に関しては，「裁判所が，裁判官の全員一致で，公の秩序又は善良の風俗を害する虞があると決した」ときには，例外的に，「公開しないでこれを行ふことができる」。もっとも，この場合でも，「判決」の言渡しは必ず公開の法廷で行われなければならない（憲法82条2項，裁判所法70条）。

③ 口頭主義・直接主義の意義・内容

口頭主義は，書面主義の対概念であり，公判期日における審判が原則として口頭方式によって行われることを要請する。口頭方式は，正確性や論理性という点では書面方式に劣るものの，裁判所や当事者が審理に同時的かつ直接的に参加することを可能にする点で優れている。このことは，公開主義との関係でも重要な意味をもつ。傍聴人がその審判の内容を同時進行的に確認することができないとすれば，「裁判の公開」の意義は大幅に損なわれるからである。

直接主義は，裁判所に，公判において直接取り調べられた証拠のみに基づいて裁判を行うことを要求する。これは，裁判は公判期日において公明正大に取り調べられた証拠によって行われるべきであり，公判外で，当事者あるいは捜査機関等によって一方的に作成・保全された資料によって代替されるべきではないとの発想に基づくものであり，その意味で「**非媒介主義**」と言い換えることもできよう。

刑訴法は，憲法による被告人に対する証人喚問権及び審問権の保障を受けつつ（憲法37条2項），両当事者に（被告人側だけでなく訴追側にも），証人尋問に立ち会い，「証人を尋問する」権利を認め（刑訴法157条），伝聞法則を採用するとともに（320条以下），証拠書類等の取調べは朗読により（305条，刑訴規則203条の2），また，判決は口頭弁論により行うことを原則としているが（刑訴法43条1項），ここには，口頭主義・直接主義の精神を看取することができよう。

ところで，口頭主義と直接主義は，一括りにして論じられることが多い。それは，両原則が，ともに，裁判は，原則として，公開の法廷における「公平な裁判所」の前での当事者の対等かつ同時の参加の保障の下で公明正大に行われる公判期日における審理に基づいて行われるべきだとする公判中心主義の理念[5]を体現するものであるからであろう。

なお，**裁判員裁判**においては，直接主義・口頭主義の実現が，さらに，裁判員にとっての「わかりやすさ」や「負担軽減」につながるとして，その重要性が強調されることがある。

（松田岳士）

▷4 **傍聴人によるメモ行為**

判例は，傍聴人が法廷においてメモを取る行為について，「憲法21条1項の規定によって直接保障されている表現の自由そのものとは異なる」ものの，「見聞する裁判を認識，記憶するためになされるものである限り」は，「公正かつ円滑な訴訟の運営を妨げるに至ることは，通常はあり得ないのであって，特段の事情のない限り，これを傍聴人の自由に任せるべきであり，それが憲法21条1項の規定の精神に合致する」とする（前掲最大判平成元年3月8日）。なお，裁判長が法廷警察権に基づき傍聴人のノートパソコン使用を禁止した措置の（国家賠償法上の）適法性について判断を示した裁判例として，名古屋高判平成31年1月31日裁判所ウェブサイト参照。

▷**非媒介主義**

「直接主義」は特に大陸法諸国で重視されてきた原則であるが，ドイツ語ではUnmittelbarkeitsgrundsatz，フランス語では principe de immediateté，すなわち，媒介項（mittel; media）否定の原則を意味する。

▷5 ⇨V-3「公平な裁判所」

▷**裁判員裁判**
⇨II-2「裁判員裁判」

公平な裁判所：除斥，忌避，回避

 「公平な裁判所」の保障

　憲法は，「すべて裁判官は，その良心に従ひ独立してその職権を行ひ，この憲法及び法律にのみ拘束される」と定めるとともに（憲法76条 3 項），被告人に，「公平な裁判所の迅速な公開裁判を受ける権利」を保障する（憲法37条 1 項）。この「公平な裁判所」の保障は，「法を法そのものとして実現する」司法作用に本質的な要請であると同時に，「適正手続」の要請でもあると考えられる。

　刑事訴訟においては，裁判所による判断が政治的な影響力等によって左右されるようなことがあってはならないのは当然であるが，それだけでなく，裁判所は，審判に当たり，一方当事者に不当に加担するようなことがあってはならず，公判廷の「二等辺三角形」構造や裁判官が着る**法服の色**にも象徴されるように，全ての当事者から同一の距離（中立性）を保っていなければならない。

　ところで，「公平な裁判所」の保障には，事件を担当する裁判所の不偏不党性・中立性の担保という人的な側面と，審判の基礎となる情報が偏りのないものでなければならないという物的な側面とが考えられる。さらに，前者の「公平な裁判所」の人的保障に関する制度は，裁判官と裁判員とで内容を異にする。

② 「公平な裁判所」保障の人的側面

　裁判官に関しては，一般的に，「その良心に従い独立してその職権を行」うことを担保するために，身分が保障され，司法行政権も裁判所に委ねられる等の配慮がなされる。

　さらに，個々の事件の審判を担当する裁判官の決定の場面においても，司法行政上の措置として，裁判官への事件の配付が「**順点の原則**」によって行われるほか，除斥，忌避，回避の制度が刑訴法及び同規則によって設けられている。

　除斥とは，裁判官が事件及びその関係者と一定の人的な繋がりをもつ場合や，事件処理に一定の職務に関与したため予断を抱いている可能性のある場合等，裁判の公平性を害するおそれのある一定の事由がある場合に，その裁判官を当該職務の執行から当然に排除する制度である（刑訴法20条）。これに対して，忌避とは，裁判官に除斥事由がある場合，または不公平な裁判をするおそれがある場合に，当事者の申立に基づいて裁判によりその裁判官を当該職務の執行から排除する制度である（21条）。このうち，「不公平な裁判をするおそれ」につ

▷「二等辺三角形」構造
⇨ V-1 「公判手続の概要」
▷法服の色
裁判官が法廷で着る黒い上着を「法服」という。法服の色が黒とされているのは，この色が，他の色に染まることがないという意味で，その公正さを象徴するものと考えられたためとされる（ただし，国によっては，検察官や弁護人も法服を着るところもある）。

▷順点の原則
事件の配付とは，公訴提起のあった事件の審判の担当裁判官を決めることをいうが，順点の原則とは，これを，原則として事件受理の順序によって機械的に行うことをいう。恣意的な事件の配付を防ぐとともに，裁判官の間での公平の負担を図るための司法行政上の措置である。

いて，判例は，「手続内における審理の方法，態度などは，それだけでは直ちに忌避の理由となしえない」との厳格な立場を採る。回避とは，裁判官が，自ら，忌避される原因があると認める場合に，その職務の執行を辞退する制度である（刑訴規則13条・14条）。なお，裁判官の除斥・忌避・回避に関する規定は，原則として裁判所書記官にも準用される（刑訴法26条）。

　裁判員は，裁判官と異なり，具体的な事件ごとに選出される。そのため，「公平な裁判所」の要請は，主としてその選任の要件及び手続にあらわれることになる。

　裁判員となるための資格について，裁判員の参加する刑事裁判に関する法律（以下，裁判員法という）は，具体的事件との関係において，当該事件及びその関係者と一定の人的な繋がりをもつ者や，事件処理において一定の職務に関与した者のほか，「裁判所が……不公平な裁判をするおそれがあると認めた者」は，「当該事件について裁判員となることができない」ものとする（裁判員法17条）。裁判員は，市町村の選挙管理委員会において選挙人名簿に登録されている者の中からくじで選定される裁判員候補者予定者の名簿をもとに地方裁判所が作成する「裁判員候補者名簿」を基礎に，**裁判員等選任手続**を経て選任されるが，ここでは，検察官及び被告人は，裁判員候補者について，それぞれ，原則として4人を限度として，理由を示すことなく不選任の決定を請求することができる（同法36条）。不選任の決定が行われた候補者は，「くじその他の作為が加わらない方法」によって行われる裁判員・補充裁判員の選任決定の対象から外される（同法37条）。その他，裁判員等に対する不当な請託や威迫等に対しては，罰則が設けられている（同法106条-）。

❸ 「公平な裁判所」保障の物的側面

　「公平な裁判所」の保障のためには，事件を担当する裁判官の不偏不党性・中立性を確保するだけでは必ずしも十分であるとはいえない。なぜなら，裁判官ないし裁判員自身には，当事者や事件との関係で不偏不党性・中立性を害する要因が特にないとしても，裁判所に提出される証拠・資料に偏りがある場合には，その「公平性」の保障はおぼつかないからである。

　判例は，憲法37条1項の「公平な裁判所の裁判」とは，「構成其他において偏頗の懼なき裁判所の裁判」であるとして，この意味での「公平性」をあまり重視していないようにも思われるが，刑訴法は，起訴状一本主義（刑訴法256条6項），自白調書の取調請求時期の制限（301条）等にみられるように，とりわけ訴追側の証拠・資料によって裁判所の心証形成に不当な影響が与えられることを警戒している。さらに，刑訴法は，伝聞法則を採用するが（320条以下），これも，当事者によって一方的に収集・作成された証拠が裁判所の事実認定に供されることを防止する機能をもつ。　　　　　（松田岳士）

▷1　最決昭和48年10月8日刑集27巻9号1415頁。

▷裁判員
⇨Ⅱ-2「裁判員裁判」

▷2　裁判員裁判と「公平な裁判所」
司法制度改革審議会意見書は，「裁判員の選任については，選挙人名簿から無作為抽出した者を母体とし，更に公平な裁判所による公正な裁判を確保できるような適切な仕組みを設けるべきである」とする。

▷裁判員等選任手続
裁判所が，具体的な事件を担当する裁判員・補充裁判員の選任決定を行うために，裁判員候補者名簿の中からくじで選定した一定員数の裁判員候補者を呼び出し，検察官及び弁護人の出席の下で行う手続である。この手続においては，裁判員候補者について，質問票・質問等による就職禁止事由・不適格事由等の有無の確認や，理由を示さない不選任の請求・決定等が行われ，その結果，不選任の決定がなされなかった候補者の中から，くじその他の作為が加わらない方法により裁判員が選任されることになる（裁判員法26条以下）。

▷3　最判昭和23年5月5日刑集2巻5号447頁。

▷4　⇨Ⅵ-14「伝聞法則の意義及びその例外」

4 迅速な裁判

 「迅速な裁判」の保障

　「司法＝正義の遅延は，司法＝正義の否定である」といわれる。訴訟の迅速性の保障は，その適正性の保障と並ぶ刑事訴訟の重要課題である。憲法37条1項は，「すべて刑事事件においては，被告人は，公平な裁判所の迅速な公開裁判を受ける権利を有する」として，「迅速な裁判」を被告人の権利として定め，刑訴法1条は，「刑罰法令を適正且つ迅速に適用実現すること」を同法の目的の一つとして挙げている。実際，「迅速な裁判」の実現は，被告人にとっても，また，国家にとっても，重大な関心事である。「被告人」としての地位には，身柄拘束をはじめとする法的な不利益だけでなく，有形無形の社会的不利益が伴いうるから，被告人にとって，裁判の長期化はこのような不利益を受忍する期間の長期化を意味することになる。また，訴訟が遅延すれば，証拠の散逸等によって真実発見がより困難になるとともに，刑事訴訟を支える人的・物的資源が浪費されることになるだけでなく，防御権の行使に支障をきたすこともある。さらに，被告人が有罪である場合には，訴訟の遅延は処罰の遅延を意味することになるから，特別予防の観点からも，また，一般予防の観点からも，刑罰の感銘力を薄めることになりかねない。

　しかし，裁判の迅速性を追求するあまり，裁判の適正性・公正性が害されることになってはならない。「迅速裁判」が「拙速裁判」になってはならないのである。もっとも，一般に，訴訟当事者の手続的権利保障を厚くすればするほど，手続は「重たく」なり，裁判により多くの時間がかかることになるため，裁判の迅速性と適正性の両立は容易なことではない。

 「迅速な裁判」実現のための諸方策

　「迅速な裁判」を実現するための方策として第一に挙げられるのは，裁判を支えるインフラの整備・充実である。刑事裁判の日々の運営を担うのは，主として，裁判官，検察官，弁護士の法曹三者，そして，それを支える書記官・事務官・事務員等の法曹関係者であるが，これらの法曹関係者一人一人が負担することのできる業務の量には自ずと限界がある。したがって，「迅速な裁判」を実現するためには，まず，十分な法曹人口を確保するとともに，裁判所等の関係施設を拡充するなどして，可能な限り刑事手続の運用を支える人的・物的

▷1　「迅速な裁判」と被告人の利益
「迅速な裁判」は，一般的には被告人の利益となることが多い。しかし，例えば，被告人が，死刑または無期懲役刑が見込まれるような重大事件の犯人であることが明らかな場合などには，反対に裁判遅延が被告人の利益と一致することもありえよう。

資源の充実を図る必要がある（裁判の迅速化に関する法律2条参照）。

　もっとも，このような人的・物的資源の充実には，財政的な裏づけや有能な人材の確保が不可欠だが，これには限界があることも否定できない。したがって，これと並行して，現存の資源をより効果的に用いるための工夫も必要となろう。そのための方策としては，まず，比較的軽微かつ単純で争いのない事件については，思い切って手続を簡易化することが考えられる。このことは，統計的に大多数を占める軽微・単純な事件それ自体の簡易・迅速な解決を可能にするという意味でも，また，刑事手続の運用を支える物的・人的資源を，重大もしくは複雑な事件，または争いのある事件に重点的に配分することを可能とするという意味でも，有意義である。他方，このような簡易化された手続の対象とされていない重大・複雑な事件を扱う正式な公判手続自体についても，その「迅速化」を実現する必要がある。その代表的な方策としては，継続審理・集中審理の実現及び公判準備の充実が挙げられ，そのために，事前準備や**公判前・期日間整理手続**が整備されてきた。さらに，より直接的な方策としては，法律による訴訟期間の制限が考えられる。公職選挙法253条の2のいわゆる「**百日裁判**」規定がその例である。また，間接的にではあるが，被告人の身柄拘束期間の制限等にも同様の機能が期待される。

③ 「迅速な裁判」違反の場合の救済手段

　以上のような立法上あるいは司法行政上の諸方策にもかかわらず，個別事件の審判において，様々な事情によって訴訟遅延が生ずる可能性があることは否定できない。その結果，被告人の迅速な裁判を受ける権利が侵害される事態が生じた場合には，どのような救済手段をとりうるであろうか。この点について，裁判所ないし検察官に訴訟促進を求める手段を被告人に与えることも考えられるが（刑訴規則303条参照），既に迅速裁判違反の状態が生じてしまっている場合には，その時点で手続を打切ることにより，違反状態それ自体を解消してしまうのが最も端的かつ合理的な解決法であるといえる。

　最高裁は，この解決法を採ることについて，当初は消極的な態度を示していたが，いわゆる「高田事件大法廷判決」において，憲法37条1項が，「個々の刑事事件について，……迅速な裁判をうける被告人の権利が害せられたと認められる異常な事態が生じた場合には，……その審理を打ち切るという非常救済手段がとられるべきことをも認めている趣旨の規定である」ことを確認するに至った。「迅速な裁判をうける被告人の権利が害せられたと認められる異常な事態が生じた」か否かの判断基準（要件）の理解については議論があるが，最高裁は，その判断に当たっては慎重な態度をとっており，現在までに，同裁判所で迅速裁判違反が争われた事件は10を超えるが，実際に免訴判決による手続打切りの判断が示されたのは本件1件のみである。

（松田岳士）

▷ 2　「迅速な裁判」と手続の簡易化
司法制度改革審議会の意見書も，「争いのある事件とない事件を区別し，捜査・公判手続の合理化・効率化を図ることは，公判の充実・迅速化（メリハリの効いた審理）の点で意義が認められる」と指摘する。⇨Ⅳ-13「即決裁判手続」，Ⅳ-14「簡易公判手続」，Ⅳ-15「略式手続」，Ⅳ-16「交通事件即決手続」

▷公判前・期日間整理手続
⇨Ⅳ-11「公判前・期日間整理手続」

▷ 3　公判準備の遅延
もっとも，公判準備手続自体の遅延も別途問題となりうる。

▷百日裁判
公職選挙法253条の2は，選挙の当選人，組織的選挙運動の管理者，出納責任者等の一定の選挙違反事件については，「判決は，事件を受理した日から100日以内にこれをするように努めなければならない」とし，審理に必要と見込まれる公判期日を第一回公判期日前に一括して定め，他の事件に優先して裁判を行うべきこと等を定める。この種の事件で有罪判決が確定すれば当選が無効となることから（公職選挙法251条以下），法律関係を迅速に確定させるために設けられた制度である。

▷ 4　最判昭和23年12月22日刑集2巻14号1853頁。

▷ 5　最大判昭和47年12月20日刑集26巻10号631頁。

5　訴因制度

 訴因制度と訴訟構造

　現行刑訴法は，審判対象について，犯罪事実に関する検察官の主張を内容とする訴因制度を新たに導入した。これに対して，裁判所が捜査機関の形成した嫌疑を承継した上で事案の真相を解明する**職権主義訴訟構造**を採用していた旧刑訴法では，審判の対象は検察官が訴追の対象とした歴史的・社会的事実（事件の実体）である公訴事実と理解されていた。そこでは，検察官の公訴提起により訴訟が開始される（旧法291条1項）点では**不告不理の原則**が採用されていたが，起訴状に記載された犯罪事実とそれ以外の同一の手続で処理できる事実である公訴事実に対しても審判が可能とされ裁判所に審判権が広い範囲で認められていた。しかし，**起訴状一本主義**（256条6項）の採用によって，**当事者主義訴訟構造**が現行法において決定づけられると，一方当事者である検察官による訴追対象の明示が重視され，不告不理の原則が実質的意味でも徹底し訴因が審判対象であると理解されるに至っている。ただ，現行法は，訴因制度を導入する（256条3項，5項，312条）一方で条文の文言上旧法以来の伝統的概念を示す公訴事実を残置している（256条2項，3項，312条等）ことから両者の関係が問題となるとともに，訴因制度の理解についても，訴因のもつ機能のうち裁判所に対して審判の対象を限定する機能と被告人に対し防御の対象を明らかにする機能のいずれを重視するかとも関係して審判対象の理解について学説が分かれている。

2　審判対象の理解をめぐる学説の対立

　学説は，公訴事実対象説，訴因対象説，中間説に大別される。公訴事実対象説は，旧法以来の理解を反映させて，起訴状に記載された犯罪事実の背景にある社会的事実（事件の実体），つまり，起訴状の犯罪事実の記載から示されうる社会的事実としての事件が審判の対象となるとする。訴因については，公訴事実に対する法的評価を示して被告人の防御の便宜を図る制度にすぎないとする。この見解には，公訴及び再起訴を禁止する効果を生じる**既判力**の客観的範囲を統一的に把握できる点にメリットがあるとされる。しかし，起訴状記載の検察官の主張から離れて真実を探求しうるとすることは被告人の防御権の保障を損なうだけでなく，裁判所の中立性を害し現行法の採用する当事者主義訴訟と矛

▷**職権主義訴訟構造**
⇨ Ⅰ-4 「刑事訴訟法の基本的性格」

▷**不告不理の原則**
裁判所は，原告の訴の提起によってのみ審判を開始できるとする原則をいう。

▷**起訴状一本主義**
⇨ Ⅴ-7 「起訴状一本主義」

▷**当事者主義訴訟構造**
⇨ Ⅰ-4 「刑事訴訟法の基本的性格」

▷**既判力**
既判力とは，訴訟の対象である刑罰関係が裁判上確定することをいい，その判断内容との抵触を禁じることから再起訴禁止の効力が含まれる。この効力が公訴事実の同一性のある事実に生じることに争いがないが，公訴事実対象説ではその説明が容易であるのに対し，訴因対象説では，判断がなされた訴因の範囲を越えてこの効力が生じる説明が問題となる。

盾するという問題がある。次に，中間説は，訴因を現実的審判の対象とするが，公訴の効力が及んでいる公訴事実も潜在的な審判の対象となる（312条参照）とする。この見解は，訴因制度の下でも既判力の客観的範囲が公訴事実の同一性と一致することを説明できる点にメリットがあるとされる。しかし，公訴事実を潜在的審判の対象とする意味が曖昧であり，職権主義的な理解を含むため，現行法の立場との整合性に欠けるという問題がある。現在，現行法が当事者主義訴訟構造を採用していることを前提として，防禦対象を明確にする必要性を重視して訴因対象説が通説となっている。そこでは，審判の対象は，検察官の犯罪事実の具体的な主張である訴因とされ，それ以外の事実に対して裁判所の審判権は及ばないとされ（審判対象の限定），このことが同時に被告人の防禦にも重要な役割を果たす（防禦対象の明示）とされる。しかし，この見解には，審判対象とはされていない公訴事実の同一性の範囲で再起訴禁止の効果を伴う既判力が生じる理由を論理的に説明できないという問題がある。ただ，訴因対象説からは，この点について既判力の客観的範囲は訴因を構成する事実の範囲に限定されるが，再起訴禁止の効果は二重の危険禁止の法理（憲法39条）を根拠とする**一事不再理効**に基づき公訴事実の同一性の範囲で認められるという説明がなされている。現在の裁判実務は，訴因対象説によって基本的に運用されており，最高裁決定にもこのことを示すものがある（**最決昭和25年6月8日**[1]）。

③ 訴因対象説の解釈論的帰結

　訴因対象説では，審判の対象が検察官の犯罪事実についての具体的な主張である訴因に限定され，この範囲で訴訟係属も生じ，また，訴因の設定・管理は検察官の専権事項とされる（刑訴法247条）ことから，以下の解釈論的帰結が導き出される。

　それは，①裁判所が訴因の範囲を逸脱した事実を認定したときは，審判の請求を受けない事件（訴因）に対する判決として絶対的控訴理由（378条3号）を構成する。②訴因変更の必要性（訴因変更の要否）は，訴因を構成する事実と証拠調べを経て裁判所による認定がなされる事実との間で被告人の防禦にとって重要な「事実」を同一にするかを基準として判断する。③裁判所には，原則として訴因変更命令を出す義務はない（ただし，**最決昭和43年11月26日**[2]は，一定の場合に例外として義務性を肯定している）。また，訴因変更命令には形成力は認められない（**最判昭和40年4月28日**[3]）。④訴訟条件の存否は，訴因を基準に判断する，という帰結である。裁判実務も訴因対象説の理論的枠組の中で基本的に運用されている。

（関　正晴）

▷**一事不再理効**
有罪・無罪の実体判決がなされた場合に，同一事実について再起訴を禁じる原則をいう。

▷1　**最決昭和25年6月8日**　公訴事実中に「屋内に侵入し」と記載されているが罪名には単に窃盗と記載され罰条として刑法235条のみが示されているにすぎない起訴状で公訴提起されたが，この住居侵入の事実については裁判官の釈明もなく検察官において罰条を示しての訴因の追加もなされていなかった事案について，訴因の追加もないのに，住居侵入の犯罪事実を認定したのは，結局審判の請求を受けない事件について判決した違法があるとした（刑集4巻6号972頁）。

▷2　**最決昭和43年11月26日**　当初の訴因は殺人であるが，証拠調べを経た結果，重過致死が認められる事案について，重過致死という相当重大な罪の訴因に変更すれば有罪であることが証拠上明らかな場合には，裁判所は例外的に訴因変更手続を促しまたはこれを命ずる義務があるとした（刑集22巻12号1352頁）。

▷3　**最判昭和40年4月28日**　検察官からの訴因変更の請求がないのに，裁判所が共同正犯に訴因を変更することを命じ，訴因変更を前提として手続が進められた事案について，裁判所の訴因変更命令により訴因が変更されたとすることは，訴因の変更を検察官の権限としている刑訴法の基本的構造に反するから，そのような効力を認めることはできないとした（刑集19巻3号270頁）。

訴因の特定

1 訴因の特定の意義

　起訴状における訴因の記載には，「罪となるべき事実」を明示する必要があり，そのために，できる限り日時，場所，方法をもって，構成要件に該当する具体的事実を特定して表示しなければならない（刑訴法256条３項）。これは，**訴因の機能**を反映して，裁判所に対しては審判の対象を，被告人に対しては防御の範囲を明示することを起訴状の記載に求めるものである（最大判昭和37年11月28日）。この点，その記載を日時，場所，方法によって他の訴因と紛れない程度に特定することを要し，それで足りるとする見解もある。しかし，学説の多くは，検察官の犯罪事実の主張を特徴づけるとともに，アリバイ等とも関係して重要な意味をもつ場合もあることから，日時，場所，方法等の記載については，これを被告人の防禦に支障が生じない程度に具体的に訴因を特定し，それによって訴因を明示する必要があるとしている。他方，256条３項は「できる限り」と規定し，捜査活動を通じて犯罪事実の詳細全てを明らかにすることが困難となる場合にも配慮して，一定の限度での緩和された記載を認めている。しかし，訴因の特定を要求する法の趣旨に即して，その場合であっても最大限度可能な限りでの特定が厳格に要求されるとする見解が有力である。

2 訴因特定の具体的程度

　現実の犯罪は，事案に応じて多様な内容をもつことから，どの程度の記載によって訴因の特定の要請がみたされるかが問題となる。この点，共謀共同正犯と覚せい剤使用罪の起訴状の記載が問題とされた。前者については，単に「共謀の上」というだけの記載であっても訴因の明示に欠けるものではない」とするのが実務の一般的な傾向である。しかし，多くの学説は，この取扱いは防禦の対象を明示する訴因の機能を軽視するとして批判し，共謀のみに関与した者の処罰の根拠は共謀の事実のみに求められることから，その日時，場所，内容等の記載をできる限り具体的に表示することを要求している。

　後者について最高裁は，**覚せい剤使用事件**の「昭和54年９月26日ころから同年10月３日までの間，Ｙ町内及びその周辺において，覚せい剤若干量を自己の身体に注射または服用した」という起訴状について，「日時，場所の表示にある程度の幅があり，かつ，使用量，使用方法の表示に明確を欠くところがあ

▷**訴因の機能**
⇨ Ⅴ-5 「訴因制度」

▷**覚せい剤使用事件**
被告人は覚せい剤使用罪の犯罪事実で起訴されたが，その起訴状の記載は日時，場所に幅があり，使用量，使用方法の表示にも明確さが欠けるところがあった事案（最決昭和56年４月25日刑集35巻３号116頁）。

▷**白山丸事件**
被告人は密出国の犯罪事実で起訴されたが，その起訴状の記載は，日時につき６年余の幅があり，場所は単に本邦よりとされ，出国の方法も具体的に表示されていなかった事案（最大判昭和37年11月28日刑集16巻11号1633頁）。

るとしても, 検察官において起訴当時の証拠に基づきできるかぎり特定したものである以上訴因の設定に欠けるところはない」としている。これより以前に, 起訴状の日時, 場所, 方法についての幅のある記載が争われたものには, 密出国という出入国管理令違反の事実が問題とされた**白山丸事件**がある。そこでは, 国交未回復の国への密出国状況を詳らかにすることは困難であり, 問題とされた帰国の事実に対応する密出国の事実は1回と想定される特殊事情に基づいて, 訴因の特定を要求する「法の目的を害さないかぎりの幅のある表示をしても, その一事を以って, 違法であるということはできない」としている。両事件の判断の内容の関係については異なる理解もあるが, 覚せい剤使用事犯は, 被害者なき犯罪として目撃者が通常いない場合も多く, 被疑者の供述から詳細を解明することが困難である等の事情が存在することから, 白山丸事件判決と同様に特殊事情の存在を前提とする判断と一般に理解されている。ただ, 実務では, 一定期間内に反復して犯されることが多い覚せい剤使用事犯の性質に配慮して, さらに訴追対象事実を絞り込むため**最低一行為説**, **最終行為説**等が主張されている。しかし, これらの見解では, 複数回の使用行為は併合罪の関係にあることから判決確定後に他の使用行為について再訴追の余地を認めることになる。そのため, 多くの学説は, 被告人の法的安定性に配慮して, この再訴追を制限する必要を指摘するが, その理論的説明には検討の余地が残っている。

なお, 最近の裁判例には, 傷害致死事件の「被害者に対し, その頭部等に手段不明の暴行を加え, 頭蓋冠, 頭蓋底骨折等の傷害を負わせ, よって頭蓋冠, 頭蓋底骨折に基づく外傷性脳障害又は何らかの傷害により死亡させた」という記載の起訴状について, その訴因は, 暴行態様, 傷害の内容, 死因等の表示が概括的なものにとどまるものであるが, 訴因の特定に欠けるところはないとするものがあるが, やや事案が特殊なものであるため従来の判断との関係について, なお検討の余地がある。

③ 訴因不特定の効果

刑訴法は, 訴因の特定を要請する一方で, 厳しい捜査に対する規制によって, 精密に訴因を設定することが困難となる場合にも配慮して, 2個以上の訴因を順位づけて記載する訴因の予備的記載と並列的に記載する択一的記載を認めている (256条5項)。ただ, これらは, 現在検察官による公訴権の行使が厳格な起訴基準によって運用されていることからほとんど行われていない。

訴因の特定が問題となる場合には, 検察官に釈明を求め, 補正の機会を与える必要があり (最決昭和33年1月23日刑集12巻1号34頁), これが不可能なときに初めて公訴は打ち切られる (338条4項) ことになる。

(関 正晴)

▷1 覚せい剤使用事件の原審である広島高判昭和55年9月4日は, 検察官は, 鑑定の結果覚せい剤が検出された事実を立証する旨を陳述していること, 起訴状の記載が具体的でない理由は被告人が終始否認しているか, 供述が曖昧であり目撃者もいないためであることが推定できること, 覚せい剤の自己使用は犯行の具体的内容についての捜査が通常極めて困難である, という特殊事情を指摘する (刑集35巻3号129頁)。

▷**最低一行為説**
特定の期間中の最低1回の覚せい剤使用行為が起訴されたとする見解。

▷**最終行為説**
尿鑑定の検出可能期間に対応する最終の覚せい剤使用行為が起訴されたとする見解。

▷2 被告人は傷害致死事件について, 「被害者に対し同人の頭部に手段不明の暴行を加え, 同人に頭蓋冠, 頭蓋底骨折の傷害を負わせ, よって, そのころ同所において, 同人を右傷害に基づく外傷性脳障害により死亡に至らしめた」という起訴事実で起訴されたが, 控訴審において, 検察官が「被害者に対し, 同人の頭部等に手段不明の暴行を加え, 同人に頭蓋冠, 頭蓋底骨折等の傷害を負わせ, よって, そのころ, 同所において, 同人を頭蓋冠, 頭蓋底骨折に基づく外傷性脳障害又は何らかの傷害によって死亡するに至らしめた」という第一次的予備的訴因を追加して争った事案 (最決平成14年7月18日刑集56巻6号307頁)。

起訴状一本主義：予断排除の原則

 1 起訴状一本主義とは

　刑訴法256条6項は，起訴状一本主義を採用し，起訴状に，裁判官に予断を生ぜしめるおそれのある書類等の添付とその内容を引用することを禁じている。これは，裁判官が，公訴提起時に提出された捜査書類等を精査した上で公判に臨み，捜査機関の形成した嫌疑を承継する旧刑訴法の運用を制度的に改めるものである。起訴状一本主義の目的は，裁判官が公判開始前に捜査機関側の一方的な説得を受け偏った先入観を形成することを防止し予断を形成することを防止することにある（予断排除の原則）。この制度の採用によって，裁判官が第一回公判期日前に事件の実情を知り得ないため，立証活動等の訴訟における積極的役割を当事者が担うことになり**当事者主義訴訟構造**の採用が決定づけられる。また，この制度は，捜査機関作成の調書等の証拠能力を原則として否定する**伝聞法則**（320条1項）とともに，公判廷における当事者の主張・立証を基礎に証人尋問を中心に心証形成することを裁判官に要請する**公判中心主義**を基礎づけている。ただ，この制度は，刑訴法の規定の不備とも関連して，検察側証拠の閲覧の機会を著しく制約するという負の側面ももち，**証拠開示**の問題を生じさせている。この制度の目的とする予断排除の理念は，第一回公判期日前の勾留処分の制限（280条・刑事訴訟規則187条）等刑訴法の随所に盛り込まれている。

2 具体的内容と問題点

　刑訴法は，書類その他の物の「添付」及び「内容の引用」を禁止しているが，その趣旨は他の形式による場合にも及び，およそ予断を生ぜしめるおそれのある事項の記載は許されない。他方，256条3項は裁判所の審判対象と被告人の防禦の対象を手続上明らかにするために，「罪となるべき事実」を特定して起訴状に記載する（**訴因の特定**）ことを要求する。そのため，起訴状に記載された訴因が詳細であればあるほど予断のおそれが相対的に強まることから両者の調整が問題となる場合が生じる。この点，判例は，比較的早い時期から「訴因を明示するため犯罪構成要件にあたる事実若しくは，これと密接不可分な事実を記載することは適法である」として，訴因特定の要請を優先させている。しかし，学説の多くは，裁判官が予断を抱くことなく審理を開始することは手続の基礎であり，一度抱いた予断は容易に消し難いことを理由として，訴因明示

▷**当事者主義訴訟構造**
⇨Ⅰ-4「刑事訴訟法の基本的性格」
▷**伝聞法則**
⇨Ⅵ-14「伝聞法則の意義及びその例外」
▷**公判中心主義**
犯罪事実の認定は公判における当事者の主張・立証を基礎に行われるべきとする原則をいう。
▷**証拠開示**
⇨Ⅳ-12「証拠開示」

▷**訴因の特定**
⇨Ⅴ-6「訴因の特定」

▷1　公職追放令違反行為に使用されたビラの原文の引用が問題とされた事案（最3小判昭和26年4月10日刑集5巻5号842頁）。

の要請も予断排除の要請に反しない限度に制約されるとしている。

この点が証拠の引用との関係で現実に問題となったものとして，文書を用いて犯された恐喝罪の犯罪事実の記載について，ほぼそのままの形で脅迫文の原文を引用した事案がある。判例は，原文を要約摘記すべきであるとしながらも，「その趣旨が婉曲的暗示的であって，起訴状に脅迫文書の内容を具体的に要約摘示しても相当詳細にわたるのでなければその文書の趣旨が判明し難いような場合には脅迫文書の全文と殆ど同様な記載をしたとしても適法である」としている。[2]

また，名誉毀損文書の原文引用が問題とされた事案について，要約摘示の方法によらないでも原文引用が許されるとした判例もある。[3]いずれも訴因明示の要請を優先させるものである。しかし，学説の多くは，証拠内容を立証対象たる起訴状の記載に持ち込むことが禁止されていることを重視して，訴因の明示に必要な限度を超えて文書の内容を詳細に記載することは許されないとしている。

さらに，**余事記載**[1]との関係でも，前科の記載が問題とされた事案があり，「詐欺の公訴について，詐欺の前科を記載することは，両者の関係からいって，公訴事実につき，裁判官に予断を生ぜしめる事項にあたる」とする判例があるが，[4]前科の記載は一般に被告人の悪経歴・悪性格を示すものであるから妥当である。一方，被告人の悪経歴等の事実を相手方が知っているのに乗じて恐喝の罪を犯した事案について，「これらの経歴等に関する事実を相手方が知っていたことは恐喝の手段方法を明らかならしめるために必要である」として適法とするものもある。[5]この判断に対して多くの学説も，この事実が構成要件の内容をなす場合，あるいは密接不可分の関係にあることを理由として判例の結論を支持している。

❸ 違反の効果

判例は，予断を生ぜしめる事項の記載による違法性は，その性質上もはや治癒することはできず公訴提起の無効をきたすとする（最判昭和27年3月5日）。学説には，この瑕疵に治癒の余地はないとするのはゆきすぎであるとして公訴を必ずしも無効ならしめないとするものもある。

しかし，学説では，予断を生ぜしめる事項を記載した起訴状の朗読がされた場合に，その裁判官に対する影響を完全払拭することは困難であること等から公訴提起は無効となるとして，起訴状一本主義違反の効果を厳格に解するのが多数となっている。

（関　正晴）

▷2　被告人は，Mらから金員を脅し取ることを企て，M宛に内容証明郵便により脅迫文を送付して閲読畏怖させて，Mらから金員を喝取したとして起訴されたが，その起訴状には，脅迫文がほぼそのままの形で原本の体裁通りに引用されていた事案である（最判昭和33年5月20日刑集12巻7号1398頁）。

▷3　被告人は，同僚議員と推知される人物が外国へ公務出張した前後の行状をコミカルに描いた文章を作り雑誌に投稿した。甲の告訴に基づき検察官は，名誉毀損罪が成立するとして公訴を提起したが，原文が長文にわたって起訴状に引用されていた事案である（最1小決昭和44年10月2日刑集23巻10号1199頁）。

▷**余事記載**
起訴状に記載すべき事項以外の事実を記載することをいう。

▷4　被告人は，詐欺罪で起訴状されたが，その起訴状に，「被告人は詐欺罪により既に二回処罰を受けたものである」と記載がなされていた事案である（最判昭和27年3月5日刑集6巻3号351頁）。

▷5　被告人は恐喝罪で起訴されたが，その起訴状に，被告人が前科5犯を重ね，私文書偽造行使罪により懲役1年6月に処せられながら病気加療に名を借りて執行を免れており不良の徒輩と交友諸所徘徊し近隣より嫌悪されていた等の前科悪経歴・素行・性格等が記載されていた事案である（最判昭和26年12月18日刑集5巻13号2527頁）。

8 訴因変更の要否

▷1　被告人は，業務上過失致死罪で起訴され，当初の起訴状には発進の際クラッチペダルを踏み外した過失が記載されていたが，後に交差点における停止の際のブレーキ操作の遅延という過失の認定が問題とされた事案で，「起訴状に訴因として明示された態様の過失を認めず，それとは別の態様の過失を認定するには，訴因変更手続を要する」とした（最判昭和46年6月22日刑集25巻4号588頁，等）。

1　訴因変更制度の意義と訴因の同一性

　訴因変更とは，起訴状記載の訴因以外の犯罪事実を認定する場合に行われる検察官による犯罪事実の主張の変更をいい，それは**訴因の追加**，**撤回**，**変更**を含むものである。**当事者主義**の訴訟構造の下では審判の対象は訴因に限定されることから，訴因逸脱認定は絶対的控訴理由を構成し（刑訴法378条3号），訴因の同一性のある範囲内の事実に裁判所の判断は限定される。そこで，刑訴法は，訴因変更制度を設けて訴訟経済の要請を考慮し，証拠調べに基づき認定される事実と当初の訴因の間にずれが生じた場合には，公訴の取消し後に新たに別起訴を行うことの煩雑さを防止するため，一定の要件の下で訴因を変更しうるとした（312条1項）。訴因変更の法文上の要件は，「**公訴事実の同一性**を害しない限度」であるが，些細な事実の違いを問題にして常に変更を要求することは手続の煩雑さを招くので，この要件以前に，まずもって訴因変更の要否（必要性）が問題とされる。この訴因変更の要否を判断する基準については，訴因を構成する本質的要素の理解とも関連して見解が対立している。

2　学説の対立

　訴因変更の要否の判断基準についての学説は，罰条同一説，法律構成説，事実記載説に大別される。

　前二説は，法律的評価に訴因の拘束力を求める点で共通するが，しかし，罰条同一説が，構成要件つまり罰条の変化をきたす程度を基準とするのに対して，法律構成説は，訴追対象事実に対する構成要件該当性の評価を基本としつつ，同一の構成要件内に属する場合については，例えば，作為犯と不作為犯などの違いを問題とし，訴因の法律的な構成を基準とする点で異なる。そこで，前者では，事実が変化しても同一構成要件内のものであるならば変更を不要とするが，後者では，同一構成要件内の事実でも，作為犯と不作為犯といった法律構成等に違いが生じれば変更を要することになる。しかし，これらの見解には，**公訴事実**を審判対象とし訴因を被告人の防禦のための便宜的制度にすぎないとする職権主義的な理解があり，現行法が採用する当事者主義訴訟構造になじまない。また，これらの見解が基準とする罰条や法律的構成に変化がなくとも，犯行の手段等の事実に変化があるならば被告人の防禦のために訴因変更を必要

とすべきではないか等の問題がある。他方，事実記載説は，訴因の本質的構成要素を具体的事実と理解し，事実の変化を基準に訴因の要否を判断する。そこで，罰条・法律構成に変化がなくとも事実に変化があれば変更が必要とされるが，事実に変化がなければ罰条・法律構成が変化しても変更は不要とされる。現在，この見解は，当事者主義訴訟の下では，検察官の犯罪事実についての具体的主張という点に訴因の本質があると理解されること，実際の裁判では事実認定の点に被告人の防禦の利益が集約されること等から通説とされている。

ただ，事実記載説は，些細な事実の変化は問題とせず，被告人の防禦に実質的な不利益を与えるか否かによって変更の要否を判断しており，問題の中心は，これを判断する基準に移っている。この点については，起訴状記載の訴因と認定される事実を比較して抽象的・類型的に判断する抽象的防禦説と，当事者間でなされた攻撃防禦の実情等の審理の経過を考慮して個別的・具体的に判断する具体的防禦説が対立する。しかし，後者には，事件ごとの個別的な判断に委ねられることから基準としての明確性に欠け，また，この見解に徹すると防禦が尽くされているとの理由からほとんどの場合に訴因変更が不要とされるおそれがあり，訴因がもつ機能が失われる等問題がある。そこで，前者が基準としての明確性という観点から通説となっている。

③ 判例の立場

判例の立場は事実記載説に立ち，[1] その上で防禦対象の明示という訴因の機能を重視して，被告人の防禦上の不利益の有無という基準によって訴因変更の要否を判断するとしている。当初，判例は，起訴状記載の訴因と認定される事実を比較して抽象的・類型的に判断するとの基本的な立場に立ち，少なくとも起訴状記載の訴因を構成する事実よりも縮小された事実（前者に包含されている事実）を認定する場合には，訴因の変更は不要であるとの判断を示して，抽象的防禦説を採用するものも多数あった。[2] その後，窃盗共同正犯の訴因について訴因変更手続を経ることなく窃盗幇助の事実を認定した事案に関する**最判昭和29年1月21日**[3] に代表されるように具体的防禦説によるものもあった。しかし，昭和30年代以降，収賄の共同正犯の訴因に対して，贈賄の共同正犯の事実を認定するには，訴因変更手続を要するとした**最判昭和36年6月13日**[4] に代表されるように抽象的防禦説に立つ判例が主流となっている。なお，この点について，最近の最高裁の裁判例には，殺人の共同正犯の事案において，実行行為者を被告人とする訴因に対し訴因変更をすることなく，「X又は被告人あるいはその両名」と認定することを例外的に認めたものもあり，訴因の機能に着目した新たな観点からの判断枠組の可能性を示すもの（最決平成13年4月11日刑集55巻3号127頁）もあり，新たな展開も予想される。

（関　正晴）

▷2　強盗致死という起訴状記載の訴因に対し，財物奪取の点を認めずに傷害致死の事実を認定することが問題とされた事案で，「本件において強盗致死罪の訴因に対して，財物奪取の点を除きその余の部分について訴因に包含されている事実を認定し，これを傷害致死罪として処断しても，被告人の防禦の機会を失わせるおそれはない」として，原審の判断を肯定した（最判昭和29年12月17日刑集8巻13号2147頁，等）。

▷3　最判昭和29年1月21日　窃盗の共同正犯で被告人は起訴されたが，その後，窃盗幇助の犯罪事実を認定することが問題となった事案で，「本件において被告人は，窃盗共同正犯の訴因に対し，これを否認し窃盗幇助の事実をもって弁解しており，本件公訴事実の範囲内と認められる窃盗幇助の防禦に実質的な不利益を生じるおそれはない」として訴因変更手続を不要とした（刑集8巻1号71頁）。

▷4　最判昭和36年6月13日　収賄の共同正犯という起訴状記載の訴因に対し，贈賄の共同正犯の事実を認定することが問題となった事案で，「収賄と贈賄とは犯罪構成要件を異にするばかりでなく，一方は賄賂の収受であり，他方は賄賂の供与であって，行為の態様が全く相反する犯罪であるから，収賄の犯行に加功したという訴因に対し，訴因罰条の変更手続を履まずに贈賄の犯行に加功したという事実を認定することは，違法である」とした（刑集15巻6号961頁）。

9 訴因変更の限界Ⅰ：公訴事実の同一性を害しない限度

1 訴因変更の許容限界

　訴因変更については，「公訴事実の同一性を害しない限度」という限界が定められており（刑訴法312条1項），その限界を判断する基準が問題となる。この公訴事実の同一性は，被告人の防禦権の保障に配慮しつつ既に行われている手続と同一の手続内で処理することが可能とされる範囲を決定する概念で，同時に**二重起訴禁止の範囲**（338条3号），**公訴時効停止の範囲**（254条），**一事不再理効の及ぶ範囲**（337条1号）等を規制する機能をもつ。この概念には，異なる訴訟の時点における，訴因変更の前後を通じての事実の変化について両者が同一かを問題にする狭義の公訴事実の同一性と，従来の議論によれば，訴訟の発展を捨象して静的に観察した場合に事実が一個とみられるかを問題とする公訴事実の単一性が含まれている。現在，学説は，後者については実体法的に評価して一罪か数罪かという刑法上の罪数論によって判断する問題とすることで一致しており，前者の有無の判断基準が中心的な問題となっている。この基準について刑訴法には具体的な規定がないため，この概念によって規律される諸利益の調和を意図した基準が議論されているが，**訴訟構造の理解**に対する基本的な相違も反映して見解が多岐に分かれている。

2 公訴事実の同一性の判断基準をめぐる学説と判例

　学説は，その判断基準についての方法論的な特徴から以下の代表的な立場に分かれている。それは，変更の前後の訴因について，両者の背後にある共通の一定の実在的事実を基準に同一性を判断するものと，訴因自体を比較して事実の共通性を基準に同一性を判断するものである。前者には，**歴史的事実同一説**，**罪質同一説**があり，後者には，訴因共通説，総合評価説，刑罰関心同一説がある。しかし，前者は，公訴事実を審判の対象とする理解を基礎とし，裁判所が真実の発見に主導的役割を担う職権主義訴訟構造を基礎とすることから，当事者主義訴訟構造を採用する現行法（256条6項等）と相容れないという問題がある。現在，多くの学説は後者に立っているが，その中でも訴因共通説は，行為または結果の共通性を基準とするのに対して，総合評価説は，これを基本により精密な基準を提示して，訴因を構成する主要な事実である犯罪主体，犯罪の日時，場所，方法等の諸要素を総合して判断するとする。また，刑罰関心同一

▷歴史的事実同一説
訴因に示された事実の背後にある歴史的・社会的事実が共通であれば公訴事実の同一性を認める。
▷罪質同一説
公訴事実は，単なる社会的事実ではなく構成要件によって捉えられたものであるから，公訴事実の同一性を認めるためには，罪質が同一である必要があるとする。

説は，両見解を基本的に妥当としながらも，概念としてやや不明解な点がある
として，狭義の公訴事実の同一性は国家的刑罰関心の一個性に問題の本質があ
ると説明した上で，その判断には，比較される訴因と訴因が両立しうるかどう
かの択一関係を基準にするべきとする。したがって，総合評価説，刑罰関心同
一説は，訴因共通説を発展させた見解と位置づけられる。

　これに対して判例は，社会通念上，両訴因の間で犯罪を構成する具体的な事
実関係の基本的部分が同一であると認められれば公訴事実の同一性が肯定され
るとする，基本的事実同一説を一貫して採用している▷1。その上で基準の明確性
を補うものとして，一方の犯罪が認められるとき他方の犯罪の成立が認められ
ない関係にあるかという択一関係という基準を採っている▷2。

　狭義の公訴事実の同一性の判断基準については多くの学説が存在し判例も独
自の見解を示しているが，その判断の方法論に違いがあるものの具体的基準と
して考慮する要素には大きな差異はないとの理解も示されている。

❸　訴因の順次的変更

　Ａ訴因（窃盗教唆）とＣ訴因（盗品の譲受）とが併合罪の関係にあり公訴事実
の同一性が否定される場合に，それにもかかわらず，まず同一性が肯定される
Ａ訴因（窃盗幇助）からＢ訴因（窃盗正犯）に変更し，その後同一性の肯定され
るＢ訴因（窃盗正犯）からＣ訴因（盗品の譲受）に変更することが許されるかと
いう訴因の順次的変更の許否が問題となる。

　これを否定する見解は，この場合の同一性は，公訴提起によって被告人が**応
訴強制**▷された訴因を基準に判断すべきとする。しかし，この見解には，訴因対
象説の下では，公訴事実が訴因変更の許容限界を画する機能概念にすぎず実体
をもった概念ではないとされる理解との整合性を欠くという問題がある。

　一方，これを肯定する見解は，訴因対象説を前提として，変更後の時点にお
ける訴因を基準として公訴事実の同一性を判断すべきとする。しかし，当初訴
因変更が認められなかったにもかかわらず中間的な訴因の経由によって変更を
認めるため被告人の防禦権を害するおそれがあり，その法的安定を害するおそ
れがあるだけでなく，また，その変更の経過を通して併合罪の関係にある事実
にも公訴事実の同一性が及ぶことを認めるため，訴因変更の限界を画するとい
う公訴事実概念に期待された機能に混乱が生じるおそれを含むという問題があ
る。

　そのため，現在，この問題に対しては，否定する見解と肯定する見解とが拮
抗している。

（関　正晴）

▷1　起訴状に記載された
恐喝の事実と，金員提供者，
収受者，日時，場所，金額
を同じくする収賄の事実と
の間の公訴事実の同一性が
争われた事案で，両者の基
本的事実が同一であれば公
訴事実の同一性が認められ
るとした（最判昭和25年9
月21日刑集4巻9号1728頁，
等）。

▷2　起訴状に記載された
窃盗の事実と，犯行の日時，
場所，態様が異なり，甲所
有の背広一着に関する事実
という点でのみ共通する盗
品等の有償処分のあっせん
という事実との間の公訴事
実の同一性が争われた事案
で，一方の犯罪が認められ
るときは他方の犯罪の成立
を認め得ない関係があると
きには，公訴事実の同一性
が認められるとした（最判
昭和29年5月14日刑集8巻
5号676頁，等）。

▷応訴強制
適式な起訴状の送達を受け
ながら，何らの防禦手段も
講じないと不利益に扱われ
る可能性があることから，
被告人は訴訟に応じざるを
得なくなることをいう。

訴因変更の限界Ⅱ：時期的な限界

▶訴因変更制度
⇨ V-8 「訴因変更の要否」

▶1　⇨ V-9 「訴因変更の限界Ⅰ」

▶迅速な裁判の要請
⇨ V-4 「迅速な裁判」

どの手続段階でも訴因変更は許されるか

検察官は，裁判所が証拠調べによって認定する事実と当初の訴因との間にずれが生じた場合に訴因を変更できる。この**訴因変更制度**は，新たな審判対象の設定により検察官の有罪判決の獲得を容易にするという側面をもち，その反面において新たな防禦活動の負担を被告人に強いるものである。そのため刑訴法は，訴因変更について「公訴事実の同一性」という許容限界を定め（312条1項），その際に公判手続を停止しうるとして被告人に防禦のための準備期間を保障している（312条4項）。しかし，これらによっても，長期間にわたる審理を経た段階での訴因変更では，被告人に対する十分な防禦権の保障には限界がある。この場合には，既存の防禦活動の成果を減殺し，新訴因に対する防禦に応じざるを得ない状況に被告人を置き，審理期間の延長による**迅速な裁判の要請**（憲法37条1項）に反する事態を生じさせるなど，被告人の地位を不安定にする要素があるからである。そのため刑訴法に明文の規定がないこともあいまって，いわゆる訴因変更の時期的限界が問題とされている。

2 学説の状況

学説は具体的な審理の経過次第によって訴因変更が制限される場合を認めるが，その論拠は分かれる。そこでは公訴事実の同一性（刑訴法312条1項）以外に訴因変更が限界づけられる場合として論じられているが，その論拠づけは，被告人側の防禦利益を基礎とする見解と訴因管理に関する検察官側の事情を基礎とする見解に大別できる。前者の代表的見解は，訴因変更請求が時期に遅れたものであるとき，または新たな立証を伴うためその時点における被告人の法的地位を著しく不安定にするおそれがあるときには訴因変更は許されないとしている。これは，公判手続停止（312条4項）によっては対処できない被告人の防禦上の不利益の救済を重視するものである。他方，後者の代表的見解は，検察官の有する訴因変更権限も，訴訟における**禁反言**ないし信義誠実の原則（刑事訴訟規則1条）からその行使が制限される場合があるとする。この見解には，それまで積み重ねられてきた訴訟の経過を無視した検察官の不意打ち的な訴因変更請求を禁じるという実益がある。ただ，そこでは，検察官による訴因変更請求までの被告人側の防禦活動の内容・成果や訴因変更が審理に及ぼす影響等

▶禁反言
自己の行為と矛盾する主張を後になって行うことは許されないとする信義誠実の原則から派生する原則をいう。

も判断要素となっていることから，両者の見解は必ずしも対立関係にはない。そこで，現在，被告人の防禦上の利益に影響を及ぼす事情と訴因の管理に関する検察官の態度等の事情をともに考慮して許容限界を判断するとする見解が有力である。

③ 判例の動向

　この問題についての最高裁判決はないが，下級審では，当初，訴因変更の時期的限界を否定し，公訴事実の同一性がある限り，これを許可するのが一般的であった。

　しかし，昭和40年代に，7年半余りの審理を経て結審した後，検察官が弁論を再開して新訴因を追加しようとした事案について，そのような請求は，「刑事訴訟規則1条の精神にもとり信義則上到底許されない」との判断が示されたことを契機として，この問題は積極的に論じられるようになった。その後，リーディング・ケースとされる**福岡高裁那覇支部判決**が，「被告人の右不利益を生じるおそれが著しく，延いて当事者主義の基本原理であり，かつ，裁判の生命ともいうべき公平を損うおそれが顕著な場合には，裁判所は，公判手続の停止措置にとどまらず，検察官の請求そのものを許さないことが，例外として認められる」と判断した以後，被告人の防禦上の利益と審理の経過を考慮して，訴因変更請求は許容されない場合があるという判断枠組が定着している。

　ただ，以後の裁判例には，訴因変更請求を不許可とする場合の判断要素を厳密に検討するものがある。例えば，「裁判所は，刑訴法上公訴事実の同一性を害さない限り，これを許さなければならないのであって，その請求に時的制限はないのが一般的な原則である」とした上で，具体的な審理の経過を検討して，検察官の訴因変更請求が被告人の防禦に不利益を生じさせる場合に当たらず，また，その訴因変更請求権の行使が不誠実であるとか濫用に当たるべき事案ではないことを理由として，結果として訴因変更は適法であると判断したものもある。そこで，現在は，訴因変更を許可するか否かの判断に際しては，それを不許可とする具体的事情を明確にすることに問題の中心が移っている。

④ 訴因変更の許否の判断に際して考慮すべき要素

　時期を失する訴因変更請求として不許可とされるのは，抽象的には314条4項の公判手続の停止措置で救済し得ない不利益が被告人に生じる場合といえるが，これを判断する具体的要素及びその判断の際の重点の置き方等については，学説は必ずしも一致していない。ただ，一般的には，訴因変更請求がなされた時期・手続段階，それまでの審理の経過，検察官の訴因の管理に対する態度，変更後に生じる不意打ちのおそれを含めた被告人の防禦上の負担の程度等の具体的事情を総合して判断するとすべきとされている。

（関　正晴）

▷2　高松高判昭和29年4月6日高刑集7巻8号1169頁。東京高判昭和28年5月7日高刑集6巻5号692頁，等。

▷3　被告人は窃盗の訴因で起訴されたが，検察官は訴因変更の機会があったにもかかわらず，7年半余の審理を経て結審した後，威力業務妨害の予備的訴因の追加を請求した，という事案である（横浜地小田原支決昭和43年10月9日下刑集10巻10号1031頁）。

▷4　**福岡高裁那覇支部判決**
現場共謀の殺人について，起訴状に訴因として記載されていた殺人の実行行為を釈明によって検察官が特定し2年6カ月の間審理を進めていたところ，検察官が結審間際に実行行為の態様を拡張する訴因変更請求をしたのに対し，これを不許可とした裁判所の措置が問題とされた事案である（昭和51年4月5日判タ345号321頁）。

▷5　東京高判昭和63年5月11日判時1290号158頁。

訴因と罪数

▷1　⇨[Ⅴ-6]「訴因の特定」

▷訴因構成要素
⇨[Ⅴ-8]「訴因変更の要否」
▷訴因変更
⇨[Ⅴ-8]「訴因変更の要否」
▷訴因の補正
訴因の補正とは，特定に欠けた無効な訴因を追完によって有効な訴因とすることをいう。

▷法律構成
訴追対象事実に対する構成要件該当性の評価を基本とした上での，作為犯と不作為犯等の法律的な構成の違いをいう。

訴因変更と罪数変化の関係

　訴因は，裁判所の審判対象を限定し被告人に防禦対象を明示する機能を担うことから，起訴状における訴因の記載には厳格な特定が要求されている（刑訴法256条3項）。ところが刑訴法は，証拠調べ後に起訴状記載の訴因の示す罪数の評価が変化した場合を処理する規定を置いていない。しかし，訴追対象とされる犯罪事実に対して成立する犯罪の個数の変化は，その内容と同様に被告人の防禦にとって重要な意味を有し，また，併合罪加重の規定（刑法45条）の適用の有無など処断刑の範囲に影響を与えることから被告人の防禦の利益に大きな影響を与える場合がある。そこで，罪数関係を検討し防禦の機会を与えるために手続上の処理方法を明らかにし，被告人に対する不意打ち的な判断を防ぐ必要がある。これが問題となるのは，証拠調べによる事実の変化に対応して，一罪とされていた訴因に対して数罪を，数罪とされていた訴因に対して一罪を認定する場合である。この点について学説では，訴因の機能や**訴因の構成要素**の理解とも関連して，これらを**訴因変更**の問題とする見解と**訴因の補正**の問題として論じる見解が対立し，その手続的処理方法が論じられている。

② 学説の対立

　学説は，これを訴因の構成要素の理解に関する法律構成説によって訴因変更の問題とする見解と，事実記載説を前提として，訴因変更の問題とする見解と訴因の補正の問題とする見解に分かれている。

　まず，法律構成説による見解は，例えば，裁判所が包括的一罪として起訴された訴因に対して，複数の訴因による併合罪として認定しようとする場合などでは，訴追対象事実を一個の罪として構成するか，数個の罪として構成するかによって法律構成に変化が生じることを理由として，この場合を訴因変更手続によって処理する。確かに訴因の本質的構成要素を**法律構成**の点に求めるならば罪数評価の変化は訴因変更の問題として処理することは論理的である。しかし，この見解には，公訴事実（事件の実体）を審判対象とする職権主義的な理解があるため，当事者主義を基調とする現行法の立場になじまないという問題があり，この見解によって導かれる事実が変化しても法律構成に変化がない限り訴因変更を不要とする結論には被告人の防禦権の保障を弱めるという問題が

ある。

学説の多くは，事実記載説を前提として論じているが，この立場に属する見解にはさらに，一罪として構成された訴因に対して数罪を認定する場合は，不利益な法律構成に準じる意味をもつときは訴因変更を要するとする見解と，一罪として構成された事実が，事実的変化を伴って数罪と認定される場合には，事実自体に変化があることを重視して，純然たる訴因変更の問題として扱うとする見解がある。しかし，前者の見解には，①事実変化を伴わない場合を訴因変更の問題とすると，事実記載説を離れて法律構成説に親近性のある理解となる，②一罪が数罪に変化し単一性が認められない併合罪の関係にある場合にまで，訴因変更の問題として処理することは公訴事実の同一性の概念を混乱させる，③罪数評価の変化をも訴因に含めると，法律的解釈は裁判官の専権とされる関係で，この場合には訴因変更命令の形成力を認めざるを得ないという理論的混乱が生じるという問題がある。他方，純然たる訴因変更の問題として処理する見解にも，ここで問題とされる事実の変化は罪数判断にとって意味があることから，これを単純な事実に変化が生じた場合の訴因変更の問題と区別する必要があるのではないかという問題がある。

そこで，現在，学説では，罪数の変化が判決の個数に合わない訴因を是正するとする一罪一訴因の原則に関する問題であり，また，審判対象，時効の起算点，一事不再理効の効力が及ぶ範囲を明確にするためにも同原則を維持する必要があるとして，この問題を不適法・無効な訴因に対する補正として処理する見解が有力である。この見解では，訴因に関する罪数評価の変化は，訴因変更が必要とされる場合とは明確に区別された，訴因自体の書分けないし組立て直しの問題として処理されることになる。そこで，一個の訴因を数罪と認定する場合も，数個の訴因を一罪と認定する場合もともに訴因補正の問題として処理されることになる。

③ 判例の立場

裁判例には，一罪として起訴された訴因について，事実面での変化はなく罪数評価のみが変化し数罪を構成する場合と，事実変化によって数罪を構成する場合について，いずれも訴因変更の問題とした上で，それらの事案では被告人の防禦上の利益は害されないとして訴因変更手続を経ることなく数罪の成立を認めたものがある（**最判昭和29年3月2日**，**最判昭和32年10月8日**）。しかし，訴因の補正を問題とする見解は，これらの事案では被告人に防禦の機会を十分に保障するために，まずもって一罪を一訴因として特定することが必要であるとしている。

（関　正晴）

▷2　⇨V-8「訴因変更の要否」

▷3　**最判昭和29年3月2日**　包括一罪として起訴された物品税逋脱の事実に対し，起訴状に別表として添付された物品移出ごとの日時，数量，価格によって各月分ごとの1個の物品逋脱罪の認定が争われた事案において「訴因変更の手続を経ないで，別表どおりの事実関係で認定した上で数罪の成立を認めても違法ではない」とした（刑集8巻3号217頁）。

▷4　**最判昭和32年10月8日**　被告人はXYZと共謀の上，倉庫から落綿11俵を窃取したとして1個の窃盗の事実によって起訴されたのに対して①XYと共謀して落綿6俵を，②Zと共謀して落綿5俵を窃取した事実の認定が争われた事案について，起訴事実と①②の事実の間には公訴事実の同一性があり，量刑につき被告人の防禦権に実質的な不利益を生ずるおそれがないとして訴因変更を要しないとした（刑集11巻10号2487頁）。

証人の保護

犯罪被害者保護関連二法
「刑事訴訟法及び検察審査会法の一部を改正する法律」及び「犯罪被害者等の権利利益の保護を図るための刑事手続に付随する措置に関する法律」をいう。

被害者の地位
⇨ Ⅱ-8「犯罪被害者の法的地位」

第二次被害
犯罪による被害を受けた者が、さらに捜査や裁判といった刑事手続の各段階において刑事司法機関の配慮に欠ける取扱いによってうける被害をいう。

ビデオリンク方式による尋問
映像と音声の送受信により相手の状態を相互に認識しながら通話できる方法によって、テレビモニターを通じて証人尋問を行う方式をいう。

1　最判平成17年4月14日　遮へい措置とビデオリンク方式の証人尋問を規定する157条の3及び157条の4が憲法37条1項、2項前段等に違反するとして上告された事案で、「被告人は、証人の姿を見ることはできないけれども、供述を聞くことはでき、自ら尋問することもでき、また、弁護人による証人の供述態度等の観察は妨げられない」こと、「被告人は、映像と音声の送受信を通じてであれ、証人の供述を聞き、自ら尋問

1　被害者の地位の向上と新たな証人保護制度

　いわゆる**犯罪被害者保護関連二法**（平成12〔2000〕年5月成立）によって、刑事手続における**被害者の地位**の向上が図られた。それは、社会が犯罪の被害者を助けるのは正義の要請するところであり、また、刑事手続の情報提供とそれへの参加を認めることが被害者を人間として尊重することになるといった理由や、被害者が刑事司法機関の配慮に欠ける取扱いからさらに**第二次被害**を受け、そのため刑事司法に対する信頼を失うに至ることの問題性が意識され、これを防止するといった実際的な必要等に基づいている。これらの被害者保護の根拠は、性犯罪に関する親告罪の告訴期間の撤廃（刑訴法235条1項1号）、被害者等の意見陳述（292条の2第1項）、検察審査会の申立権者の拡張（検察審査会法2条2項等）等にも及んでいるが、とりわけ証人保護の内容を大きく前進させている。従来、証人尋問については、公判期日外の証人尋問（刑訴法158条、281条）、被告人の面前では充分な供述ができない場合に配慮した被告人の退廷（281条の2・304条の2）、特定の傍聴人の面前で充分な供述をできない場合の傍聴人の退廷（刑事訴訟規則202条）等が規定されていたが、これらは証人の供述を確保し事実認定を円滑に行うことを目的とし、証人として証言する被害者の保護自体を直接の目的とするものではなかった。しかし、今回導入された新制度は、被害者の保護を直接の目的とし、証人尋問の実施に伴う精神的負担を軽減し、第二次被害の防止を目的とするものである。また、新制度は、保護対象を証人一般に及ぼしている。

2　新制度における証人尋問の実施形態

　新制度では、証人尋問の実施の際の①証人への付添い、②遮へい措置、③**ビデオリンク方式による尋問**といった新たな証人保護対策が導入されている。

　①証人への付添いは、証言中の不安や緊張を和らげるために適当な者が証人に付き添うことを認める制度である（刑訴法157条の4）が、その実施要件である「証人の年齢、心身の状態その他の事情を考慮し、証人が著しく不安又は緊張を覚えるおそれがあると認め」られるときは、その証人の精神的不安と緊張の軽減を図るという制度目的から証人の具体的な精神状態に即して判断されることになる。次に、②遮へい措置は、被告人や傍聴人の面前で証言することに

よる精神的負担の軽減を図るために，これらの者と証人との間に衝立等を置き遮へいした状態で尋問を行う制度をいう（157条の5）。その実施は，被告人との関係では，犯罪の性質や証人の年齢などから，証人がその面前で供述すると圧迫を受け精神の平穏を著しく害されるおそれがある場合に相当と認められることを要件（157条の5第1項）とし，傍聴人との関係では，犯罪の性質，証人の年齢等のほかに証人の名誉に対する影響等を考慮して相当であることを要件（157条の5第2項）とする。その際，被告人に対する遮へい措置では，その証人審問権の保障に配慮し，証人の供述態度等の観察の機会を確保して弁護人の出頭を要件とする（157条の5第1項）。さらに，③ビデオリンク方式による尋問は，法廷という場所自体で証言することから生じる精神的負担の除去を目的として，性犯罪の被害者等を証人尋問する場合に，裁判所が相当と認めるとき，裁判官が訴訟関係人の在席する場所以外の（同一構内にある）場所でビデオリンク方式によって尋問する制度をいう（157条の6第1項）。この実施要件である相当性については，性犯罪の被害者（157条の6第1項1号・2号），その他の法廷で証言することによって圧迫を受け精神の平穏を著しく害される者（3号）に当たる場合には，原則としてこれを具備すると判断されるが，その判断は個別・具体的になされる。さらに，平成28（2016）年改正刑訴法は，証人を法廷と同一構内以外の場所に在席させて行うビデオリンク方式の尋問を認めている（157条の6第2項）。なお，②の遮へい措置や③のビデオリンク方式の尋問については，証人審問権の保障規定（憲法37条2項前段）との適合性が問題とされるが，**最判平成17年4月14日**[1]は，これを合憲としている。その後，死刑確定者の証人尋問の際に遮へい措置を講じたことが，憲法37条1項，82条1項等に違反するとして適法性が問題とされたが，**東京高判平成28年9月7日**[2]は，適法としている。

③ 検察官による証人等の氏名・住居の開示に係る措置

平成28（2016）年改正刑訴法は，さらに証人等の保護を強化して，加害行為等を防止しその負担を軽減するために，証人等の氏名・住居の開示に係る措置を導入した（299条の4〜299条の7）。そこでは，検察官は，①証人等に加害行為等がなされるおそれがある場合には，弁護人に対し，その氏名・住居を知る機会を与えた上で，被告人に知らせてはならない旨の条件を付し，又は知らせる時期・方法を指定でき（299条の4第1項：条件付与等措置），②それで十分でないときには，氏名・住居に代わる呼称や連絡先を知らせる措置をとることができる（299条の4第2項：代替開示措置）とされ，証拠書類等の閲覧についても同様の措置が規定されている（299条の4第3項・4項）。この検察官の措置（299条の4）と証人特定事項に係る裁判所の裁定（299条の5）について，証人尋問権の保障（憲法37条2項前段）との適合性が問題とされたが，**最決平成30年7月3日**[3]は，これを合憲としている。
（関　正晴）

することができる」ことなどを理由に合憲とした（刑集59巻3号259頁）。

▷2　**東京高判平成28年9月7日**　死刑確定者の証人尋問の際に実施された刑訴法157条の3第2項（平成28年改正前条文）による遮へい措置が，憲法37条1項等に違反するとして控訴された事案で，上記▷1最判平成17年4月14日に拠りつつ，オウム真理教関連事件という性質，裁判の公開は証人の供述態度や表情を傍聴人に認識させることまでをも要請していないこと，死刑確定者の心情の安定への配慮などを理由に違法はないとした（判時2349号83頁）。

▷3　**最決平成30年7月3日**　検察官による証人等の氏名等の開示に係る措置を規定する刑訴法299条の4，299条の5が憲法37条2項前段に違反するとして特別抗告がなされた事案で，検察官は，「被告人の防御に実質的な不利益を生じるおそれがあるときには，条件付与等措置も代替開示措置もとることができない。」こと，「条件付与等措置によっては加害行為等を防止できないおそれがあるときに限り代替開示措置をとることができる。」こと，裁判所の裁定や即時抗告（299条の5）の規定もあることなどを理由に合憲とした（刑集72巻3号229頁）

（参考文献）
松尾浩也編『逐条解説犯罪被害者保護二法』有斐閣（2001年）。
椎橋隆幸ほか著『わかりやすい被害者保護制度』有斐閣（2001年）。

証拠裁判主義

1　証拠裁判主義とは

　わが国の刑訴法は,「事実の認定は, 証拠による」(317条) として証拠裁判主義を採用している。証拠に基づく事実認定を要求するのは, あまりにも当たり前のことのように思える。しかし, この当たり前のことの意義を理解することが, 証拠法を理解する上で不可欠である。理解すべき証拠裁判主義の意義として, (a)非科学的方法 (神判) の禁止, (b)法定証拠主義の排斥, (c)適正な事実認定の基盤が挙げられる。それぞれについてみていくことにする。

　(a)非科学的方法 (神判) の禁止

　被告人が有罪かどうかを判断する方法は, 歴史的には様々な方法が存在した。例えば, 被告を縄で縛って水に投げ込み, 浮かべば有罪とするなどの方法 (神判) である。証拠裁判主義の第一の意義は, このような非科学的方法による有罪認定を排斥して, 客観的な事実を認定した上で有罪かどうかを判断する方法に限定したという点にある。

　(b)法定証拠主義の排斥

　歴史的には, 有罪の証拠として自白を必要とする法定証拠主義が存在した。法定証拠主義のもとでは, 客観的な証拠が整っていても, 被告人が自白しない限り, 有罪を認定することはできなかった。そのため, 法定証拠主義は, 一定の要件の下で拷問を許容するなど, 様々な人権侵害を誘発する要因となった。証拠裁判主義の第二の意義は, 証拠を自白に限定せずに, 証拠一般に拡大した点にも認められる。

　(c)適正な事実認定の基盤

　有罪認定のプロセスとして「証拠に基づく事実認定」を要求することは, 「証拠」の解釈を通じて, ①どのようなものが証拠として使えるか, ②証拠からどのような事実を認定できるか, という二つの段階で**心証形成**の適正化を図ることを可能とする。現行刑事訴訟法は, ①を証拠能力 (証拠の許容性) の問題として, ②を証明力 (**自由心証主義**) の問題として規定している。**当事者・論争主義**においては, 裁判官の心証形成に対して, 被告人が関与できるようにすることが特に重要である。証拠裁判主義の第三の意義は, この点にある。

　②については Ⅵ-2 「自由心証主義」でみることにして, 本節では, ①証拠能力についてみていく。まずはその前提として, 証拠の種類について確認する。

▷1　現在の刑事裁判では, (a)犯罪に関する「事実」があったかどうか (事実認定) と, (b)その事実がどのように法的に評価されるか, に分けて判断される。刑法学は, (a)の事実につき, (b)の法的評価をどのように「するべきか」について, 議論するものである。したがって, 判例や裁判例を読む際には, どのような事実について, 法的評価をしたのかをよく考えなければならない。事実が異なれば当然違う評価になるからである。勝手に, 事実を要約したり, 付け加えたりすることが, ミスリーディングの大きな要因となる。

▷心証形成
心証とは, 裁判官 (事実認定者) の心の中の判断のことである。このような心の中の判断を作り上げていく過程のことを心証形成という。

▷自由心証主義
⇨ Ⅵ-2 「自由心証主義」

▷当事者・論争主義
⇨ Ⅰ-4 「刑事訴訟法の基本的性格」

❷ 証拠の種類

証拠は，推認の根拠となる資料（証拠資料）と，証拠資料を法廷に持ち込む媒体（証拠方法）の二つの意味で用いられる。例えば，証人Aが「XがBを殺したのをみた」という証言を法廷でした場合，XがBを殺したことを推認するAの証言内容が証拠資料であり，そのことを法廷に持ち込む証人という手段が証拠方法ということになる。証拠資料は，性質や証明する対象事実により分類される。証拠方法は，物理的な性質，証拠調べの方式により分類される。

❸ 証拠の資格（証拠能力）

全ての物が証拠として使えるわけではない。証拠能力とは，証拠として使用できる資格のことをいう。証拠能力の一般的な要件は，当該証拠が**要証事実**と関連性があることである。

関連性は，まず，単なる噂や風評など，要証事実と関係ない，あるいは要証事実を証明する力がない場合に，否定される（自然的関連性）。さらに，自然的関連性が認められても，裁判官の心証形成に不当な影響を与える場合には，関連性が否定される（法律的関連性）。特に，供述証拠は，虚偽が混入する可能性が高く，偏見をもたらす可能性が高いので，一定の要件が整った場合のみ使用できるという形で規定されている（伝聞法則・**自白法則**）。また，明示の規定はないが，証拠自体に問題がなくても，**悪性格の立証，同種前科の立証**など，立証対象が偏見をもたらす内容について，判例は，自然的関連性だけではなく，「前科に係る犯罪事実が顕著な特徴を有し，かつ，それが起訴に係る犯罪事実と相当程度類似することから，それ自体で両者の犯人が同一であることを合理的に推認させるようなものであって，初めて証拠として採用できる」としている。

以上の関連性の要件が認められても，手続の公正やその他の優越的利益の存在により，証拠の使用が禁止される場合がある（証拠禁止）。わが国では，判例上，**違法収集証拠**の排除法則，**不公正排除法則**が認められている。　（丸橋昌太郎）

▷要証事実
立証が必要な事実のことである。証拠能力のある証拠で立証が必要な事実については，VI-3「厳格な証明，自由な証明」を参照。

▷自白法則
⇨ VI-7「自白法則Ⅰ」〜 VI-9「自白法則Ⅲ」
▷悪性格の立証，同種前科の立証
最判平成24年9月7日刑集66巻9号907頁，最決平成25年2月20日刑集67巻2号1頁。

▷違法収集証拠
⇨ Ⅳ-13「排除法則」（判例　最判昭和53年9月7日刑集32巻6号1672頁）
▷不公正排除法則
⇨ Ⅳ-10「刑事免責」（判例　最判平成7年2月22日刑集49巻2号1頁）

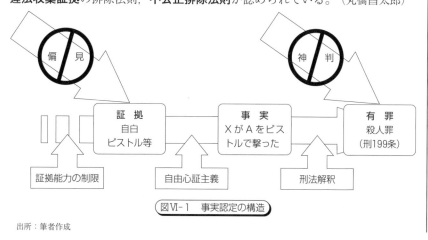

図VI-1　事実認定の構造

出所：筆者作成

2 自由心証主義

1 自由心証主義とは

　日本の刑事裁判では，証拠に基づいて事実認定を行うことになっている（**証拠裁判主義**）。したがって，裁判官は，証明力（証拠の評価），すなわち，証拠からどのような事実が推論できるかを判断していかなければならない。問題は，どのように判断していくかである。

　現行刑訴法は，「証拠の証明力は，裁判官の自由な判断に委ねる」（318条）として，自由心証主義を採用している。自由心証主義と対照的な制度として，推論を法律によってあらかじめ定める**法定証拠主義**がある。法定証拠主義は，裁判官による差をなくして事実認定を画一的にコントロールすることに資するが，他面において様々な価値を有する証拠をあらかじめ法定することは限界がある。例えば，ナイフ1本をみても，大きさや形状によって，評価が異なるであろう。これが供述証拠になれば，証言者の信用性などによってさらに評価が分かれよう。そこで，人間が理性的に判断できることを前提に，法は裁判官の自由な判断に委ねたのである。

　もっとも，ここにいう「自由な判断」とは，法律によって裁判官の判断を拘束しないというだけであって，裁判官が従うべき一般的ルールは当然存在する。すなわち，裁判官は，論理則・経験則に従った合理的判断をしなければならない。論理則とは，推論の妥当性が論理的に保証された法則のことである。例えば，被告人が殺害時間に殺害現場にいなかったこと（アリバイ）から，当該被告人が実行犯でないと推認することは，論理則に従った判断である。一方，経験則とは，経験の中から発見された法則である。例えば，自白が任意になされたことから，自白の信用性が高いと推認することも，経験則に従った判断である。ただ，経験則は，論理則とは異なり，科学的に解明されているものから，未解明なものまである。科学的に未解明な経験則をどこまで認めるかについては，最終的に，一般国民の健全な常識に従って，判断されるべきことである。なお，裁判所は，医学等の専門的な経験則について，鑑定などを通じて知ることができる。

　自由心証主義の課題は，論理則，経験則に従った事実認定者の判断の合理性（心証形成の適正さ）をいかに担保するかという点にある。

▷**法定証拠主義**
一定の証拠があれば有罪を認定しなければならないという積極的法定証拠主義と，一定の証拠がなければ事実を認定してはならないという消極的法定証拠主義があるとされる。実際の法定証拠主義は，自白や信用できる目撃証人を必要とするといった積極的法定証拠主義がほとんどであった。

▷1　法定証拠主義からの脱却という意味では，自由心証主義も，証拠裁判主義と同様に，自白偏重から脱却という意義もある。

▷2　経験則の判断に国民の感覚を取り入れるという点に，裁判員制度の最大の狙いがある。

2 適正な心証形成を担保する制度

　心証形成の適正さを担保する制度は，多数存在する。

　まず，事実認定者が偏見や先入観をもって証拠に接すれば，証拠の評価を誤るおそれがあるため，事実認定者の偏見や先入観を除去するための制度として，**起訴状一本主義**がある。また，裁判官が当該事件に利害関係をもっている場合などは，適正な判断を期待できない。このように判断主体の問題に対処する制度として，**除斥・忌避・回避**の制度がある。いずれも偏見の入るおそれがある裁判官を裁判から外す制度である。また，複数の裁判官で判断する**合議制**も，判断主体による差を軽減するものとして捉えることができよう。

　つぎに，評価される証拠も人によって判断の分かれるようなものであれば，事実認定者の安定した判断は期待できない。これを回避する制度として，**証拠能力**制度がある。すなわち，そもそも評価が分かれるような証拠や信用できない証拠は，証拠として使えないようになっている。また，供述証拠の信用性は，被告人等による**反対尋問**によって担保される。

　その他に論理則・経験則に従った判断を保証するためには，**事後審査制度**が重要である。上訴審では，判決理由をもとに論理則・経験則違反があったかどうかが審査される。したがって，事後審査の前提として有罪判決に証拠の標目と判決理由を記載することが求められる。論理則・経験則違反があった場合には，当該判決は破棄されて，誤りが是正されるようになっている。

（丸橋昌太郎）

▷起訴状一本主義
　⇨ Ⅴ-7 「起訴状一本主義」
▷除斥・忌避・回避
　⇨ Ⅴ-3 「公平な裁判所」
▷合議制
　⇨ Ⅴ-1 「公判手続の概要」

▷証拠能力
　⇨ Ⅵ-1 「証拠裁判主義」

▷反対尋問
　⇨ Ⅵ-12 「伝聞法則の意義及びその例外」
▷事後審査制度
　⇨ Ⅷ-1 「上訴制度」〜Ⅷ-3 「上告」

▷ 3　最判平成24年2月13日刑集66巻4号482頁は，上訴審の事後審という性格上，上訴審が第1審判決に事実誤認があるというためには，「第1審判決の事実認定が論理則，経験則等に照らして不合理であることを具体的に示すことが必要」としている。

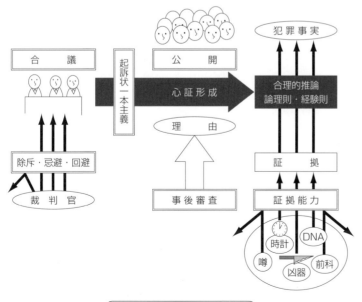

図Ⅵ-2　心証形成のコントロール

出所：筆者作成

厳格な証明，自由な証明

▷自由心証主義
⇨ VI-2 「自由心証主義」

▷1　さらに，刑訴法は，疎明という証明方法を規定している（刑訴法206条1項，227条2項，等）。疎明は，裁判官に確からしいという程度の心証を生じさせる程度で足りる。

▷2　証拠書類には，内容だけでなく，その存在自体が証拠である場合がある。例えば，名誉を毀損した手紙などは，内容に加えて，手紙が存在したことも重要な証拠となる。このような場合は，朗読及び要旨の告知に加えて，展示もなされる（307条）。

▷3　構成要件該当事実に何が含まれるかは，構成要件をどのように理解するかによって異なる。いずれにせよ，犯罪事実として考えれば，一般的に，客観的な実行行為，結果，因果関係に加えて，主観的な故意・過失がこれに含まれよう。

▷挙証責任
⇨ VI-4 「挙証責任とその転換，推定」

▷4　かつて，刑の加重事由は，犯罪事実そのものではないという理由で，自由な証明で足りるとされていた（最判昭和23年3月30日刑集2巻3号277頁）が，判例変更により，厳格な証明が必要とされるに至った（最大決昭和33年2月26日刑集12巻2号316頁）。

証明の種類

　刑事裁判において，原告である検察官は，犯罪事実等を証拠によって証明していかなければならない。証明の方法は，裁判所の判断に偏見をもたらすような手段は許されない。そこで，現行刑訴法は，裁判所が**自由心証主義**の下で論理則・経験則に従った合理的判断ができるように，証明の方法を厳格に規律している。このように，刑訴法が規定している証明の方法を厳格な証明という。一方，訴訟において認定される事実の全てが厳格な証明を要するわけではない。厳格な証明によらない証明を自由な証明という。いずれの証明によるかは，証明の対象によって判断される。特に大事なことは，それぞれの証明方法の内容と証明の対象である。厳格な証明と自由な証明について，それぞれをみていくことにする。

厳格な証明

　厳格な証明とは，前述のとおり，刑訴法に定められた方法に従って行われる証明である。刑訴法は，証明方法について，証拠能力（証拠の資格）に制限を加えるほか，証拠の取調べ方法も規定している。つまり，たとえ証拠能力のある証拠であっても，法が規定していない方法，例えば，霊視等によって取り調べることは許されないのである。取調べ方法は，証人の場合は証人尋問（刑訴法304条），証拠書類の場合は朗読及び要旨の告知（305条），証拠物の場合は展示（306条），と規定されている。

　厳格な証明の対象となるのは，犯罪の成否に関する事実（実体法〔刑法〕上の事実）である。犯罪の成否に関する事実には，構成要件該当事実（違法性・有責性を基礎づける事実）に加えて，違法性阻却事由，責任阻却事由を基礎づける事実も含まれる。処罰条件及び処罰阻却事由を基礎づける事実も同様である。阻却事由については，その不存在に疑義が生じた場合に初めて検察官に**挙証責任**が生じる。また，刑の加重事由（累犯前科等）や減免事由（心神耗弱，自首等）の不存在も，被告人にとっては犯罪の成否と同等の意味をもつものであるから，厳格な証明の対象となっている（判例）。ただし，情状（刑の量定の基礎となる事実）のうち，犯罪事実と独立したものは，必ずしも厳格な証明を要しない。

　犯罪事実を実行した者（犯人）が被告人と同一人物であること（犯人の同一

性）も厳格な証明の対象である。犯人の同一性は，争われることも多く，判断を誤れば冤罪に直結する危険性を有するものである。特に，被告人が過去に同種の犯罪を実行していた場合（「同種前科」）に，その手口等が類似していれば，犯人の同一性を推認できることもある。ただし，前科はそれを上回る偏見をもたらす危険性を有することから，判例は，極めて限定的な場合にしか同種前科による犯人の同一性の立証を認めていない。[5]

3　自由な証明

　自由な証明とは，証拠能力や適法な証拠調べという制約を受けない証明である。「制約を受けない」とは，無制約に行いうるという意味ではない。証拠能力についてみると，自由な証明であっても任意性のない供述（**自白法則**）等の証拠は許されないと解されるから，証拠能力に関する自由な証明の実質的意義は，主として**伝聞法則**の適用がないことに限られる。取調べ方法も，全く自由に行いうるというわけではない。場合によっては，相手方に反論の機会を与えるために，証拠調べが必要な場合もある。どの程度，厳格に行うかは，対象事実の重要度等によって判断されていかなければならない。[6]

　自由な証明の対象は，主として訴訟法上の事実である。訴訟法上の事実には，訴訟条件の有無から期日変更決定の基礎となる事実まで，その重要性には差がある。訴訟条件の有無や証拠能力等の終局判決の基礎となる事実は，被告人にとって重要な事実であるので厳格な証明に準じた厳格さを必要とすると解すべきである。実際は，親告罪（訴訟条件）の有無や自白の任意性（証拠能力）については，厳格な証明によるとされる。もちろん自由な証明で足りる事実であっても，厳格な証明によることは許される。

（丸橋昌太郎）

▷5　最判平成24年9月7日刑集66巻9号907頁，最決平成25年2月20日刑集67巻2号1頁。詳しくは，Ⅵ-1「証拠裁判主義」を参照。

▷**自白法則**
⇨Ⅵ-7「自白法則Ⅰ」～Ⅵ-9「自白法則Ⅲ」
▷**伝聞法則**
⇨Ⅵ-12「伝聞法則の意義及びその例外」
▷6　これを特に，「適正な証明」と呼ぶ見解がある。

表Ⅵ-1　証明の種類

厳格な証明	主として実体法上の事実	犯罪事実	構成要件事実：実行行為，結果，因果関係等 違法性を基礎づける事実：正当防衛，正当業務行為の不存在等 有責性を基礎づける事実：故意・過失等
		処罰条件 処罰阻却事由	処罰条件：事前収賄罪，破産犯罪等 処罰阻却事由：国会議員，親族相盗例等
		加重減免事由	(a)刑の加重事由：累犯前科，併合罪を妨げる確定判決の存在[1)]，犯罪事実に属する情状（手段方法，被害の程度等） (b)刑の減免事由の不存在：必要的減免（心神耗弱，中止未遂等） 任意的減免（障害未遂〔刑法43条〕，自首〔刑法42条〕等）
自由な証明	主として訴訟法上の事実	終局判決に関わる事実[2)]	訴訟条件：親告罪，訴訟能力等 証拠能力：自白法則・伝聞法則等
		情状	被害弁償の有無 被害者の感情等
		その他	弾劾証拠（刑訴法328条）
疎明			証拠保全を必要とする事由（刑訴法138条） 勾留請求事由（刑訴法206条）等

（注）　1)　最判昭和36年11月28日刑集15巻10号1774頁。
　　　　2)　実務では厳格な証明で行われている。
出所：筆者作成

4 挙証責任とその転換，推定

▷挙証責任

実質的挙証責任に対して，立証行為を負う当事者の責任を形式的（主観的）挙証責任ということがある。「形式的挙証責任」概念は，(a)法律上，立証行為の負担を誰が負うか，(b)事実上，立証活動の負担を誰が負うか，(c)職権主義において当事者が負うべき立証活動の負担はどの範囲か，を考えるに当たって意義があるとされる。もっとも，(a)は実質的挙証責任を負う検察官であることは明らかであるし，(b)は当事者の訴訟戦術，裁判所の訴訟指揮の指針となるが「挙証責任」として論じる意味は少ない。(c)についても，職権義務がある範囲を検討すれば足りるので，同様のことがいえる。

▷無罪推定

検察官が立証しない限り無罪であるという利益原則の反射的な意味でも使われる。ただし，無罪推定は，有罪確定するまで無罪として扱われるという意味もあるので，利益原則と完全に同義ではない。

▷名誉毀損罪

刑法230条1項：公然と事実を摘示し，人の名誉を毀損した者は，その事実の有無にかかわらず，3年以下の懲役若しくは禁錮又は50万円以下の罰金に処する。

▷事実の真実性

刑法230条の2第1項：[刑

1 挙証責任とは

　裁判では，当事者が立証を尽くしても，要証事実があったともなかったともいえない場合がある。この真偽不明の場合に，不利益（敗訴）を被る当事者の責任を実質的（客観的）**挙証責任**という。刑事裁判では，「疑わしきは被告人の利益に」という利益原則（≒**無罪推定**）が妥当しているので，原則として検察官が全ての実質的挙証責任を負っている。

2 挙証責任の転換

　刑事裁判において，挙証責任の転換とは，検察官が負う実質的挙証責任を被告側に負わせることをいう。刑事裁判では利益原則が妥当しているので，原則として，挙証責任を転換することは許されない。もっとも利益原則の趣旨を害さない範囲においては，挙証責任を転換しても許される場合があるといえる。利益原則の趣旨に反しないといえるためには，まず，(a)挙証責任が転換される事実の存否が不明だとしても，被告人の可罰性に合理的疑いが生じないことが必要である。例えば，**名誉毀損罪**は名誉毀損事実の真偽を問わず成立するので，挙証責任が転換される「**事実の真実性**」が不明だとしても被告人の可罰性は変わらない。こうした場合，検察官は，一度，有罪の立証を尽くしていることになるので，利益原則に反することはない。さらに，利益原則に反しないとしても，挙証責任の転換は，被告人に負担を強いることになるので，(b)検察官が要証事実を立証すれば，通常，挙証責任が転換される事実の不存在が合理的に推認できることや，(c)挙証責任が転換される事実の証明が被告人にとって容易であることなども加味して許容性が判断される。

3 推　定

　推定とは，前提事実が認められれば，推定事実が推認できることをいう。推定には，事実上の推定と法律上の推定がある。

　事実上の推定とは，前提事実から，推定事実を推認することが事実上合理的であることをいう。例えば，窃盗事件発生直後に，現場付近で盗品を所持しているという事実から，所持人が窃取したという事実を推認することは合理的である（**盗品近接所持の推定**）。もっとも，裁判所の事実認定は，自由心証主義に

より，論理則と経験則によってこのような推認を重ねていくものであるから，特に，これを事実上の推定と呼ぶ実益は少ない。

これに対して，法律上の推定とは，前提事実から推定事実を推認することが法律で定められているものをいう。法律上の推定は，さらに反証を許すものと許さないものに分けられる。反証を許さないものは，いわゆるみなし規定と呼ばれるものである。例えば，電気を財物とみなす刑法245条は，これに当たる。みなし規定の許容性は，**実体的デュープロセス**の問題であり，刑訴法上の問題ではない。反証を許すものは，前提事実の存在を検察官が証明すれば，被告側が反証しない限り，推定事実の存在が推認されるので，その限りで挙証責任の転換の問題が生じる。もっとも法律上の推定だとしても，裁判所は推定事実を推認「できる」ということにとどまり，必ず推認「しなければならない」わけではないと解される。したがって，被告人は，推認事実の存在を疑わせるだけの反証をすればよいということになる。そうすると，元々前提事実の存在から推定事実の存在の推認が疑わしいようであれば，被告人が反証する必要がないので，推定規定は，前提事実から推定事実の推認が事実上も合理的でなければ機能しない。前提事実と推定事実の合理的関連性は推定規定の必要条件の一つとなろう。

(丸橋昌太郎)

▷**盗品近接所持の推定**

法230条1項]の行為が公共の利害に関する事実に係り，かつ，その目的が専ら公益を図ることにあったと認める場合には，事実の真否を判断し，真実であることの証明があったときは，これを罰しない。

窃盗罪は，他人の財物の占有を奪うことにより成立するので，盗品を持っているだけでは窃盗罪は成立しない。しかし，事件発生直後に盗品を所持していれば，占有を奪って入手したことが強く推定される。これを盗品近接所持の推定または法理という。もちろん，入手経路の説明が十分になされればそのような推定は崩れる。

▷**実体的デュープロセス**

手続だけでなく，実体法（刑法）の内容も適正でなければならないという原理である。

▷1　このように解すると，法律上の推定の意義は，「法律で推定されることが明言されているにもかかわらず，反証をしなかった」という事実が，推定事実の存否の判断で考慮できることにとどまる。

表Ⅵ-2　挙証責任の転換

法律名（略称）	転換事実
刑法230条の2（名誉毀損の事実証明）	摘示事実の真実性
刑法207条（同時傷害の特例）	傷害の軽重
爆取法6条（爆発物の目的）	「治安ヲ妨ケ又ハ人ノ身体財産ヲ害セントスルノ目的」（同1条）
児童福祉法60条4項	児童の年齢の不知
風営法50条2項	18歳未満であることの不知

表Ⅵ-3　推定規定

法律名（略称）	前提事実	推定事実
麻薬特例法14条	(a)業として規制薬物の売買等を行っていたこと（麻薬特例法5条違反） (b)業とした期間内に取得した財産が，当該期間内における正当な財産状況に照らして，不相当に高額であること	取得財産が麻薬特例法5条に係わる不法収益であること
公害犯罪処罰法5条	(a)工場等から人の健康を害する物質を排出が排出され，その排出のみによっても公衆の生命又は身体に危険が生じうること (b)その排出によりそのような危険が生じうる地域内に同種の物質による公衆の生命又は身体の危険が生じていること	その危険が排出物質によって生じたこと
各種両罰規定（判例）	使用人等の違反行為	事業主の過失の存在

出所：いずれも筆者作成

科学的証拠による証明：DNA 鑑定，臭気選別，筆跡鑑定

1 科学的証拠とは

　刑事裁判では，犯罪事実の証明とともに，被告人が当該犯罪事実を行ったことも証明しなくてはならない（同一性の証明）。同一性の証明方法には，近年，多くの科学技術が取り入れられている。科学技術を取り入れた科学的証拠は，事実認定の精度を高める反面，対象資料の取扱いや試験方法の適切さを欠けば，たちまち誤った情報を発信することになりかねない。以下，DNA 鑑定，臭気選別，筆跡鑑定がどのような要件で証拠として認められるかについてみていく。

2 DNA 鑑定

　生命の遺伝情報を保有する DNA（デオキシリボ核酸）は，一卵性双生児を除けば，個体によって多くの型があることが確認されている。DNA 鑑定は，この型を分析することによって，高精度の個人識別を行うものである。DNA 鑑定は，現在，何京分の 1 の精度で識別できるようになっている。DNA 鑑定は，血液をはじめ，精液，膣液，尿，唾液，汗等など様々な検体による鑑定が可能である。また，DNA 増幅技術の発達により，極微量の資料でも，DNA 鑑定をすることが可能であるので，捜査実務では，広く活用されている。たとえば，封筒に貼り付けられた切手から検出された唾液により，犯人が特定された例（『読売新聞』2006年 5 月21日付）がある。

　判例は，MCT118 と名づけられた DNA 鑑定につき，科学的原理の理論的正確性を認めた上で，具体的な実施の方法が，DNA 鑑定の技術を習得した者により，科学的に信頼される方法で行われたことを要件として，鑑定結果の証拠能力を認めていた（最決平成12年 7 月17日刑集54巻 6 号550頁）。しかし，同事件は，その後，科学技術の進展により，最新の DNA 鑑定によって，犯人の同一性が否定されるに至り，再審が開始された（東京高決平成21年 6 月23日判例タ1303号90頁・判時2057号168頁）。再審判決では，「本件 DNA 型鑑定が，前記最高裁判所決定にいう『具体的な実施の方法も，その技術を習得した者により，科学的に信頼される方法で行われた』と認めるにはなお疑いが残る」として，証拠能力が否定されるに至った（宇都宮地判平成22年 3 月26日判時2084号157頁）。いかに，科学的原理の理論的正確性が認められたとしても，鑑定方法に問題があれば証拠能力が否定されるのは当然であろう。

▷ 1　もちろん，科学技術が取り入れられているのは同一性識別に限られない。同一性識別のほかに，例えば，供述の信用性を判断するポリグラフ検査や，尿や毛髪からの薬物の検出等がある。

▷ DNA 鑑定
現段階の DNA 鑑定は，血液型と同様にあくまで型鑑定であり，塩基配列が完全に一致するかどうかを判断するものではない。したがって，DNA「型」鑑定と呼ばれることもある。DNA は，細胞核のほか，ミトコンドリアにも存在する。ミトコンドリア DNA にも型が確認されている。
⇨ Ⅲ-29「体液の採取」

❸ 犬による臭気選別

　ヒトの臭気（体臭）は，人種・性別・体質等による個人差があることが確認されている。犬による臭気選別とは，人間の3000～1万倍嗅覚が鋭いといわれる犬を利用して，犯人と被疑者の同一性を判断する方法である。

　臭気選別の具体的な方法は，**ゼロ回答選別**[1]が可能な犬に，犯行現場に残された犯人の臭気（原臭）を嗅がせた上で，被疑者の臭気（対照臭）が付着した布1点と，無関係の臭気（誘惑臭）が付着した布4点を並べた選別台の中から，同一の臭気を有する物をもってこさせる方法が用いられている[2]。

　臭気選別結果報告書の証拠能力は，自然的関連性の観点から問題となる。臭気選別の問題点は，特に体臭の個体差や犬の臭気選別のメカニズムが解明されていないことが挙げられる。ただ，警察犬に同一の臭気を持ってくる経験的，実証的データの裏づけがあれば，必ずしも原理的に完全に解明されることは要しないであろう[3]。警察犬の能力の点は，予備選別によって担保されているといえるので，臭気の採取，保管の過程が特に問題となろう。

❹ 筆跡鑑定

　筆跡は，一定の幅があるものの，個人による特徴が認められる。筆跡鑑定は，脅迫文等の犯人が残した筆跡と被疑者の筆跡を比較することによって，筆者の異同を判断する鑑定である。伝統的筆跡鑑定方法は，鑑定人が，自らの経験則に基づいて，披検資料と対照資料から，「相同性」（類似する特徴），「相異性」（異なる特徴），「稀少性」（特徴が個人間で異なる程度），「常同性」（特徴が繰り返される頻度）を抽出して，それを質量の両面から判断する。これに対し，近代的筆跡鑑定方法は，異同の判断を鑑定人の経験則ではなく，統計学等によって客観化しようとするものである。両鑑定方法の違いは，判断を鑑定人の経験則によるか，統計学等の科学によるかという点にある。もちろん，統計学によれば直ちに信用でき，経験則によれば信用できないというものではない。経験則も，実証の積み重ねによって正確性が担保されれば，証拠能力を認められることには疑いがない。ただ，いずれの筆跡鑑定も科学的に確立した方法はない上に，鑑定人も書道家や統計学者など様々である。また，筆跡の個性も幅があり，作為が介入するおそれもあるので，筆跡鑑定には限界があることは否めない。

　判例は，「相同性」「相異性」「稀少性」「常同性」を斟酌した伝統的筆跡鑑定につき，「鑑定人の経験と感に頼るところがあり，ことの性質上，その証明力には自ら限界があるとしても，そのことから直ちに，この鑑定方法が非科学的で，不合理であるということはできないのであって，筆跡鑑定におけるこれまでの経験の集積と，その経験によって裏付けられた判断は，鑑定人の単なる主観にすぎないもの，といえない」として，証拠能力を認めている（判例）[4]。（丸橋昌太郎）

▷ **ゼロ回答選別**
選別台に，原臭と共通する臭気布がない場合に，共通する臭気布がないことを表現（何もくわえない）させることである。ゼロ回答選別ができないと一番近い臭気を持ってきている可能性が生じてしまう。

▷ 2　詳しくは，「警察犬による臭気選別実施要項」（平成6年11月1日付け警察庁丁警発第296号）参照。

▷ 3　判例は，専門的な知識と経験を有する指導手が，臭気選別能力が優れ，選別時において体調等も良好でその能力がよく保持されている警察犬を使用して実施したものであるとともに，臭気の採取，保管の過程や臭気選別の方法に不適切な点のないことを要件として，証拠能力を認めている（最高裁昭和62年3月3日決定刑集41巻2号60頁）。なお，同判例は，伝聞法則に関する点につき，警察官が臭気選別の経過と結果を正確に記載したものであることから，実況見分の結果を記載した書面として，刑訴法321条3項により証拠能力を認めている。

▷ 4　最決昭和41年2月21日判時450号60頁。

（参考文献）
山崎昭（監修）『図解　科学捜査　指紋・DNA鑑定，画像解析！　科学を駆使した捜査の全貌』（2019年）。

情況証拠による認定

 情況証拠とは

　犯罪事実（要証事実）を直接証明する証拠を直接証拠という。これに対して，情況証拠とは，犯罪事実を直接証明するのでなく，犯罪事実を間接的に推認させる証拠のことをいう。情況証拠には，間接証拠と補助証拠がある。間接証拠とは，犯罪事実の存否を間接的に推認させる事実（間接事実）を証明する証拠のことである。補助証拠は，直接証拠や間接証拠の証明力に向けられた事実（補助事実）を証明する証拠のことである。間接事実や補助事実それ自体も，犯罪事実を推認させる証拠といえるので，その意味ではそれ自体情況証拠に含まれる（判例）。

　情況証拠は，実に様々な形態で存在する。実務上は，推認の方向と情況証拠の存在時期で分類することが有益であるとされる。推認の方向による分類は，犯罪事実を肯定する方向（積極的）と，犯罪事実を否定する方向（消極的）に分類される。存在時期による分類は，犯罪時を基準に，(a)事前的（予見的），(b)同時的（併存的），(c)事後的（回顧的）に分類される（表Ⅵ-4参照）。

2　情況証拠による事実認定

　情況証拠は，事実認定の客観化，確実化を図る上で必要不可欠である。問題は，情況証拠だけで有罪認定できるかどうかである。この点，わが国の刑事裁判では**自由心証主義**が採用されているので，裁判官が被告人の有罪に合理的疑いを超えて確信を得られるのであれば，情況証拠だけによって有罪認定することは許されるといわなければならない。注意すべき点は，合理的な疑いを超える根拠として，情況証拠をどのように評価できるかということにある（判例）。

　以下では，先の分類に従ってみていくことにしたい。

3　情況証拠の個別的検討

〇事前的情況証拠

　犯行の動機は，本来，犯罪構成要件ではない。しかしながら，わが国の刑事裁判において，犯行の動機の解明は，重要な位置を占める。これは，ほとんどの犯罪には動機があり，犯行の動機は，被告人の犯人性を推認する有力な手がかりとなるからである。逆に動機がないことは，消極的な情況証拠として評価

▷1　最判昭和25年10月17日刑集17巻10号1795頁。

▷自由心証主義
⇨Ⅵ-2「自由心証主義」
▷2　判例も，「情況証拠によって事実認定をすべき場合であっても，直接証拠によって事実認定をする場合と比べて立証の程度に差があるわけではない」とした上で，「直接証拠がないのであるから，情況証拠によって認められる間接事実中に，被告人が犯人でないとしたならば合理的に説明することができない（あるいは，少なくとも説明が極めて困難である）事実関係が含まれていることを要するものというべき」という基準を示している（最判平成22年4月27日刑集64巻3号233頁）。

166

されることになろう。もっとも，被告人の性格は，消極的な証拠として使用することは許されるが，積極的な証拠として使用することは原則として許されない（悪性格の立証の禁止）。

○同時的情況証拠

現場から採取された指紋やDNA等の犯人と被告人の同一性を示す証拠は，積極的情況証拠として極めて重要であることはいうまでもないであろう。このほか死体や被害品なども積極的情況証拠に含まれる[13]。他方，消極的な同時的情況証拠として重要なのは，アリバイの存在である。アリバイの存在は，それ自体完全に（合理的疑いを超えて）証明されなくても，アリバイの存在の疑いがあれば，訴訟構造上，検察側の犯罪事実の立証に疑問を投げかけることになる。例えば，犯行時間に自宅付近のラーメン屋にいたということが積極的に証明できなくても，そのラーメン屋近辺にいた可能性がある，という程度に証明されれば，当該ラーメン屋から40キロメートル離れた犯行現場での殺害の立証にその限度で疑いを差し込むことになろう。アリバイを主張する時期についてであるが，例えば，原審では全く主張しなかったのに，控訴審において突然主張し始めた場合，アリバイの主張の信用性に影響が出ることは否めない。この場合は，時機に遅れた合理的理由を説明する必要が生じよう[14]。

○事後的情況証拠

被告人が犯人しか知り得ないことを供述すること（秘密の暴露）は，よほどの例外的事情がない限り，被告人の犯人性を強く推認させることになろう。窃盗事件発生後に被告人がその盗品を所持していたことは，被告人の犯人性を推認させる積極的情況証拠となりうる。盗品所持が被害発生直後であれば，入手経路に関する反証がない限り，被告人の犯人性は強く推認されることになろう（**盗品近接所持の推定**）。逆に，被害時点から離れている場合は，別の入手経路の可能性が大きくなるので，窃盗罪の情況証拠としての価値は低くなる。

（丸橋昌太郎）

▷3 死体は，故意や過失などを解明する上でも，非常に重要である。死体が発見されないまま殺人罪が認定された事件として，仙台高判昭和60年4月22日判例時報1154号40頁等がある。

▷4 この点は，黙秘権の関係で問題となる。イギリスでは，黙秘から不利益に推認，すなわち，捜査段階で主張することが合理的であるにもかかわらず黙秘して，公判段階で突如としてアリバイを主張した場合等に，当該黙秘からアリバイの主張をねつ造したと推認してよいという規定がある。Criminal Justice and Public Order Act 1994, c. 33.
▷盗品近接所持の推定
⇨Ⅵ-4「挙証責任とその転換，推定」

表Ⅵ-4 情況証拠の分類

	積極（犯罪事実の肯定）	消極（犯罪事実を否定）
(a)事前的	例) お金に窮していた（犯行の動機） 凶器を購入していた（犯行の準備）	例) 経済的に豊かだった（犯行の動機） 善良な性格だった（被告人の性格）
(b)同時的	例) 犯行現場から採取された指紋が被告人の指紋と一致した（犯人と被告人の同一性）	例) 被害者が殺害された時間に，飛行機に乗っていた（アリバイ）
(c)事後的	例) 盗品を所持していた 被告人の供述によって盗品が発見された（秘密の暴露）	例) 所持品（盗品）が質屋から購入したものであった

出所：筆者作成

排除法則

 ### 排除法則とその由来

排除法則（exclusionary rule）とは，元来アメリカ合衆国で「捜査機関が証拠入手の過程において憲法に反する，あるいは重大な違法となる行為をした場合，その証拠を刑事手続で利用することを禁止する」法則である。捜査機関は必要以上に犯罪解明に熱心であったり，時には不正な理由や目的をもって捜査活動を行うことがありうるため，その権限行使を適正な範囲に保ち，憲法等で保障される個人の自由を全うするために判例法として確立された[1]。その根拠として，大別して3つの類型があるとされている。

○規範説

「政府は自己の不正な活動によって一片の利益をも得るべきでない」との文言で示されるように，本来憲法規範を守っていれば得られなかったはずの証拠は，公判での事実認定に用いてはならない，との主張である。これに対しては，「警官がヘマをしたために犯人を逃がす」のは妥当でなく，捜査機関の懲戒や教育によって解決すべき，とする批判がある。

○司法の廉潔性（完全性）説

違法に収集された証拠を許容して事実認定を行うのは，裁判所がその違法活動に加担し，ひいては国民の信頼を失うことになるから，許容できないような違法活動で得られた証拠を政策的に排除しよう，との主張である。許容の可否の基準が不明瞭であるとか，規範説同様有罪となるべき者を解き放つことが却って信頼を損ねる，との批判がある。

○抑止効説

違法な捜査手法によって入手した証拠を排除すれば，その手法は将来的に使われなくなるので，違法捜査を抑止するという政策的目的から排除を行う，という主張である。裁判所の判断は捜査から時間をおいてなされるため影響力に乏しいとか，抑止効は実証されていないとか，抑止は本来捜査機関が行うべきで裁判所に期待すべきものではないとか，捜査官が違法と知らない（善意）捜査の場合は抑止効を期待できないため排除しないという結論になる（善意の例外）が，これが最も問題である，とかの批判がある。

合衆国最高裁判例はこの抑止効を主流として他の根拠にも依っていると考えられる。

▷1 著名な例として，Boyd v. United States, 116 U. S. 616（1886），Weeks v. United States, 232 U. S. 383（1914），Mapp v. Ohio, 367 U. S. 643（1961）等。

2 日本での判例の展開

　日本では，明確な法律上の規定がないこともあり，「証拠採取に違法があったとしても，収集された物自体の性質，形状は変わらないので，証拠としての価値に変わりはない」として，この法則を否定するとも解される判断が当初最高裁で示された。[2]

　その後，前述のアメリカでの理論を根拠とし，またその展開に伴って，日本でも排除法則を用いるべきとする学説が多数を占めるようになり，昭和30年頃から下級審裁判例でも採用例がみられた。最高裁は，昭和53（1978）年に，「証拠の押収等の手続に，憲法35条及びこれを受けた刑訴法218条等の所期する令状主義の精神を没却するような重大な違法があり……これを証拠として許容することが将来における違法捜査抑制の見地からして相当でないと認められる場合」には一般論として排除法則を採用することを認めた。だが，この事例での明確な同意なく被疑者の上着内ポケットに手を入れて取り出した覚せい剤の入手を，「所持品検査の許容限度をわずかに超えたに過ぎない」として，違法としたものの証拠排除はしなかった。[3]

　この判断では，排除法則を「刑訴法の解釈に委ねられているものと解するのが相当」と述べ，憲法原則とはみていない。また，捜査機関の法令逸脱の程度だけでなく「令状主義潜脱の意図」「強制力行使の有無，程度」等をも考慮に入れ，相当程度の違法がある場合に排除が論じられるので，違法即排除でないのみならず，憲法違反の場合も排除は必然ではない，と理解しうる。さらに，違法捜査抑止の見地からの「排除相当性」も要件として挙げており，たとえ違法が重大であっても，被告人の刑事責任の大きさや証拠の重要性等によっては証拠が排除されない余地を残したもの見ることもでき，以後これらの関係をどう理解ないし構築すべきかが学説上議論の対象となっていった。

　この判断基準は踏襲され，違法捜査に基づく排除が争われた最高裁判例として，無令状での被疑者宅への立入りと誤解を利用した同行の事例[4]，承諾のない連行と所持品検査の事例[5]，証拠物発見後に警察官が暴力を振るった事例[6]等があるが，いずれも証拠排除がなされなかった。

　平成15（2003）年の「逮捕状の呈示がなく，**緊急執行**もされていない手続的な違法……にとどまらず，警察官らは逮捕状へ虚偽事項を記入し，内容虚偽の捜査報告書を作成し，……公判廷において事実と反する証言をしている」事例[7]が最高裁による証拠排除の最初の例となった。最高裁はこの事件で，特に警察官の捜査段階での虚偽記載，及び公判での虚偽供述を重大かつ抑止すべき法令逸脱，令状主義潜脱とみている，と解される。

（松田龍彦）

▷ 2　最判昭和24年12月23日集刑15巻349頁等。なお，供述証拠に排除法則の適用があるのか，それとも自白法則のみによるのか等も明示の判断がされておらず，学説にも争いがある。

▷ 3　最判昭和53年9月7日刑集32巻6号1672頁，いわゆる「大阪覚せい剤事件」。

▷ 4　最判昭和61年4月25日刑集40巻3号215頁。
⇨ VI-8 「派生証拠」
▷ 5　最決昭和63年9月16日刑集42巻7号1051頁。
▷ 6　最決平成8年10月29日刑集50巻9号683頁。
▷ **逮捕状の緊急執行**
刑訴法201条2項，73条3項により，捜査官が逮捕状を所持していない場合の通常逮捕手続，及びその際に採るべき手順のこと。
▷ 7　最判平成15年2月14日刑集57巻2号121頁，いわゆる「大津事件」。

8　派生証拠

1　派生証拠の定義

　派生証拠（derivative evidence）とは，辞書的には「ある供述や証拠をきっかけに，捜査機関がさらに捜査をして新たに得た証拠」（大辞泉）等と定義される。この「新たに得た証拠」が直接的には適法に入手されていても，それに先立つ「ある供述や証拠」の入手過程に違法がある場合に，「新たな証拠」の許容性，すなわち排除法則適用の有無[1]にどう影響するかという刑事訴訟法上の問題がある。さらには，問題となっている証拠が，ある証拠をきっかけに得られたものではないにせよ，その証拠獲得に先行する逮捕や連行，留め置き等に違法が認められる場合に，当該証拠の許容性にどのような影響が及ぶかということも，併せて問題となっている。

2　毒樹果実法理とその派生法理

　毒樹果実法理（fruits of poisonous tree doctrine）とは，違法な捜索・押収により獲得された証拠をもとに得られた証拠や，違法な逮捕，立入り等に由来する証拠を排除する，という理論である。毒に汚染された土壌で育つ樹木は自らも毒性を持ち，その果実もまた同じなので，樹のみならず実をも（さらには土壌をも）廃棄せねばならない，との例えから来ており，憲法（あるいは重大な法律）違反の捜査活動という毒樹と因果関係を有し，「汚染された」果実たる証拠を排除するためのものである。

　しかし，この法理をそのまま適用すると，当初の違法と因果関係があるか，（理論，学説によっては）関連性のある証拠は全て排除される。それ自体は適法に獲得された証拠の証明力が高くとも証拠採用されないため，捜査官のわずかなミスにより本来有罪とされるべき者が無罪となってしまうことも想定される。この「コストが高くつく」状況を多少なりとも緩和すべく，いくつかの派生法理が登場してきた。

○希釈法理

　違法捜査と獲得された証拠の間に因果関係があっても，介在事情が存在するなどして当初の違法が証拠獲得に至るまでに「毒性が薄まって」いれば，証拠として利用しても構わないのとするもの。もっとも，どの程度の希釈により許容されるかが明確にはわからない，という難点を併せ持つ。

○独立入手源法理

違法捜査によりもたらされた知見が，その違法とは独立した捜査からも得られているならば，証拠として利用しても構わないとするもの。ただ，その「独立性」の程度で証拠利用の範囲が大きく動くため，毒樹果実法理自体をないがしろにする，という批判がある。

○不可避的発見法理

独立入手源法理と関連するが，違法に獲得された証拠が，現に進行している他の適法な手段により必然的，不可避的に発見できたと仮定できる場合は，証拠利用を許すとするもの。

③ 判例の示す具体例

日本の最高裁判例を見ると，無令状での被疑者宅への立入りと，誤解を利用した同行，およびその後の退去希望に応じない留め置き後に得られた尿について，これらの先行する手続と「関連性のある証拠」としつつも，採尿結果の鑑定書を排除しなかった事例がある[42]。立入り，同行，留め置きを採尿と「同一目的」であり，採尿は一連の手続がもたらした状況を「直接利用」しており，採尿の違法性の判断に「一連の手続における違法の有無，程度を十分考慮する」との基準をたて，派生証拠の排除がありうることを示したが，採尿手続の違法は「令状主義の精神」「違法捜査の抑制」の見地から「いまだ重大であるとはいえ」ない，としている。

これに対し，初めて証拠排除を認めた**大津事件**[43]では，逮捕状を呈示せず，また緊急執行の手続も取らなかった逮捕について，逮捕状，捜査報告書への虚偽記述，公判での虚偽供述等の違法も併せて考慮して，令状主義の精神を没却するような重大な違法があると認定し，その逮捕後に得られた被告人の尿および尿鑑定書について，重大な違法が認められる逮捕と密接に関連する証拠であるとして排除した。その一方で，尿鑑定書等をもとに捜索・押収令状が請求され，その結果押収された覚せい剤については，「司法審査を経て発付された捜索差押許可状によって」差押えられ，「逮捕前に適法に発付された……窃盗事件についての捜索差押許可状の執行と併せて行われた」ことなどを理由とし，尿鑑定書と覚せい剤の関連性は密接なものではない，として排除しなかった。毒樹果実法理及び希釈法理，あるいは独立入手源法理等が考慮されていると考えられる。

その後，覚せい剤所持の事件にて，取調官が捜索・差押や逮捕をしない旨の虚偽の約束をした上，覚せい剤のありかを自供させた事例で，供述のみならず供述により発見された派生証拠である覚せい剤及び尿鑑定書等をも排除した高裁判断があり，供述証拠に関しても派生証拠の排除がありうることが示された[44]。

(松田龍彦)

▷2 　最判昭和61年4月25日刑集40巻3号215頁。なお，同じ事実認定を前提としつつ違法が重大であり排除すべき，とする反対意見が付されている。
⇨Ⅵ-7 「排除法則」

▷3 　大津事件
最判平成15年2月14日刑集57巻2号121頁。
⇨Ⅵ-7 「排除法則」

▷4 　東京高判平成25年7月23日，判時2201号141頁

9 自白法則Ⅰ：偽計による自白

1 自白法則の意義

犯行状況は，科学が発達した現在においても，実際に犯行を見た者でなければ，わからないことが多い。被害者や目撃者は常にいるとは限らず（また被害者であっても常に目撃しているとは限らない），犯行の具体的状況や動機等，犯人にしか知り得ないものもある。したがって，事件を解明するためには，犯人と疑われる者を取り調べることが依然として重要な意義を有する。しかしながら，行きすぎた取調べは，取り調べられる者の権利を不当に制約し，あるいは，虚偽の供述を誘発するおそれもある。特に，被告人の自己に不利益な供述は経験的に信用性が高いと考えられているので，被告人の供述（**自白**）の信用性は，証明力（供述の内容）で判断するよりも，**証拠能力**で判断する方が望ましい。そこで，刑訴法は，憲法38条2項を受けて，「**強制，拷問又は脅迫による自白，不当に長く抑留又は拘禁された後の自白**その他任意にされたものでない疑のある自白は，これを証拠とすることができない」（319条1項）と規定している。この「任意にされたものでない疑のある自白」の証拠能力を否定する原則のことを自白法則という。

2 自白法則の根拠

「任意性に疑いのある自白」が排除される根拠をどう考えるかによって，排除される自白の範囲が異なってくる。

自白法則の根拠は，虚偽排除説，人権擁護説，違法排除説の三つの学説に分かれる。虚偽排除説は，任意性に疑いのある自白は，虚偽の内容が入る可能性が高いので証拠から排除するという考え方である。この見解は，任意になされた自己に不利益な供述は一般的に信用性が高いという経験則に基づくものである。これに対して，人権擁護説は，自白法則を黙秘権等の人権の保障を担保するための規定であると考える。また，違法排除説は，自白法則を違法な捜査から被告人を守るためのものと理解する。

もっとも，現在，任意捜査の違法性は，権利侵害を基準に考えるのが通説的理解である一方で，黙秘権や接見交通権といった人権も，自白の信用性と無関係ではない。したがって，いずれの見解が妥当であるかは，自白法則によって最終的に守るべき利益は何か，すなわち，自白法則が最終目標として黙秘権や

▷自白
自白とは，自己の犯罪事実の全部または主要部分を認める供述のことをいう。犯罪事実の一部しか認めない供述や間接事実だけを認める供述は自白には当たらないが，刑訴法322条①により，自白法則が準用される。なお，自己に不利益な事実を認める供述を承認という。自白は承認の一種である。
▷証拠能力
⇨Ⅵ-1「証拠裁判主義」
▷強制，拷問又は脅迫による自白，不当に長く抑留又は拘禁された後の自白
「任意にされたものでない疑のある自白」の例示と考えるのが一般的である。
▷1　なお，虚偽排除説は，内容の真実性に関わらず，類型的に虚偽が混入するおそれのある方法により獲得された自白の証拠能力を否定するものである。仮に内容の真実性が立証できたとしても，類型的に虚偽が混入するおそれのある方法であれば証拠能力は否定される。

接見交通権などの権利を守ろうとするものなのか，あるいは，黙秘権や接見交通権を通じて**自白の信用性**を担保しようとするものなのかという点を検討する必要がある。特に，(1)違法捜査や人権侵害を防ぐためには自白法則が適切であるか，(2)違法捜査や人権侵害を防げば自白の信用性を担保できるか，という点を検討しなければならないであろう。(1)の点は，違法収集証拠の排除法則や懲戒手続等の内部規律との関係を，(2)の点は，自白証拠には，訴訟構造上，反対尋問によるテストができないことを論じる必要があろう。

3　偽計による自白

　偽計を用いた取調べは，道徳に反するものといえるが，刑訴法上，保護されるべき権利が侵害されているとまではいい難い。したがって，「厳に避けるべきである」（判例）であることはいうまでもないが，それをもって直ちに違法な取調べということはできず，違法排除説や人権擁護説からは排除されないことになる。

　しかしながら，偽計が被疑者の心理に影響を与えて虚偽の自白を誘発することは十分に考えられる。このようにして得られた自白は，虚偽排除の観点からは排除されるべきである。

　判例は，いわゆる**切り違え尋問**につき，「偽計によって被疑者が心理的強制を受け，その結果虚偽の自白が誘発されるおそれのある」場合があるとして，虚偽排除の観点から自白法則の適用を検討すべきとしている（判例）。

　その他，裁判例では，捜査官が「今の発達した科学では，人間の分泌物から，その細かく枝分かれした血液型を知ることができ，指紋と同様，同じ分泌物の人間は，一億人に一人しかいないが，その（本件デッキシューズの意）分泌物がおまえのと一致した」という虚偽の事実を申し向けたところ，被告人としては，この後に及んでもはや何を言っても無駄であるとの思いから抵抗の気力を失い，「本件の犯人はお前か」という問いに概括的にこれを認めてしまったという事案がある。この事案は，客観的事実から被告人が無実であることが認められているので，偽計が被告人の心裡状態に影響を与えることを示すものとして参考になろう。

（丸橋昌太郎）

▷**自白の信用性**
供述証拠の信用性を弾劾する手段として最も有効なものは，反対尋問である。しかしながら，自己の供述に対して反対尋問することは，訴訟構造上不可能であり，自白の信用性を担保する方策は別に求めなければならない。

▷2　プライヴァシーや身体の自由等，令状主義によって保護されるべき権利は，違法収集証拠の排除法則の対象となることに争いはないので，とりたてて自白法則において問題とする必要性に乏しい。

▷3　最判昭和45年11月25日刑集24巻12号1670頁。

▷4　国家の礼節を違法性判断基準にする見解もあるが，捜査の違法性判断基準との整合性が問題となろう。

▷5　例えば，「犯人が残した血痕とおまえのDNAが一致した」といわれれば，たとえそれが嘘だったとしても，あきらめの境地や「こうなった以上なるべく刑を軽くしてもらおう」という気持ちから，身に覚えのない事実を認めることもあろう。

▷**切り違え尋問**
共犯関係にあるX，Yの取調べに際して，Yが自白したという偽計を用いてXの自白を得て，そのXの自白を基にYの自白を得る取調べのことをいう。

▷6　最判昭和45年11月25日刑集24巻12号1670頁。

▷7　東京地判昭和62年12月16日判時1275号35頁，判タ664号252頁。

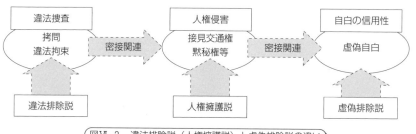

図Ⅵ-3　違法排除説（人権擁護説）と虚偽排除説の違い

出所：筆者作成

自白法則Ⅱ：接見制限後の自白

▶接見交通権
⇨Ⅲ-20「被疑者の接見交通権」

▶接見指定
⇨Ⅲ-20「被疑者の接見交通権」

▶自白法則の根拠
⇨Ⅵ-7「自白法則Ⅰ」

1　接見制限とは

身体の拘束を受けている被疑者・被告人は，弁護人（弁護人となろうとする者も含む）と立会人なくして接見し，または書類もしくは物の授受をすることができる（刑訴法39条1項：**接見交通権**）。一方，捜査機関は，捜査のため必要があり，被疑者が防禦の準備をする権利を不当に制限するようなものでないときは，公訴の提起前に限り，接見交通の日時，場所及び時間を指定することができる（同条3項：**接見指定**）。接見交通権は，被疑者の不安感や焦燥感を軽減する目的も含まれていることから，接見指定等による接見制限後になされた自白の証拠能力をどのように考えるべきかが問題となる。この点は，「任意にされたものでない疑のある自白」の証拠能力が否定される根拠（**自白法則の根拠**）をどう理解するかによって変わってくる。ここでは，自白法則の根拠として主張される虚偽排除説，人権擁護説，違法排除説から，接見制限の違法性や心理的影響がどのように評価されるかをみていくことにする。

2　接見制限と虚偽排除説

虚偽排除説からは，接見制限が類型的に虚偽の自白を誘発するおそれのあるものかどうかという観点から判断されることになる。

接見制限は，外部と遮断された被疑者の心理状況に大きな影響を及ぼすものである。特に，初回接見は，被疑者の不安感や焦燥感を落ち着かせるために重要である。したがって，適切な接見を認めないことは，被疑者の供述の任意性に疑いが生じる場合もありうる。例えば，「自白すれば接見制限を解いてやる」といった利益誘導型だけでなく，弁護人との接見を希望する被疑者に対して取り合わずに執拗な取調べを行った場合なども任意性に疑いが生じよう。

他方，虚偽排除説からは，接見した直後に自白した場合などは，任意性を肯定する判断要素にもなりうることにも注意しなければならない。したがって，捜査機関は，十分な接見を認めて，任意性を確保することが求められよう。

判例は，検察官が弁護人の接見の申出を拒否して，その事実を被疑者に伝えることなく数時間取調べた事案について，特に違法評価に立ち入ることなく，自白法則の適用の有無を検討している[1]。これは虚偽排除説に立った上で，接見制限が自白の任意性に影響を与えうることを認めたものと評価できよう。

▶1　最決平成元年1月23日判時1301号155頁，判タ689号276頁。

3 接見制限と人権擁護説

　人権擁護説からは，同説が保障しようとする権利に，接見交通権が含まれるかどうかが問題となろう。一般に，人権擁護説が任意性説と分類されていることに鑑みると，同説が保障しようとしている権利は，黙秘権が中心であり，直接に接見交通権は含まないものと解される。しかし，そうだとしても，接見交通権の制限により生じた心理的影響が黙秘権を侵害したと評価されるような場合に排除されることとなろう。どの程度心理的影響があれば黙秘権の侵害といえるかについては，黙秘権の理解との関係で判断されるべき事柄である。

　なお，取調べの違法性を接見交通権や黙秘権などの権利侵害を基準に考えるのであれば，具体的基準は，次の違法排除説と重なることになろう。

4 接見制限と違法排除説

　接見制限後の自白は，違法排除説からはどのように評価されるであろうか。

　違法排除説は，違法捜査を抑制することを証拠排除の根拠としているので，自白法則の適用の可否は，接見制限の違法性を基準に判断されることになる。

　違法排除説は，違法であれば直ちに排除するという絶対的排除説と，重大な違法に限り排除するという重大違法排除説に分かれる。もっとも，違法性の程度に関わらず，違法な接見制限に対しては，**準抗告**という不服申立て手段が存することにも注意を要する。準抗告の手段をあえて取らずに，証拠排除を狙うという戦術もあり得るところであるが，弁護人としてはまずは準抗告を使って一刻も早く違法状態から脱出することを考えるべきであろう。その意味では，接見制限の「違法」救済（あるいは規制）の場として，「自白法則」という場が適切かどうか自体の検討が必要となろう。

▷準抗告
⇨Ⅲ-34「違法な捜査の救済」

（丸橋昌太郎）

表Ⅵ-5　接見制限と各説の排除基準

	接見制限の排除基準	
	違法性	心理的影響
虚偽排除説	×	○（虚偽自白）
人権擁護説	△※	○（黙秘権侵害）
違法排除説	○	△※

（注）　※権利侵害を違法性の判断基準とすれば排除される。
出所：筆者作成

11 自白法則Ⅲ：反復自白

1 反復自白とは

　被告人の供述調書は，警察と検察において，それぞれ取られるのが通常である。それでは，例えば，警察段階で暴行脅迫等により自白の任意性に疑いがある自白調書Ａが取られ，その後，検察官の穏やかな取調べによって自白調書Ｂが取られた場合，調書Ａの証拠能力が否定されることは当然であるが，調書Ｂの証拠能力はどう考えるべきであろうか。検察官の調書だけをみれば，穏やかに取調べを行っているので，**自白法則**の適用の余地がないようにもみえる。このようにくり返しのなされる自白を反復自白といい，とりわけ自白法則の適用の観点から問題となる。反復自白が排除される範囲は，排除される根拠や目的との関係で決まってくる。**自白法則の根拠**については，虚偽排除説，人権擁護説，違法排除説の三つの学説が主張されている。この問題も，三つの学説から検討される必要がある。とりわけ，自白法則に毒樹の果実の法理の適用があるかどうかと，反復自白の任意性をどう考えるかについてそれぞれみていく。

2 反復自白と毒樹の果実の法理

　毒樹の果実の法理とは，違法手段によって直接獲得された証拠だけでなく，当該証拠から発見された第二次証拠（派生証拠）等の違法手段と因果関係のある範囲まで証拠排除を認めようとするものである。毒樹の果実の法理は，違法性の承継の問題であるので，自白の任意性を問題とする限り，自白法則に，適用されない。もっとも，自白の採取過程の違法性を問題とする違法排除説は，捜査の適正化を目的とするものであるから，反復自白の証拠能力が認められるとすると，その目的は達成し得ないことになる。したがって，違法排除説に立てば，後の反復自白についても因果関係が一定程度以上認められる限りにおいて証拠排除されることになる。そうすると，違法排除説からは，反復自白に限らず，不任意自白から発見された証拠物についても排除される。この点は，判例上の違法収集証拠の排除法則との関係が問題となろう。

3 反復自白の任意性

　反復自白は，前述のとおり，任意性を問題とする限り，毒樹の果実の法理の

▷**自白法則**
⇨ Ⅵ-7「自白法則Ⅰ」

▷**自白法則の根拠**
⇨ Ⅵ-7「自白法則Ⅰ」

▷**毒樹の果実の法理**
fruits of the poisonous tree doctrine
⇨ Ⅵ-8「派生証拠」
▷1　もっとも毒樹の果実の法理は，条件関係のある全ての証拠排除を認めるものではない。絶対的排除法則を採用するアメリカ合衆国では，希釈法理（attenuation doctrine），独立入手源の法理（independent sources doctrine），不可避的発見の法理（inevitable discovery）などの多くの例外が認められている。一方，相対的排除を採用するわが国では，因果関係の問題は，排除相当性で考慮されている。

適用はない。ただし，反復自白の任意性については，先行する取調べの影響が残っている可能性²が考えられる。したがって，反復自白の任意性は，その直接採取した取調べだけではなく，先行する取調べを含めてその心理的影響を判断する必要がある。その意味では，反復自白の任意性判断も，毒樹の果実の法理と類似する構造をもつが，あくまで任意性の判断であるので，不任意自白から発見された証拠物などには適用されない。証拠物については，別個に**違法収集証拠の排除法則**からの検討が必要となる。

　判例は，警察段階において手錠をかけたまま取り調べた事例について，自白の任意性に疑いを差し挟むべきであるとした上で，その後の検察官の取調べも「警察官の取調の際における影響が遮断されていることが認められないかぎり」は任意性に疑いがあると考えるべきとしている³。つまり，判例は，反復自白は，原則として心理的影響が継続していると推定して，例外的に，その継続を遮断するものがないかどうかを検討する。

　問題は，いかなる事情があれば心理的影響の遮断が認められるかである。やはり，穏やかな取調べだった程度では足りず，積極的に心理的影響を取り除く措置を講ずることが求められよう。裁判例では，警察官が爆発物取締罰則１条違反（死刑または無期もしくは７年以上の懲役または禁錮）ではなく，これよりはるかに法定刑が軽い火薬類取締法59条違反（１年以下の懲役または10万円以下の罰金〔当時〕またはその併科）に当たる旨をほのめかして自白を求めた事案において，その事実を聞いた担当検事が，警察では火薬類取締法違反で取り調べられているが本件は爆発物取締罰則違反であり，その刑が重い旨を告げて被告人の注意を喚起したのち取り調べた事情を認定し，**検面調書**の証拠能力を肯定したものがある⁴。確かに，同判決は，虚偽自白を誘発する原因（錯誤）を取り除いており，心理的影響の遮断が認められるとした判断は妥当であろう。

（丸橋昌太郎）

▷2　例えば，警察段階において「自白しないと一生出さないぞ」と脅された場合，明確にその脅迫が否定されない限り，検察段階においても被疑者の心理面への影響は継続していると考えるのが普通である。また，一度自白したことにより，あきらめの境地からそれを反復してしまうことも十分考えられる。
▷**違法収集証拠の排除法則**
⇨Ⅳ-13「排除法則」
▷3　最判昭和41年12月9日刑集20巻10号1107頁

▷**検面調書**
⇨Ⅵ-14「裁判官面前調書・検察官面前調書」
▷4　東京高判昭和58年12月15日判例時報1113号43頁。警視総監宅に爆弾を仕掛けたという事件である。なお，本件において，被告人は，他の客観的証拠が乏しかったこと等から無罪となっている。

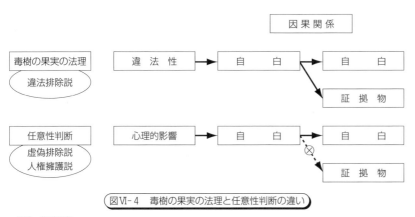

図Ⅵ-4　毒樹の果実の法理と任意性判断の違い

出所：筆者作成

12 補強法則

▷自白法則
⇨ Ⅵ-9 「自白法則Ⅰ」～
Ⅵ-11 「自白法則Ⅲ」

 補強法則の意義

　補強法則とは，有罪の認定のためには，自白のほかに，必ず自白以外の証拠を必要とするという証拠法則である。つまり，被告人は，自己の自白のみでは有罪とされないということである。ここにおける自白以外の証拠を補強証拠という。

　自白法則のところで，わが国刑訴法は，自白の取扱いについて慎重な立場をとっていることを学んだ。自白法則により，任意性に疑いがある自白は排除されるのに，さらに，自白以外の証拠が必要とされるのである。その根拠を検討するのが本節での学習内容となる。

　自白とは，問題となっている犯罪の有罪認定に必要な全てを認める供述のことをいう。罪に問われている被告人が，自己の犯罪事実を告白しているのだから，自白は一般的に信用性が高いといえる。しかも，犯人しか知り得ない情報を被告人が供述しているとなると，なおさらその信用性は高い。そうであるからこそ，自白は不必要にその信頼性が誤信されてしまう危険性と常に隣り合わせなのである。自白の誤りは，自白の示している物語全体が誤っているという場合もあり得る。これは致命的な誤りといえる。したがって，自白には，これを補う自白以外の証拠が必要とされるのである。

　補強法則の考え方は，刑訴法が予定している証拠調べ手続にも反映されている。刑訴法301条は，自白の証拠調べ請求は，自白以外の証拠の証拠取調べが終了した後でなければできないと規定している。補強証拠の取調べ→自白の証拠調べという順番である。自白に接してしまうと，全ての事実が自白の内容と符合して映ってしまう。そのため，まず自白以外の証拠（補強証拠）によって要証事実が一応立証されているとの心証を抱いてから，裁判官は自白に接し，自白と補強証拠を総合して要証事実について心証を形成するという手続になっている。

　このように，自白偏重の防止と自白の証拠価値を慎重に吟味するというのが補強法則の狙いである。

2 公判廷における自白と憲法38条3項

　補強法則に関する刑訴法319条2項は，公判廷における自白についても補強

証拠を求めるが，憲法38条3項には，そのような明文の規定はない。刑事裁判手続は刑訴法に基づいて運用されるので問題はないようにみえる。しかしながら，憲法38条3項の自白に公判廷における自白が含まれるとの立場からは，公判廷における自白を唯一の証拠として有罪判決が下された場合には，憲法違反を理由とする上告が許されることになるのである（405条）。このように，憲法38条3項の自白に公判廷における自白が含まれるか否かは，極めて実践的な意味をもつ。

　判例は，公判廷における自白は含まれないと解している。したがって，公判廷における自白を唯一の証拠として被告人を有罪にしても憲法違反は発生しない。

③ 補強の範囲

　補強の範囲とは，他の証拠によって証明すべき事実の範囲である。補強を要するのは，犯罪事実についてである。犯罪事実のうち，どの部分について補強を要するかについて，判例・学説の間で見解が対立している。

　罪体説とは，犯罪事実の客観的側面またはその重要部分について補強証拠を必要とするという説である。罪体という言葉はあまり接することのない用語であるが，要するに，構成要件該当事実のうち，客観的な事実のことである。つまり，構成要件該当事実の中から，故意や過失などの主観的な事実を除いたものである。

　ところで，この罪体の範囲について，学説は3説に分かれている。罪体とは，①客観的法益侵害を示す事実とする説，②法益侵害が，何人かの犯罪行為に起因することを示す事実とする説，③被告人の犯罪行為であることを示す事実とする説，である。

　具体的に考えてみよう。客観的法益侵害を示す事実とは，殺人罪であれば死体の存在を思い浮かべてほしい。法益侵害が，何人かの犯罪行為に起因することを示す事実とは，先の死体が他殺死体であるということである。被告人の犯罪行為であることを示す事実とは，殺人を行ったのが被告人であるということである。すなわち，犯人と被告人の同一性を示す事実である。

　通説は，②説である。この説によれば，自白以外の証拠により，何人かによる犯罪事実の存在が立証されていればよいことになる。②説の主眼は，架空の犯罪によって被告人を処罰することの回避にある。しかし，この説でも，犯罪行為がまず発覚し，その後犯人の解明を図るという場合，犯人を理由なく作り上げる危険性が残ることは否定できないだろう。

　これに対して，犯人と被告人との同一性を求める③説も有力に主張されている。この説に対しては，あまりにも有罪が困難となり，有罪・無罪が偶然に左右されることになるとの批判が加えられている。

（安井哲章）

> **判例**
最高裁は，公判廷における自白に補強を要しない理由として，①公判廷における自白には強制の契機もなく，黙秘権の告知もされ，弁護人の助力の保障もあること，②被告人の発言・挙動・顔色・態度やその変化を通して，直接事実認定者が自白の信憑性と任意性・自発性について心証をうることができ，信憑性や任意性・自発性を判断するに当たって他の証拠の助けを必要としないこと，③捜査段階での自白よりも公判廷における自白は証拠価値が高いこと，を挙げている（最判昭和23年7月29日刑集2巻9号1012頁）。

> 1　自白に対しては，慎重の上にも慎重を期して対応する必要がある。公判廷における自白は裁判官の面前で行われているものではあるが，公判廷外の自白との間に質的な違いはない。したがって，学説の多数は憲法38条3項の自白に公判廷における自白を含むと解している。

> 2　判例は，自白の真実性が他の証拠により実質的に担保されていればよい，あるいは，補強証拠は，自白した犯罪が架空のものでなく現実に行われたものであることを証すれば足りるとしている。判例の立場は実質説と呼ばれている。実質説によれば，犯人と被告人の同一性までは補強証拠で示す必要はないことになる。

13 共犯者・共同被告人の供述

 共同被告人の供述の証拠能力

　刑事手続において共同被告人の供述が問題となるのは，以下の三つの場面である。

　第一は，証人として供述する場合である。第二は，共同被告人として供述する場合である。第三は，公判廷外における共同被告人の供述調書が用いられる場合である。

　ここで検討するのは，第二の場面で問題となる共同被告人の供述の取扱いである。この場合，証人として供述するわけではないため，宣誓義務も真実を述べる義務も負わない。また，**相被告人**は反対尋問権を行使して共同被告人の供述を吟味することもできない。反対質問を行えるだけである（刑訴法311条3項）。判例は共同被告人の供述に証拠能力を認めるが，学説は反対質問が十分に行われた場合にだけ証拠能力を認めるべきとする。

　第一の場面では，共同被告人も被告人である以上，手続を**分離**しない限り証人とはなり得ない。これは，被告人の手続に，手続を分離した元共同被告人が，第三者である証人として証言するということである。

　第三の場面では，例えば共同被告人XとYがいるとすると，Xの供述調書はYにとっては伝聞証拠となるので，伝聞法則が適用されることになる。具体的には，**同意**（326条1項）によって証拠能力が認められるか，**321条1項**により証拠能力が認められることになる。

2 共犯者（共同被告人）の供述に補強証拠が必要か

　共同して犯罪を実現するという点では運命共同体であるが，刑事責任が追及される場合であってもこのことが当てはまるとは限らない。自分だけは刑事責任を免れようとして，他の共犯者に罪をなすりつけたり，場合によっては全く関係ない者を引っ張り込むということも考えられる。

　そこで，共犯者（共同被告）の供述だけで被告人を有罪とすることができるのか，それとも，共犯者（共同被告人）の供述を憲法38条3項の「本人の自白」と同一視して，補強証拠を必要とするかが問われている。これは，共同被告人XとYがいて，XはYとの共犯関係を自白しているが，Yが否認している場合に，Xの自白を唯一の証拠としてYを有罪とすることができるか，と

▷**相被告人**
同一の訴訟手続において併合審理を受けている複数の被告人のことを共同被告人という。この共同被告人となっている一方の被告人から他方の被告人を相被告人と呼ぶ。例えば，XとYが共同被告人である場合，Xから見てYが，Yから見てXが，相被告人である。

▷**1**　最判昭和28年10月27日刑集7巻10号1971頁。

▷**分離**
刑訴法313条参照。

▷**同意**
いわゆる同意書面である。

▷**321条1項**
裁判官面前調書，検察官面前調書，司法警察職員面前調書（員面調書）などである。

いうことである。

判例は，共犯者（共同被告人）の供述には補強証拠を要しないとしている（消極説）。学説の中にも，消極説を採用するものもある。これに対して，積極説は，共犯者（共同被告人）の供述に補強証拠を不要とすると，自白した X は本人の自白しかないため無罪となり，否認した Y は X の供述があるために有罪となるといった不合理な結果となるため，共犯者（共同被告人）の供述に補強証拠は必要であるとしている。共犯者（共同被告人）の供述は，他人を引っ張り込み，責任を転嫁する危険性が高いといわれている。また，共犯者（共同被告人）が犯行の詳細を知る者である場合，反対尋問でその者の供述を崩すのは非常に困難であろう。そのため，共犯者（共同被告人）の供述には補強証拠が必要であると主張している。

③ 共犯者（共同被告人）の供述は補強証拠になりうるか

被告人の自白がある場合に，共犯者（共同被告人）の供述が補強証拠になりうるかについて，判例及び学説の多数は肯定説に立つ。また，この問題に関連して，複数の共犯者の供述がある場合に，これが相互に補強証拠となり，被告人を有罪とすることができるかという問題がある。これについても，判例及び学説の多数は肯定説に立つ。

判例は，被告人の自白がある場合に，共犯者（共同被告人）の自白を補強証拠に用いてよいとする。さらに判例は，被告人が否認していても，2名以上の共犯者の供述がある場合には，この共犯者の供述によって被告人を有罪と認定しても憲法38条3項に違反しないと判示している。学説の中にも，共犯者の供述のみで被告人の有罪を認定できるとする説もある。これら判例・学説は，共犯者（共同被告人）の供述に補強証拠を不要とする消極説からの論理的帰結である。

積極説の立場からも肯定するのが**多数説**である。2人以上の共犯者の供述が一致するときは誤判の危険が薄らぐことを根拠にしている。これに対しては，複数の共犯者が関連する事件では，1人の共犯者に刑事責任を転嫁するため，他の複数の共犯者が内容を一致させた供述をする危険があるとして，共犯者（共同被告人）の供述を補強証拠とすることは許されないとする説もある。

なお，共犯者（共同被告人）の供述に関する判例は，「共犯者らの自白のみによって被告人の犯罪事実を認定したものでない」との付言がつくことが多い。すなわち，実際の事案では，自白以外に補強証拠があるということなのである。

（安井哲章）

▷2 最判昭和33年5月28日刑集12巻8号1718頁。

▷3 最判昭和23年7月19日刑集2巻8号952頁。

▷4 最判昭和51年10月28日刑集30巻9号1859頁。

▷**多数説**
代表的なのは，昭和51年判決における団藤重光裁判官の補足意見である。すなわち，積極説を採用することを前提に，「共犯者の自白は，いうまでもなく，各別の主体による別個独立のものである。二人以上の者の自白が一致するときは，たといそれが共犯者のものであろうとも，誤判の危険はうすらぐことになるから，相互に補強証拠となりうる（中略）。ことに，本人も共犯者もともに自白しているようなばあいには，共犯者の自白が本人の自白を補強するものと考えて，本人を有罪とすることができる」としている。さらに「二人以上の共犯者の自白は相互に補強し合うものであって，否認している本人をこれによつて有罪とすることは，憲法38条3項に反するものではないと解する」としている。

伝聞法則の意義及びその例外

 伝聞法則とは

　伝聞法則とは，裁判所の面前で反対尋問を経ていない供述証拠のうち，公判期日外の供述の内容となっている事実の真実性を要証事実とする供述（伝聞証拠，hearsay）の証拠能力を否定するものいう。刑訴法320条1項は，「第321条乃至第328条に規定する場合を除いては，公判期日における供述に代えて書面を証拠とし，又は公判期日外における他の者の供述を内容とする供述を証拠とすることはできない。」と規定しているが，「伝聞法則」，「伝聞証拠」を定義していない。

　人の供述内容が証拠となる供述証拠は，一般に，それを供述する者が，供述の対象となる事象を知覚し，それを記憶し，問われた内容について表現（記憶内容の想起）し，叙述（外界への伝達）の過程を経る。例えば，交通事故を目撃した者であれば，交通事故を目撃して交通事故があったことを知覚し，その時の状況を記憶する。そして，その目撃者が後日証人尋問において，訴訟当事者の主尋問・反対尋問・補充尋問によって，目撃した交通事故の状況を思い出して，訴訟当事者の尋問に答えることになる。この知覚→記憶→表現→叙述の過程では，作為あるいは不作為（例えば，思込み，記憶違い等）によって誤りが生じうる。そこで，訴訟当事者は，事実認定を行う裁判所の面前で，請求をした当事者の主尋問，相手方当事者の反対尋問，裁判所の補充尋問を受けることで，知覚→記憶→表現→叙述の過程で，作為あるいは不作為によって誤りが生じたかどうかがチェックされる。

　しかし，裁判所の面前で反対尋問を経ていない供述証拠は，知覚→記憶→表現→叙述の過程で，作為あるいは不作為によって誤りが生じたかどうかが，訴訟当事者によってチェックされていない。すなわち，裁判所の面前で反対尋問を経ていない供述証拠は，①証人尋問のような偽証罪の制裁がないので，作為的に虚偽の内容が混入する危険性がある。次に，②見違い，聞き違い，思い込み等で，不作為的に虚偽の内容が混入する危険性がある（一般に，粗暴犯の被害者は往々にして凶器のみしか見ていないことが多いという視野狭窄，時間の経過により記憶が不鮮明になる（なお，エビングハウス〔心理学者〕の忘却曲線）といったことが指摘されている），③不利益を受ける者の反対尋問によるチェックがない（一般に，反対当事者による反対尋問は，知覚→記憶→表現→叙述の過程における誤りをチェ

ックできる最も有効なものとして考えられている）。そして，④裁判所は，公判期日外の供述につき，供述者が供述した当時の態度や状態を観察することができない（公判廷の供述であれば，宣誓と偽証罪の制裁の告知があり，裁判所は，供述者の態度，その言動の観察，相手方の反対尋問があり，供述の真実性が担保されうる）。従って，このような裁判所の面前で反対尋問を経ていない供述証拠の証拠能力は否定される[41][42]。

2 伝聞証拠とは

伝聞法則は，裁判所の面前で反対尋問を経ていない供述証拠のうち，公判期日外の供述の内容となっている事実の真実性を要証事実とする供述の証拠能力を否定するものであるから，具体的に「伝聞証拠」とは，①供述書（「公判期日における供述に代えた書面」320条1項），②供述録取書（「公判期日外における他の者の供述を内容とする供述」320条1項）及び③伝聞証言（また聞き証言。324条，322条・32条1項3号）である。もっとも，②供述録取書は，原供述者が供述した内容を第三者が録取（記載）したことから二重の伝聞性があるが，原供述者に閲覧または読み聞け，署名押印により，記録内容の正確性が確認され，二重の伝聞性が除去される（198条4項・5項・321条1項）。

3 伝聞例外

刑訴法320条1項は，伝聞証拠の証拠能力を否定する。しかし，刑訴法は，321条から328条において，それぞれの各条項の要件をみたせば，伝聞証拠であっても例外的に証拠能力を認めている。これを伝聞例外という。一般に，供述証拠は，供述者が要証事実を知覚してから供述するまでの間に時間があるため，供述者が死亡したり，記憶を喪失し，供述することができなくなったり（供述不能），種々の理由により供述者が前の供述と異った供述をする（供述相反性）ことがありうる。しかし，そのような場合であっても，その供述が，裁判所の面前での反対尋問を受けたものと同じように評価できる状況で作成された場合には，正確な事実認定ができる場合もあり得よう。伝聞例外は，伝聞法則を貫徹することにより事実認定ができず，刑事司法の機能が低下しないようにするために設けられた。伝聞例外が認められる共通する要件は，①その供述を証拠とする必要性があるときに，②その供述が得られた時点で反対尋問にかわる保障があり，③伝聞法則の趣旨に反しないことである[43]。

なお，簡易公判手続（291条の2）[44]及び即決裁判手続（350条の16以下）[45]では，伝聞法則が適用されない（320条2項，350条の27）。

（滝沢　誠）

▷1　学説においては，伝聞法則の根拠について争いがあった。その理由の一つは，職権主義的な刑訴法の土壌のもとに，新たに英米法の影響を受けた刑訴法が施行されたことに由来する。学説の中には，伝聞法則は直接主義に由来するとする見解があったが（例えば，小野清一郎・刑法4巻3号289頁），現在の通説的な見解は，憲法37条2項で保障されている被告人の反対尋問権に由来するものとされている。

▷2　この伝聞法則は，正確な事実認定を担保するための証拠法である。従って，検察官，被告人・弁護人及び職権で裁判所が取り調べる証拠にすべて等しく適用される。

▷3　伝聞例外にあたるものとしては，以下のものがある。すなわち，裁判官面前調書（321条1項1号），検察官面前調書（321条1項2号），司法警察職員面前調書，国際司法共助により得られた供述調書（321条1項3号），裁判所または裁判官の検証調書（321条2項後段），ビデオリンク方式による証人尋問の記録（321条の2第1項），被告人の供述書・供述録取書（322条1項後段），被告人以外の者の供述録取書（321条2項前段），捜査機関の検証調書（321条3項），鑑定書（321条4項），公正証書，業務文書，メモ等（323条），同意・合意書面（326条），証明力を争う証拠（328条）である。

▷4　⇨Ⅳ-14「簡易公判手続」

▷5　⇨Ⅳ-13「即決裁判手続」

伝聞と非伝聞

非伝聞とは

　伝聞法則は，正確な事実認定を実現させるために，原則として裁判所の面前で反対尋問を経ていない供述証拠のうち，公判期日外の供述の内容となっている事実の真実性を要証事実とする供述の証拠能力を否定する（刑訴法320条1項）。伝聞法則は，公判期日外の供述の内容となっている事実の真実性が要証事実となる場合に，供述証拠の証拠能力を否定するものであるから，公判期日外の供述の内容となっている事実の真実性が要証事実とならない場合には，供述証拠であっても，そもそも伝聞法則が適用されない。これを非伝聞という。

▷1　⇨Ⅵ-14「伝聞法則の意義及びその例外」

　例えば，Aの「Bが人を殺したのを見た」との発言を聞いたCが，法廷で，Aの発言について証言する場合にも非伝聞となる場合がある。もし，このCの証言が被告人Bに対する殺人被告事件の公判においてなされる場合には，Aの発言の内容の真実性は，殺人の要証事実となり伝聞法則が適用される。

　それに対して，Bの名誉を傷付けたとする被告人Aに対する名誉毀損被告事件の公判においてなされる場合には，Aの発言の内容となっている事実の真実性は，名誉毀損の要証事実とならない場合にあたり，非伝聞となる。

2 非伝聞の種類

　非伝聞は，公判期日外の供述の内容となっている事実の真実性以外が要証事実となっている場合である。非伝聞に当たるものとしては，以下の類型がある。

　①原供述の存在から，直接事実または間接事実を認定する場合である。すなわち，原供述が存在しているかどうかが重要であって，必ずしも，知覚→記憶→表現→叙述という供述過程をチェックする必要がない。例えば，(1)被告人が被害者を脅迫した際に，「おれは刑務所から出てきた。お金が必要だ。」という発言は，実際に被告人が刑務所から出てきたことが重要ではなく，その供述で被告人が脅迫行為を行ったかどうかが重要であるからである。(2)原供述の内容それ自体に，証明すべき事実（犯意，犯行動機）が含まれている場合もある。例えば，被告人が「はめられた。殺してやる。」といった供述から，被告人が殺人罪の犯意や動機を認定する場合である。

　②原供述の存在が原供述者の心理状態（動機，認識，意図，計画等）を推認する間接事実となる場合である。この場合には，原供述者を反対尋問するまでも

なく，原供述があったことそれ自体を証明することにより目的を立証できるか
ら，伝聞供述や書面で原供述を再現しても，伝聞法則は適用されない。例えば，
(1)ＡとＢが親密な会話をしていたこと，原供述者の「おう，久しぶり。」とい
った発言（供述）から，原供述者と相手方の人間関係（顔見知り，親しい間柄，
険悪な関係等）を推認する場合である。(2)原供述者の「私は宇宙人である。」と
の発言から，原供述者の精神状態が正常ではないこと（例えば，精神障害や責任
無能力等）を推認する場合である。人間は宇宙人ではないので，原供述者は精
神疾患に罹っていると推認することができる。(3)被告人の「この車はブレーキ
が効かない。」という発言から，被告人が，自動車のブレーキが不全であるこ
とを認識していたことを推認する場合がある。(4)人の意思を記載したメモ等が
ある。例えば，要証事実との関係から伝聞証拠であるが，最終的に共犯者全員
の共謀の意思の合致するところとして確認されたものであり，かつ，真摯に作
成されたと認められる限りの数人共謀に係る犯行計画を記載したメモ（東京高
判昭和58年1月27日東高刑時報34巻1～3号4頁）がある。(5)一定内容の発言をし
たこと自体を要証事実とする場合には，その発言を直接知覚した者の供述があ
る（最判昭和38年10月17日刑集17巻10号1795頁〔白鳥事件〕）。例えば，Ａが「Ｂは
殺してもいいやつだな。」と言った発言を聞いた者の供述は，ＡがＢに対して
敵意をもっている推測という間接証拠とすれば，非伝聞となる。しかし，要証
事実を「Ｂは殺してもいいような人間である。」とすれば，この供述は伝聞供
述となる。

　さらに，③一定の状況の下で発言された原供述であるため，その真実性があ
る程度担保されている原供述の内容を要証事実とする場合である。出来事の最
中やその直後に発せられた自然的な供述であり，記憶という過程を経ずに，原
供述者の認識を自然的に供述しているのが普通であって，真実性がある程度担
保され，改めて反対尋問による吟味の必要がなく，伝聞法則が適用されない。
(1)行為に伴って発せられた原供述が行為の意味づけをする場合（他人の金銭を
供与する場合に，借金の返済か，貸金か，贈与なのかは，そのとき発せられた原供述
である言葉によって理解できる。形式的には，言葉であっても，実質的には，行為の一部
であり，体験した事実について記憶に従って報告するという過程をとらず，原供述者の
発言した際の意識を，通常は反映していると考えられ，伝聞法則は適用されない），(2)
原供述者が出来事の最中やその直後に発した自然的な供述の場合（例えば，小
森に轢かれた被害者が「やられた，小森小森。」と言った供述〔福岡高判昭和28年8月
21日高刑集6巻8号1070頁〕）等がある。

（滝沢　誠）

VI 証 拠

 裁判官面前調書・検察官面前調書

 刑訴法321条１項の体系

　刑訴法321条１項は，本来は証拠能力が否定される伝聞証拠につき，例外的に証拠能力を付与している。すなわち，①裁判官の面前における供述を録取した書面（同条１項１号）は，「その供述者が死亡，精神若しくは身体の故障，所在不明若しくは国外にいるため公判準備若しくは公判期日において供述することができないとき」（これを「供述不能」という），または「供述者が公判準備若しくは公判期日において前の供述と異つた供述をしたとき。」（これを「相反性」という），②検察官の面前における供述を録取した書面（同条１項２号）は，「その供述者が死亡，精神若しくは身体の故障，所在不明若しくは国外にいるため公判準備若しくは公判期日において供述することができないとき」（これを「供述不能」という），または「公判準備若しくは公判期日において前の供述と相反するか若しくは実質的に異つた供述をしたとき。但し，公判準備又は公判期日における供述よりも前の供述を信用すべき特別の情況の存するときに限る。」（これを「相反性」及び「特信性」「特信情況」「情況の信用的保障」という），そして，裁判官または検察官以外の者（一般的には，司法警察職員が考えられるが，それ以外の者も含む）の面前における供述を録取した書面（同条１項３号）は，「供述者が死亡，精神若しくは身体の故障，所在不明又は国外にいるため公判準備又は公判期日において供述することができず」（これを「供述不能」という），かつ，「その供述が犯罪事実の存否の証明に欠くことができないものであるとき。但し，その供述が特に信用すべき情況の下にされたものであるときに限る。」（これを「不可欠性」「特信性」という）には，それぞれの書面に証拠能力を付与する。

 裁判官面前調書

　裁判官の面前における供述を録取した書面は，供述不能または相反性があれば，直ちに証拠能力が認められる。これは，321条１項の構造からみても，伝聞証拠に証拠能力が付与される要件が最も緩和されている。その理由は，裁判官は公平中立な立場におり，一般には公開の法廷における審理の場面で，強制，拷問や脅迫等によって供述を強要することはないという信用性が高く，反対尋問を経なくても裁判官の面前でなされた供述には，反対尋問を経たものと同じように考えられるからである。

▷１　321条１項１号に含まれる書面は，裁判官の面前において供述した内容が録取された書面であればよく，受命裁判官・受託裁判官による裁判所外における証人・鑑定人・通訳人・翻訳人に対する尋問（163・171・178条）の調書（刑訴規則38条），被告人・被疑者の供述を録取した勾留質問調書（刑訴規則39条），併合前の共同被告人の被告事件中の証人尋問調書（公判期日及び公判準備）・勾留質問調書，弁論併合後に分離した証人尋問調書，他事件で作成された裁判官面前調書（最決昭和29年11月11日刑集8巻11号1834頁），被告人以外の者に対する事件の公判調書中同人の被告人としての供述を録取した部分（最決昭和57年12月17日刑集36巻12号1022頁）の証拠能力は321条１項１号による。

▷２　判例は，宣誓を拒む証人（最大判昭和27年4月9日刑集6巻4号584頁，最判昭和28年4月16日刑集7巻4号865頁，最判昭和44年12月4日刑集23巻12号1546頁），記憶喪失を理由に証言を拒む証人（最決昭和29年7月29日刑集8巻7号1217頁），外国旅行中の証人（最判昭和36年3月9日刑集15巻3号500頁）等について，「供述不能」の要件をみたすとしている。

同号にいう「供述不能」は，例示的な列挙であるから，同号に列挙された場合以外にも「供述不能」の要件がみたされる[42]。ただし，伝聞例外が安易に認められるべきではないから，供述不能の状態は，一定期間存在することが必要である。

同号にいう「相反性」は，供述者が公判準備または公判期日で供述し，その供述が前に裁判官の前でした供述と異なった場合に，前の供述を録取した書面に証拠能力を与えることを意味する。同号にいう「相反性」は，321条1項2号後段にいう「前の供述と相反するか若しくは実質的に異なつた」ものでなくてもよいとされている。

なお，ビデオリンク方式による証人尋問調書の証拠能力は，321条の2により認められる。

3 検察官面前調書

検察官の面前における供述を録取した書面は，供述不能または相反性，及び，特信性があれば，証拠能力が認められる[43]。裁判官と比較すると，検察官は必ずしも公平中立な立場ではないが，検察庁法4条に基づき客観義務を課せられているから，反対尋問を経なくても検察官の面前でなされた供述には，反対尋問を経たものと同様に考えられるが，特信性の要件を加重している。他方で，検察官面前調書は，被告人が反対尋問権を行使できなかったり，それが実質的に奏功しないこともあり，違憲であるとする主張もあるが，判例は，合憲であるとしている（最判昭和30年11月29日刑集9巻12号2524頁）。

同号にいう「供述不能」は，321条1項1号と同様に，例示的な列挙であり，供述不能の状態は，一定期間存在することが必要である[44]。なお，下級審裁判例の中には，いわゆる司法面接の手法を用いて行われた被害児童の事情聴取を録音・録画したDVD添付の司法面接報告書につき321条1項2号後段の要件に該当するとして証拠採用した事例がある（大阪高判令和元・7・25判タ1475号84頁）。

同号にいう「相反性」は，供述者が公判準備または公判期日で供述し，その供述が前に裁判官の前でした供述と実質的に異なった場合をいう。その意味で，321条1項1号と比較して要件が加重されている。

さらに，同号後段にいう「特信性」は，供述がなされた際の外部的付随事情をいうとされている。判例は，必ずしも外部的な特別の事情によらなくても，その供述の内容自体によって判断することができ，同条後段の調書の証拠調をその証人尋問期日の後の期日に行っても憲法37条2項に反しないとする（最判昭和30年1月11日刑集9巻1号14頁）。

（滝沢　誠）

表Ⅵ-6　321条1項の構造

	供述不能	相反性	特信性	不可欠性
1号書面（321条1項1号） （裁判官面前調書，裁面調書，JSともいう）	○　または　○			
2号書面（321条1項2号） （検察官面前調書，検面調書，PSともいう）	○　または　○		○ （後段のみ）	
3号書面（321条1項3号） （そのうち，司法警察職員が作成した調書は，員面調書，警官調書，KSともいう）	○		○	○

出所：筆者作成。

▷3　321条1項2号に含まれる書面は，検察官（検察官事務取扱検察事務官も含む）の面前で参考人，被疑者，鑑定受託者，通訳人等を取り調べて作成された調書が含まれる。

▷4　証人の供述態度や証言拒絶の理由等に照らして証言拒絶の決意が固く，期日を改めたり，尋問場所や方法に配慮するなど，証人の証言を得るための手を尽くしても，翻意して証言する見通しが低いと認められるときに，この要件を満たすものとする下級審裁判例がある（広島高岡山支判平成27・3・18高刑速（平成27年）267頁）。

また，出入国管理及び難民認定法に基づく強制退去により国外に退去した外国人たる参考人の検察官面前調書につき当該外国人の検察官面前調書を証拠請求することが手続的正義の観点から公正さを欠くと認められるときは，事実認定の証拠とすることが許容されないこともありうる（最決平成7・6・20刑集49巻6号741頁）。この判断枠組みは321条1項3号書面にも適用でき，裁判所及び検察官に，証人尋問の実現に向けて相応の尽力を求める下級審裁判例もある（東京高判平成20・10・16高刑集61巻4号1頁）。

VI 証　拠

 17　同意書面・合意書面

▷ 1　同意をなしうるのは，検察官及び被告人であるが，弁護人も代理人の立場で同意を行える（ただし被告人の意思に反してはならない）。

▷ 2　当事者の請求した証拠については，相手方の同意があればよい。職権証拠調べの場合は両当事者の同意が必要である。なお，公判廷での伝聞供述の場合には，適時の異議申立がない限り黙示の同意があったものとして扱われる。

▷ **相当性**
任意性を欠き，証明力が著しく低い，等の事由があれば，同意があっても相当性を欠くとして証拠能力が認められない。しかし，実際に相当性欠如を理由に証拠能力が否定されることはあまりないとされる。

▷ **擬制同意**
被告人が出頭しないでも証拠調べを行うことができる場合において，被告人が出頭せず，かつ代理人・弁護人も出頭しないときは，1項の同意があったものとみなされる。284条，285条に基づく不出頭の場合がこれに当たる。286条の2及び341条の場合も含めるのが多数説であるが，341条のうち少なくとも退廷命令を受けた場合までをも含めることには異論も強い。しか

 326条の同意（特に同意書面）の果たす役割

　刑訴法326条1項によれば，「検察官及び被告人が証拠とすることに同意した書面又は供述」（書面の場合，これを「同意書面」という。なお「供述」とは公判廷での伝聞供述である）は，書面作成時または（原）供述時の情況を考慮し**相当性**が認められる場合には，321条から325条の規定にかかわらず証拠とすることができる（なお2項は，一定の場合の**擬制同意**について規定する）。

　実務上，同意書面の果たす役割は大きい。従来，当事者が証拠により立証を行おうとする際の第一次的な関心は，同意書面で済ませうるかどうかの点にあったといえる。例えば，検察官が検面調書等の書証の証拠調請求を行い，被告人側がそれに同意すれば，（相当性がある限り）本条により証拠採用されうるのであるから，原供述者本人の証人尋問や，321条等他の例外規定の適用は，同意のない場合に初めて考慮されるというのが通常の実務であった。

　実際，同意書面が用いられることは非常に多く，特に被告人側が公訴事実を争わない場合には，ほとんどの検察官請求の書証は同意され，本条で証拠採用されてきた（また否認事件でも，争いのない事実については，検察側書証に対して被告人側が同意することは稀ではなかった）。もっとも，近時は，裁判員制度導入の影響もあり，直接主義・口頭主義の観点から，書証よりも公判廷での証人尋問や被告人質問を重視する傾向も見られる。

2　同意の性質

　326条の同意の性質については，従来，これを(a)原供述者に対する反対尋問権を放棄するものと捉える見解（反対尋問権放棄説）と，(b)当該証拠に証拠能力を付与するという積極的な訴訟行為と捉える見解（証拠能力付与説）とがあるとされてきた。両説で差異が生じるのは，例えば，(1)検察官請求の伝聞証拠につき被告人側が本条の同意をし，その取調べが行われた後に，当該証拠の証明力を争うため被告人側が原供述者の証人尋問を請求して尋問を行うことが許されるか，という問題についてである。(a)説によれば，同意により反対尋問権を放棄した以上，このような証人尋問請求はもはや許されない（証明力を争うにはそれ以外の方法によらなければならない）とされるが，(b)説では，同意は当該証拠に証拠能力を付与しただけであるから，証明力を争うためのこのような証人尋問

請求も妨げられないとされる。また，(2)本条の同意がなされた伝聞証拠が違法収集証拠である場合に，この同意が違法収集証拠に対する同意の意味をも含むかという問題については，(a)説では，本条の同意は反対尋問権を放棄するだけであり，違法収集証拠に対する同意はまた別個の問題だとされるのに対し，(b)説では，本条の同意によりおよそ証拠能力を付与したという以上，違法収集証拠排除法則との関係でも同意による証拠能力付与があった[44]（したがって，当事者は同法則による排除の主張を許されない）と解することになりそうである。

しかし，伝聞法則の趣旨の一つが反対尋問権保障にあることを理由に，同意を「反対尋問権の放棄」と捉えるとしても，それは，供述者に対する尋問の機会を全面的に放棄するものではなく，（原供述時における）同時的な尋問に曝されていない供述証拠が公判で使用されることを受忍するという趣旨にとどまるものだと解することも可能である。これは結局，伝聞排除の原則（320条）の適用を解除するという意思表示にほかならず，その意味に限っての「証拠能力付与」だといってもよい。すなわち，あらゆる証拠能力に関する規制を解除する趣旨での証拠能力付与ではなく，伝聞法則に関する限りでの証拠能力付与と捉えるのである[45]。本条の同意をこのように解すれば，上記の(1)については肯定しつつ，(2)については否定の結論をとることもできるであろう。

なお，322条の書面（特に自白調書）に対する同意の位置づけも，先の両説では異なるとされる。自白調書は（被告人自身の供述書面である以上）そもそも反対尋問権保障とは無関係であるから，(a)説の下では，この同意は326条の同意ではない（任意性を争わないという，本条の同意とは別個の意思表示）とされ，(b)説の下では，この同意も本条の同意だとされる。しかし，仮に(a)説に立っても，本条の同意には（被告人以外の者の供述書面の場合と被告人のそれの場合とで）二種類の性質のものがあると説明すれば足りると思われる。

③ 合意書面

検察官と，被告人または弁護人とが合意した上で，文書の内容や，証人として公判に出頭すれば供述することが予想される供述の内容を記載して作成した書面（合意書面）は，元の文書や供述すべき者を公判で取り調べなくても，証拠とすることができる[46]（327条）。同意書面は実務上多用されているのに対し，合意書面はこれまであまり用いられていない。しかし，両当事者間で争いのない事実については，簡潔に合意書面を作成し，これを証拠とすることによって，審理が不必要に長期化するのを避けることができる。近時，審理の迅速化・合理化が強く要請され，そのため，公判で取り調べる証拠を厳選し，かつ証拠自体も不必要に長大なものとなることを避けるべきだとされる中，合意書面の果たしうる役割は小さくないと思われる。

（堀江慎司）

▷3 この見解の背後には，原供述者の証人尋問と引き換えに安易に書証に同意することを戒めるという発想がある。
▷4 ただしこの点は，そもそも当事者の同意による違法収集証拠への証拠能力付与を認めるか否かにもよる。

▷5 他の証拠能力規制に関する同意の問題は，本条とは別個に考えるべきである。

▷6 ただし証明力を争うことは妨げられない。

18　証明力を争う証拠

① 自己矛盾供述の性質

　ある者の公判廷における供述（例えば，交差点での自動車事故の事案における，目撃者 A の「被告人の車両の側の信号は青だった」旨の公判廷での証言）の信用性を，その者が公判廷外でした不一致供述（「被告人側の信号は赤だった」旨の A の供述）を内容とする供述（A の「赤信号」供述を聞いたとする B の公判証言）または書面によって弾劾しようとする場合，公判廷外の不一致供述は，その供述内容の真実性を証明するために用いられるのではない。そのような公判廷外の不一致供述の存在自体によって，その者の信用性が損なわれ，もって公判供述の信用性が減殺されるのである。A の「青信号」証言の信用性を減殺するためには，A の「赤信号」供述の内容が真実である（本当に被告人側の信号は赤だった）ことを前提とする必要はない。本件事故当時の信号について自ら相矛盾する供述を行った A は，（本件信号に関する限り）いずれにせよ信用できないのである。この場合，原供述者の供述過程（「赤信号」供述における A の供述過程）は問題にならず，その点についての原供述者（A）の証人尋問による吟味は必要ない。したがって，このような自己矛盾供述を内容とする供述（B 証言）または書面は伝聞証拠ではない（非伝聞）。

② 限定説と非限定説

　刑訴法328条は，「第321条乃至第324条の規定により証拠とすることができない書面又は供述であつても，公判準備又は公判期日における被告人，証人その他の者の供述の証明力を争うためには，これを証拠とすることができる」と規定する。この規定により証拠としうるのが，❶で述べた弾劾証拠としての自己矛盾供述（同一人の不一致供述）に限られるか否かが，従来争われてきた。

　いわゆる限定説は，328条で証拠としうるのは自己矛盾供述に限るとする（ただし，回復証拠としての一致供述につき，❸参照）。自己矛盾供述を弾劾目的で使用する場合は，上述のようにそもそも非伝聞であるから，本来320条による伝聞証拠排除の原則の適用外であるが，限定説の論者は，328条はそのことを「注意的に」規定したものであると説明する。あるいは，自己矛盾供述の非伝聞的使用であっても，犯罪事実と関連性をもつ証拠である限り許さないという厳格な態度もありうるところ，これを否定する趣旨で同条が置かれたのだ，と

▷ 1　無論，自己矛盾供述がなされたということが真実かどうかは問題になるが，この点の吟味は伝聞証人（B）の尋問や書面自体によって行える。

▷ 2　**最判平成18年11月7日**　328条は「公判準備又は公判期日における被告人，証人その他の者の供述が，別の機会にしたその者の供述と矛盾する場合に，矛盾する供述をしたこと自体の立証を許すことにより，公判準備又は公判期日におけるその者の供述の信用性の減殺を図ることを許容する趣旨」だとした上で，矛盾する供述をしたという事実の立証は刑訴法が定める厳格な証明によらなければならないから，同条で許容される証拠は「信用性を争う供述をした者のそれと矛盾する内容の供述が，同人の供述書，供述を録取した書面（刑訴法が定める要件を満たすものに限る。），同人の供述を聞いたとする者の公判期日の供述又はこれらと同視し得る証拠の中に現れている部分に限られる」

説かれることもある。

　これに対し，非限定説は，供述の証明力を争うためなら，伝聞証拠であっても広く一般的に使用できるとするのが328条の趣旨だとし，同条の適用対象を自己矛盾供述には限定しない。同条の文言上そのような限定がないこと，自己矛盾供述は非伝聞として当然に許容されるはずであり，このような供述に限定するならば同条を置いた意味がなくなること，等をその論拠とする。しかし，これに対しては，たとえ他の供述の証明力を争う目的に限るにしても，伝聞証拠を広く許容しうるとなると，例えば被告人が公判で否認したような場合には，およそ事件に関連する証拠は全て提出できてしまい，伝聞法則が骨抜きになるとして批判が加えられている。

　高裁レベルの裁判例では，長らく限定説に立つものと非限定説に立つものが並存していたが，実務の運用上は限定説が優勢であるとの指摘が次第に増え，そして最高裁も，限定説の立場を前提とした判示をするに至った（**最判平成18年11月7日**）。

　なお，学説上は，ほかに**純粋補助事実説**や**片面的構成説**もある。

③　増強証拠・回復証拠

　328条で証拠としうるのは，供述の証明力を減殺する場合（**弾劾証拠**）のみに限られるのか，それともそれを増強する場合（**増強証拠**）も含まれるのかという点についても，学説上見解の対立があり，高裁レベルの判例も分かれている。❷で述べた非限定説では，増強の場合も含むとする説とそうでない説に分かれるとされる。他方，限定説の論者は，概して増強の場合を含まないとしている。限定説の論理では，328条で許されるのは，公判外供述の存在自体でもって公判供述の証明力を争うことに限られるところ，増強証拠の場合，結局，供述内容の真実性を推認するために用いることになってしまう（例えば，同一人の一致供述の場合でも，その存在だけでは，公判供述の信用性が直ちに増強されるとはいえない）というのがその理由であろう。

　これに対して，いわゆる**回復証拠**の場合は事情が異なる。限定説の論者の間でも，公判供述（例えばAの「青信号」証言）の信用性がいったん減殺された後に，それを回復させるため，同一人の一致供述（Aが公判外で行った「青信号」の旨の供述）を用いることは許されるとするのが多数である。そして，そこでいう公判供述の信用性の減殺は，例えば同一人の不一致供述（自己矛盾供述）（Aが公判外で行った「赤信号」の旨の供述）によるものであった場合も含むとされている。このような場合，同一人の一致供述は，公判供述の弾劾に用いられた自己矛盾供述に対する弾劾になる，とか，その存在自体でもって公判供述の信用性を回復させる，などと説明されるが，これには疑問もある。

（堀江慎司）

と判示して，証人の証言と異なる内容を含む同人の供述を録取した書面で同人の署名押印のないものにつき，同条の許容する証拠に当たらないとした（刑集60巻9号561頁）。

▷**純粋補助事実説**
いくつかのバリエーションがあるが，いずれも，証人の信用性のみに関わる純粋の補助事実（例えば証人の能力，性格，当事者への偏見，利害関係等の事実）を立証するためであれば伝聞証拠でも許容されるとする。

▷**片面的構成説**
理論構成は二通りあるが，いずれも結論的に，検察側に許されるのは自己矛盾供述（の非伝聞的使用）に限られるのに対し，被告人側には弾劾目的であれば伝聞証拠の使用が認められるとする。

▷**弾劾証拠・増強証拠・回復証拠**
主要事実や間接事実の存否の証明に向けられるのではなく，他の証拠の信用性（信用力・信憑性）に影響を与える事実（補助事実）を証明するために用いられる証拠を補助証拠というが，補助証拠のうち，他の証拠の信用性を弱める方向で働く証拠を弾劾証拠，それを強める方向で働く証拠を増強証拠，いったん弱められた信用性を取り戻させる証拠を回復証拠という。なお，増強証拠は補強証拠（⇨ Ⅵ-12 「補強法則」参照）とは異なる概念であることに注意せよ。

▷3　例えば，一致供述も存在するということだけでは「自己矛盾」状態は解消しないのではないか，という疑問がある。

19 写真・録音媒体・録画媒体

 現場写真・現場録音・現場録画

　カメラを用いて写真を撮影し，現像・保存・プリント等を行う過程は，基本的に人間の手による作業を伴う以上，そこには誤謬や人為的操作の危険があり，そしてそうした危険性は，人が外界の事象を知覚，記憶し，表現・叙述する過程（供述過程）における誤謬・操作の危険と同等のものだと解するならば，写真は供述証拠に準じるものとして扱われるべきことになり（供述証拠説），例えば犯罪の現場において犯行の状況等を撮影した写真（**現場写真**）についても，供述書に類するものとして，伝聞法則が適用される（「（原）供述者」たる写真の作成者の「供述過程」についての同時的な吟味を経ていないからである）。例外として証拠能力を認められるためには，刑訴法321条3項に準じ（対象を認識し記録・報告するものとして検証調書に準じるという），写真の作成過程につき作成者を尋問し，作成の真正を立証しなければならないとされる。

　これに対し，写真の撮影・現像・保存・プリント等は，人間の心理プロセスを経ずに機械的に行われるものであり，その点で供述過程とは質的に異なると解すれば，写真を供述証拠に準じるものとして扱う必要はなく（非供述証拠説），したがって，少なくとも写真自体について伝聞法則が適用される余地はない。作成過程に誤謬・操作が入り込む危険は否定できないが，その危険性は供述過程におけるそれと同等ではなく，証拠の関連性一般の問題として対処すれば足りる。それゆえ，現場写真を証拠とするには，事件との関連性（これには捏造・改変等がないことも含まれる）が認められれば足り，この関連性の立証方法としては，必ずしも写真の作成者の尋問による必要はなく，例えば現場の状況を目撃した他の者等の証言や，さらには写真そのものによるのであってもよい。通説はこの立場によっており，判例も同様である（**最決昭和59年12月21日**）。

　録音についても，写真との違いは画像ではなく音声の記録という点だけであるから，一般には写真と同様に考えられている。すなわち，通説の非供述証拠説は，録音も写真撮影と同様に機械的に行われるので，例えば犯罪現場の状況（その場の雰囲気・喧噪・罵声その他の音声等）を録音した記録媒体（現場録音）は，伝聞法則の適用を受けず，関連性を満たせば証拠能力を認められるとするのに対し，供述証拠説は，録音の過程を供述過程に準じるものと捉え，伝聞法則の適用を肯定する。現場録画（現場ビデオ）についても同様である。

▷**現場写真**
伝聞法則の適用の有無との関係では，「犯罪の現場」で撮影した写真か否かは重要ではない。その他の場所で撮影した写真であっても，その場の状況を証明するために用いる限り，同様の性質を有する。ただ，この種の写真は，他の書面に添付されて用いられることも多い（例えば検証調書に添付された検証現場で撮影した写真）。そのような写真が，書面とは独立の証拠として意味をもたない場合には，写真は書面と一体のものとして，当該書面の証拠能力の有無如何に従うことになる。

▷1　**最決昭和59年12月21日（新宿騒乱事件）**「犯行の状況等を撮影したいわゆる現場写真」は非供述証拠であり，「当該写真自体又はその他の証拠により事件との関連性を認めうる限り」証拠能力を具備し，必ずしも撮影者等に写真の作成過程や事件との関連性を証言させる必要はないとする（刑集38巻12号3071頁）。

ただし、通説のもとでこれらが伝聞法則の適用を受けないとされるのは、あくまで当該現場の状況を証明するために用いられる場合に限る。これに対し、例えば犯罪現場で録音された記録媒体であっても、その中に人の供述が録音されており、かつ供述内容の真実性を証明するために当該記録媒体が用いられるのであれば、次に述べる**供述録音**^{◁1}として扱われることになる。

❷ 供述録音・供述録画（供述ビデオ）

人の供述が録音された記録媒体を、当該供述の内容の真実性を証明するために用いる場合には、その供述者の供述過程が問題になることは疑い得ない（そしてその供述過程についての同時的な吟味を経ていない）から、この録音媒体には伝聞法則が適用される（この点は❶のどちらの立場でも同じである）。例外として証拠能力を認められるためには、供述録取書に類するものとして、被告人の供述を録音した媒体の場合は322条１項により、被告人以外の者の供述の場合には、誰の面前で行われた供述であるかに従い321条１項の各号いずれかにより、それぞれ要件判断が行われることになる。ただし、321条１項柱書及び322条１項で供述録取書に要求されている供述者の署名押印は、供述録音の媒体には必要でないとするのが通説である。供述録取書における供述者の署名押印は、録取者の供述過程を解消する意味をもつところ、録音媒体の場合、録音自体は（❶の通説によれば）機械的に行われるものであり、そこに録取者の供述過程に準じる過程を見出す余地がないからである。これに対し、録音者による録音の過程を供述過程に準じるものと捉える立場は、その過程を解消するため供述者の署名押印に準じる措置を要求することに親しむであろう。^{◁2}

供述を録画した記録媒体についても、少なくとも伝聞法則との関係では、供述録音と同様に考えてよいであろう。

❸ 犯行（被害）再現写真・同ビデオ

被疑者・被告人（または被害者）に、犯罪が行われた状況を再現させた様子を、写真（またはビデオ）に撮影したものを、犯行（被害）再現写真（ビデオ）という。撮影・記録されているのが専ら再現を行う動作であっても、それは再現者の供述としての性格をもちうる（動作による供述）^{◁3}。この写真（ビデオ）を、再現通りの犯罪が実際に行われたことを証明するために用いる場合には、再現者の供述過程が問題になるので、❷の供述録音・供述録画などと同様、伝聞法則が適用され、供述録取書に類するものとして、再現者が被告人の場合は322条１項により、被告人以外の者の場合は321条１項により、要件判断が行われる（ただしここでも、撮影自体は機械的に行われると解すれば、再現者の署名押印は要しない）。**最決平成17年９月27日**^{◁4}もこれと同様の考え方によっている。

（堀江慎司）

▷供述録音
一般に「供述録音」と呼ばれるのは、本節❷で述べるように当該供述の内容の真実性を証明するために用いる場合である。人の供述を録音した媒体であっても、当該供述の存在自体を証明するために用いる場合（例えば脅迫電話を録音した媒体により、脅迫的言辞の存在を証明する場合）は、これには含まれない（むしろ現場録音の性質を有する）。

▷2 例えば供述者の署名押印した紙片等により媒体を封印することが考えられる。

▷3 ただし、断片的な写真の場合に供述としての意味を読み取れるかは疑問もある。

▷4 **最決平成17年９月27日** 捜査官が被害者に被害状況を再現させた結果を記録した実況見分調書及び被疑者に犯行状況を再現させた結果を記録した写真撮影報告書（それぞれ再現者の供述録取部分を含み、また再現の様子を撮影した写真が添付されている）につき、実質上の要証事実が「再現されたとおりの犯罪事実の存在」であると解される場合には、これら書面を証拠とするには、321条３項の要件のほか、再現者の供述録取部分及び写真については、再現者が被告人以外の者の場合は321条１項２号又は３号の、被告人の場合は322条１項の要件を満たす必要がある（ただし写真については再現者の署名押印は不要）とした（刑集59巻７号753頁）。

択一的認定

 択一的認定とは何か

　裁判所の心証形成において，「AまたはB」の事実が成立するとの心証は形成されているものの，そのどちらとも決しがたいという場合，どのような認定をすればよいのであろうか。この場合の解決を択一的認定という。択一的認定は事実認定の問題であるが，検察官が訴因事実につき，合理的な疑いを容れない程度に証明したか否かという視点も必要である。

　択一的認定の方法は二つあり，「AまたはB」として認定する明示的択一的認定と，軽い方の事実を認定する黙示的択一的認定がある。

　択一的認定に対しては，「AまたはB」という合成的構成要件を設定することになり，罪刑法定主義に反するのではないかという批判や，**挙証責任**ないし「疑わしきは被告人の利益に」（利益原則）に反するのではないかとの批判が加えられている。また，刑訴法上，訴因については予備的記載や択一的記載が認められているが（256条5項），犯罪事実の証明に関して択一的認定を認める明文規定がないことも問題となる。

2 **判例の動向**

　異なる構成要件にまたがる択一的認定に関して，判例の立場は定まっていない。

　肯定例として，札幌高判昭和61年3月24日がある。本件は，遺棄の時点で被害者の生死が不明であったという事例であり，被害者の死亡を前提とする死体遺棄罪と，生存を前提とする保護責任者遺棄罪の択一関係が問題となった。裁判所は，「本件では，（被害者は）生きていたか死んでいたかのいずれか以外にはないところ，重い罪に当たる生存事実が確定できないのであるから，軽い罪である死体遺棄罪の成否を判断するに際し死亡事実が存在するものとみることも合理的な事実認定として許されてよいものと思われる」と判示し，遺棄時点の被害者の死亡を前提とする死体遺棄罪を認めた。

　否定例として，大阪地判昭和46年9月9日がある。本件も，死体遺棄罪と保護責任者遺棄罪の択一関係が問題となった。裁判所は，被告人が被害者を置去りにした際の被害者の生死が不明であり，死体遺棄罪と保護責任者遺棄罪のいずれかが成立するか決しない場合は，各訴因のいずれについても説明不十分と

して，無罪を言い渡すべきである旨判示した。

3 学説の理論状況

　択一的認定を否定するのが通説である。その根拠は先に言及した通りである。また，明示的択一的認定に関する明文規定を欠くわが国においては，A・Bどちらの条文で被告人を処断するのかという問題も発生してしまう。黙示的択一的認定に関しても否定説が通説だが，A・Bの関係が，「あるかないか」の論理的択一関係の場合にはこれを肯定する説も有力である。

　論理的択一関係とは，一方の事実の不存在は，論理必然的に他方の存在を意味するという関係である。生きているのであれば死んでいない，生きているのでなければ死んでいるということである。保護責任者遺棄罪と死体遺棄罪は人の生死に関わるため，まさに論理的択一関係に該当するのである。

　肯定説は，利益原則を適用して重い事実を存在しないとして，軽い事実の存在を認定する。これに対しては，利益原則を適用して証明不十分な事実の不存在を認定し，これを根拠に軽い事実の存在を認定しているとして，擬制による事実認定を行っているとの批判が加えられている。また，「A または B」であることについては心証が形成されているのだから，せめて軽い方の事実を認定するというのであれば，無罪という結論を回避するため，重い方の事実を認定できないときは軽い方の事実を認定するという，結論先取りの思考方法との批判もある。

4 「A または B」と認定することと犯罪の証明との関係

　A 事実と B 事実につき，そのどちらかであることは合理的な疑いを超えて証明できるが，そのどちらであるかについては合理的な疑いを超える証明ができない場合において，「A 又は B」と認定することは，「被告事件について犯罪の証明があった」（333条1項）といえるかが問題となる。

　審判対象である訴因は罪となるべき事実を特定して明示するものとされていること（256条3項）から，異なる構成要件に該当する事実は訴因として別のものであり，審判対象を異にすることになる。したがって，審判対象は A 事実と B 事実ということになるが，「A 又は B」と認定することは，A 事実と B 事実のそれぞれについて合理的な疑いを超える証明がなされていないことを意味する。この場合には，「被告事件について犯罪の証明があった」とは言えないため，有罪判決を下すことはできない。

　また，「A 又は B」と認定することは罪刑法定主義の観点からも許容されない。このような認定は，A でも B でもない，「A 又は B」という新たな構成要件を作り出すことになるからである。

（安井哲章）

裁判の意義，種類及び成立

裁判の意義

　裁判とは，裁判機関が下す公権的判断または意思の表示である。日常用語では裁判所で行われている様々の活動を裁判と呼ぶことが多い。しかし，法的には上に示した定義が裁判である。ここで重要なのは，「判断または意思の表示」という点である。これに該当しないものは裁判ではない。したがって，証拠調べは事実上の行為ということになり，裁判ではない。

2 裁判の種類

○判決，決定，命令

　判決とは，口頭弁論に基づき裁判所が下す裁判をいう（刑訴法43条1項）。判決に対する不服申立ては，控訴・上告による（372条，405条）。

　決定とは，口頭弁論によることを要しない，裁判所の下す裁判である（43条2項）。必要があるときは事実取調べができる（43条3項）。決定に対する不服申立ては，抗告である（419条）。

　命令とは，裁判官が下す裁判である（43条2項）。口頭弁論に基づく必要はない。訴訟関係人の陳述を聴かないまま下しうる（刑事訴訟規則33条2項）。必要な時は，事実の取調べを行うことができる（刑訴法43条3項）。命令に対する不服申立ては，準抗告である（429条）。

　以上は，裁判の主体，手続の形式による区分である。

○実体裁判と形式裁判

　実体裁判とは，訴因の内容について判断する裁判であり，具体的には，有罪判決（333条，334条）と無罪判決（336条）のことである。形式裁判とはそれ以外の裁判である。実体裁判はつねに終局裁判であるが，形式裁判には終局裁判と終局前の裁判と終局後の裁判がある。終局裁判としての形式裁判としては，管轄違いの判決（329条），公訴棄却の判決・決定（338条，339条），免訴の判決（337条）がある。

▷一事不再理効
⇨ Ⅶ-3 「裁判の効力」

　以上は，**一事不再理効**の有無を決める区分である。しかしながら，形式裁判であっても，二重危険禁止の観点からは，再度の訴追が禁止されるとみられる場合がある。

◯終局裁判と非終局裁判

終局裁判とは，訴訟をその審級において終了させる効果をもつ裁判である（審級離脱効果という）。

非終局裁判とは，終局前の裁判と終局後の裁判である。終局前の裁判としては，勾留・保釈に関する裁判がある。終局後の裁判としては，訴訟費用執行免除の決定（500条，刑訴規則295条の2），裁判の解釈の申立てに対する決定（刑訴法501条）などがある。

3 裁判の構成

裁判は，主文と理由で構成される。

主文は，例えば**裁判書**で「本件上告を棄却する」などと書かれている部分のことである。これは，裁判の結論すなわち公権的な意思表示である。

理由は，なぜこのような裁判結果に至ったのかを述べている部分のことである（44条1項）。つまり，主文の根拠を示すものである。当事者を説得する機能を果たしているのみならず，どのような考え方に基づいて法を適用したのかを国民に伝える機能も果たしている。納得のいかない当事者にとっては，不服申立ての資料となり，上訴審や再審裁判所にとっては，審査の手がかりを提供するものである。

有罪判決を下す場合に示さなければならない理由については，刑訴法335条がその内容と範囲を特に明示している。すなわち，①罪となるべき事実の記載，②証拠標目の掲示，③法令の適用である。また，④犯罪の成立を妨げる事由，刑の加重減免の理由となる事実が主張された場合には，これに対する判断を示さなければならない。

4 裁判の成立

裁判の成立は，内部的成立（裁判機関の意見決定）と外部的成立（決定した意思の表示）に分かれる。単に成立という場合は，内部的成立を意味する。

内部的成立とは，裁判機関の内部で意思表示内容が決定することをいう。したがって，①合議体でする裁判は評議の終了により，②単独制の裁判は裁判書の作成により，内部的成立が認められる。

外部的成立とは，裁判の意思表示内容が，裁判所以外の者に対して効力を生ずることをいう。これは，告知によってなされる。告知は，公判廷では宣告によってなされ（刑訴規則34条），判決は常に公判廷で宣告によって告知されなければならない（刑訴法342条）。公判廷以外でする告知は，原則として，裁判書の謄本の送達によってなされる（刑訴規則34条）。

（安井哲章）

▷裁判書

裁判を下すときは裁判書を作成する（刑訴規則53条）。裁判書とは，裁判の内容を記載した文書である。裁判の形式に従って，判決書，決定書，命令書と呼ばれる。裁判書は裁判官が作成し（同規則54条），裁判をした裁判官が署名押印しなければならない。裁判長が署名押印できないときは，他の裁判官の1人がその事由を附記して署名押印する。他の裁判官が署名押印できないときは，裁判長がその事由を附記して署名押印しなければならない（同規則55条）。裁判書には，主文・理由とともに，裁判を受ける者の氏名・年齢・職業・住居を記載しなければならない。法人のときは，その名称・事務所を記載しなければならない（同規則56条1項）。判決書の場合は，公判期日に出席した検察官の官氏名も記載する（同規則同条2項）。

3 裁判の効力

▷終局前の裁判・終局裁判
終局前の裁判と終局裁判については，Ⅶ-2「裁判の意義，種類及び成立」を参照。

1 裁判の効力

終局前の裁判には，一般に確定という概念がない。終局裁判を目的に下される裁判だからである。したがって，終局前の裁判は確定を待たずに効力を生ずる。

これに対して，**終局裁判**は確定により効力を生ずる。ただし，仮納付の裁判は，確定前に仮に納付することを求めるものであるから，当然にして確定前に効力を生ずる。

2 裁判の確定

裁判の確定とは，上訴を含む通常の不服申立方法では，もはや争い得なくなった状態をいう（形式的確定）。

不服申立ての許される裁判では，①上訴期間の徒過，②上訴権者全員による上訴の放棄，③上訴の取下，④上訴棄却の裁判の確定，により確定する。

不服申立ての許されない裁判では，告知と同時に裁判は確定する。

裁判が形式的に確定すると，その判断内容も確定する（内容的確定）。すなわち，裁判の執行ができ（刑訴法471条），一事不再理効が発生する（337条1号）。

3 一事不再理

一事不再理とは，一度裁判に付され形式的に確定した事件を，再度裁判に付すことを禁止することであり，そのような効力を一事不再理効という。

一事不再理効の及ぶ範囲については，確定判決で認定された「罪となるべき事実」と公訴事実の単一性・同一性が認められる範囲内である。

このように，通説は，再訴追が禁止される根拠を裁判の形式的確定と内容的確定（特に外部的効力）に求める。したがって，被告人の再度の裁判による不利益からの救済は，一事不再理にとっては付随的に考慮される要素であって，中心的理由とはならない。

これに対し，当事者主義を採用する法制度の下では，検察官上訴に関して，二重危険禁止の法理が採用されている。

4　二重危険禁止の法理

　当事者主義の下では，同一の犯罪事実について，検察官には1回の立証の機会が与えられ，被告人には検察官が起訴した裁判所で1回の手続で判断してもらう権利が保障される。一度裁判に付したのと同一の犯罪で再度訴追することを検察に許すと，被告人に対して，裁判に伴う心理的・社会的・経済的負担を再度課すことに繋がる。この意味で，検察官の訴追権限は制限を受けるのである。二重危険禁止法理は，自由への干渉を極力少なくしようとする考え方に支えられており，無限の真実追求を正義とするのではなく，自由と調和した真実追求を正義の実現としている。このように，二重危険禁止法理は，**訴追の一回性**を求める。

5　判例の動向

　近時，後訴遮断に関して，最高裁の判断が下された（最判平成15年10月7日）。
　常習特殊窃盗を繰り返し行った被告人が，一部の犯行につき単純窃盗罪で起訴され，有罪判決が確定した後，前訴の起訴時には判明していたが同時訴追をしていない，確定判決よりも以前の同種犯行たる余罪について，単純窃盗罪で起訴された。
　最高裁は，「常習特殊窃盗罪は，異なる機会に犯された別個の各窃盗行為を常習性の発露という面に着目して一罪としてとらえた上，刑罰を加重する趣旨の罪であって，常習性の発露という面を除けば，その余の面においては，同罪を構成する各窃盗行為相互間に本来的な結び付きはない。したがって，実体的には常習特殊窃盗罪を構成するとみられる窃盗行為についても，検察官は，立証の難易等諸般の事情を考慮し，常習性の発露という面を捨象した上，基本的な犯罪類型である単純窃盗罪として公訴を提起し得ることは当然である。」
　「前訴の訴因と後訴の訴因との間の公訴事実の単一性についての判断は，基本的には，前訴及び後訴の各訴因のみを基準としてこれらを比較対照することにより行うのが相当である。本件においては，前訴及び後訴の訴因が共に単純窃盗罪であって，両訴因を通じて常習性の発露という面は全く訴因として訴訟手続に上程されておらず，両訴因の相互関係を検討するに当たり，常習性の発露という要素を考慮すべき契機は存在しないのであるから，ここに常習特殊窃盗罪による一罪という観点を持ち込むことは，相当でないというべきである。そうすると，別個の機会に犯された単純窃盗罪に係る両訴因が公訴事実の単一性を欠くことは明らかであるから，前訴の確定判決による一事不再理効は，後訴に及ばないものといわざるを得ない」と判示した。

（安井哲章）

▷訴追の一回性
二重危険禁止法理の根拠として，制限政府の考え方を指摘することができる。訴追の一回性も，制限政府という発想の表れといえる。

上訴制度：抗告，準抗告も含む

▷確定していない裁判
確定判決に対する救済手続は，再審・非常抗告である。上訴は，未確定の裁判に対する救済手続である。

▷覆審
前審の審判を御破算にして，上訴審が事件につき新たに審判をやり直す方式である。

▷続審
前審の判決前の審理手続を引き継ぎ，さらに新たな証拠資料を補充して事件の審判を行う方式である。

▷事後審
前審の記録をもとにして原判決の当否を審査する方式である。

▷控訴審のあり方
控訴審の構造論という，Ⅷ-2「控訴」

▷1　これらの者は，被告人のために上訴しうるのであるから，被告人の明示の意思に反して上訴することはできない。

1　上訴の意義

　上訴とは，**確定していない裁判**に対して上級裁判所に救済を求める不服申立ての制度である。上訴には，控訴・上告・抗告がある。控訴及び上告は判決に対する救済を求める制度である。抗告は決定に対する救済を求める制度である。

2　上訴のあり方

　上訴制度のあり方，審理の方法について，**覆審・続審・事後審**の三つの考え方がある。これは，上訴審をどのような性格の制度として構想するのかという立場の違いである。

　この区別は，**控訴審のあり方**に関して特に議論されているが，上訴審一般のあり方としても重要な区別である。わが国刑訴法における上訴審は，事後審である。

3　上訴権者

　本来の上訴権者は裁判を受けた者である。したがって，判決については，検察官及び被告人が上訴権者である（刑訴法351条1項）。決定の場合は，原則として検察官及び被告人が上訴権者となるが，過料・費用賠償の決定や訴訟費用負担の決定を受けた者も上訴権者となる（352条）。付審判手続により審判に付された事件については，被告人のほかに，検察官の職務を行うべく裁判所に指定された弁護士も上訴権をもつ。付審判手続と通常事件が併合審理され，一個の裁判があったときは，指定弁護士と検察官は各々独立して上訴権をもつ（351条2項）。

　被告人の法定代理人・保佐人（353条），勾留理由の開示を請求した者（354条），原審における代理人・弁護人（355条）にも上訴権が認められる（なお，356条）。

4　上訴権

　上訴権は裁判の告知により発生し（358条），上訴期間の徒過及び上訴の放棄・取下によって消滅する（359条）。

　上訴の提起期間（上訴期間）は，裁判が告知された日から進行する（告知の日は算入されない。55条1項）。控訴・上告は14日，即時抗告は3日，特別抗告は5日である（373条，414条，422条，433条2項）。通常抗告には期間の定めはなく，抗告の利益のある限り抗告できる。

　上訴権は上訴期間の徒過により消滅するが，期間の徒過が上訴権者またはその代人の責めに帰することができない事由によるときは原裁判所に上訴権回復請求をすることができる（362条）。上訴権回復請求は，この事由の止んだ日から上訴の提起期間に相当する期間内に，上訴の申立てと同時に行わなければならない（363条）。

　上訴権は，上訴の放棄・取下によっても消滅する。ただし，死刑または無期の懲役もしくは禁錮に処する判決に対する上訴の放棄は許されない（360条の2）。軽率な上訴の放棄を防ぎ，被告人に対し，上訴期間中に熟慮することを求めているのである。放棄は書面によらなければならず，被告人以外の者による上訴権の放棄には，**被告人の書面による同意**が必要である（360条の3，360条）。上訴の取下とは，上訴申立てをしたのち，それを撤回することである。これも書面によるが，公判廷では口頭によることもできる（刑事訴訟規則224条）。

　上訴の放棄・取下をした者，放棄・取下に同意した被告人は，再上訴することができない（刑訴法361条）。

　なお，自己に不利益な上訴は認められない。

▷被告人の書面による同意
刑訴規則224条の2。

5 上訴の手続

　上訴は，上訴期間内に申立書を原裁判所に差し出して行う（374条，414条，423条，434条。在監中の被告人につき，366条，367条，刑訴規則227条）。

　上訴提起により，裁判は形式的に確定しない状態となり，執行は停止する。抗告の場合には即時抗告の場合を除いて停止の効力は生じない（424条，434条）。

　上訴申立書及び訴訟記録が上訴裁判所に送付されると，上訴が申し立てられた事項についての訴訟係属が原審を離れて上訴審に移行する。これを移審という。

6 抗告，準抗告

　抗告は，一般抗告と特別抗告に分かれる。一般抗告は，さらに，通常抗告（419条）と即時抗告に分かれる。両者は，申立ての期間及び執行停止の効力の有無に違いがある。

　特別抗告は刑訴法による不服申立てのできない決定または命令に関して，**405条に定める場合**に限って，最高裁判所に救済を求める制度である（433条）。

　準抗告は，裁判官の裁判や検察官・検察事務官・司法警察職員の処分に対する不服申立制度である（429条）。　　　　　　　　　（安井哲章）

▷405条に定める場合
憲法違反または判例違反を理由とする場合である。

控　訴

▷続審としての性格

事後審は，原判決のなされた時点を基準としてその当否を判断するものであるが，400条ただし書のほかに，原判決後に生じた事情を控訴理由とすることが許され（383条），また，第一審判決後に刑の量定に影響を及ぼすべき情状が発生した場合には，それに対する取調べをすることができ（393条2項），判決で原判決を破棄することができる（397条2項）。

▷382条

刑訴法382条の事実誤認について最高裁は，「控訴審における事実誤認の審査は，第一審判決が行った証拠の信用性評価や証拠の総合判断が論理則，経験則に照らして不合理といえるかという観点から行うべきものであって，本条の事実誤認とは，第一審判決の事実認定が論理則，経験則に照らして不合理であることをいい，控訴審が第一審判決に事実誤認があるというためには，第一審判決の事実認定が論理則，経験則に照らして不合理であることを具体的に示すことが必要である」と判示した（最判平成24年2月13日刑集66巻4号482頁）。

▷決定

386条の決定に対しては，異議申立が認められる（386条2項）。

① 控訴の意義

　控訴とは，第一審の判決（高等裁判所が第一審としてした判決は除く）に対する第二審裁判所への上訴である（刑訴法372条）。裁判のうち，判決に対する上訴である。決定や命令に対して控訴することはできず，これらに対する上訴は抗告という。

② 控訴審の構造

　旧法の控訴審は覆審であったが，現行刑訴法の控訴審の基本的な性格は事後審である。現行刑訴法における控訴審の構造は，覆審としての性格は有しておらず，事後審としての性格を基本とするが，自判するための破棄を認める場合があるので，この場合は**続審としての性格**をもつといえる。

③ 控訴の提起

　控訴をするには，控訴申立期間内に（373条），申立書を第一審裁判所に差し出さなければならない（374条）。

　控訴には理由が必要であるが，それは法律に定められたものに限られる（384条）。控訴理由は法令違反を理由とするもの（377条，378条，379条，380条，383条2号）と，法令違反以外の事由を理由とするもの（381条，**382条**，383条1号）に区別することができる。また，その事由の存在のみで控訴理由となる絶対的控訴理由（377条，378条）と，その事由が判決に影響を及ぼすことが明らかであるときに控訴理由となる相対的控訴理由（379条，380条，381条，382条，383条）に区別することができる。

　控訴申立人は，裁判所の規則で定める期間内に控訴趣意書を提出しなければならない（376条，刑事訴訟規則236条）。期間内に控訴趣意書が提出されないときは，決定で控訴が棄却される（刑訴法386条1項1号。ただし，刑訴規則238条）。

　控訴趣意書が法令に定める方式に違反しているとき，または必要な疎明資料・保証書を添付していないときは，決定で控訴が棄却される（刑訴法386条1項2号）。また，控訴趣意書に記載された控訴申立理由が明らかに法定の控訴理由に当たらないときも，**決定**で控訴が棄却される（386条1項3号）。

4　控訴審における審理

　控訴裁判所は，控訴趣意書に含まれている事項については，必ず調査しなければならない（392条1項）。控訴趣意書に含まれていない事項であっても，控訴理由として法定されている事由については，職権で調査することができる（392条2項）。控訴裁判所はこれらの調査をするについて必要があるときは，検察官・被告人・弁護人の請求により，または職権により，事実の取調べをすることができる（393条1項）。

　控訴審の審理については，特別の定のある場合を除いて，第一審の公判に関する規定が準用される。控訴審に固有の審理方式としては，以下の事項が定められている。

①弁護人の資格に関して，控訴審では弁護士以外の者を弁護人に選任することができない（387条）。控訴審には特別弁護人の制度はない。また，被告人のためにする弁論は弁護人でなければすることができない（388条）。

②公判期日には，検察官・弁護人は，控訴趣意書に基づいて弁論をしなければならない（389条）。すなわち，弁論をすることができるのは検察官と弁護人だけであり（主体の限定），弁論の範囲は控訴趣意書の記載によって限定を受けるのである（内容の限定）。

③控訴審においては，被告人は原則として公判期日に出頭することを求められない。控訴審での審理は一審の法律事項に関する審査の性格をもっているため，法律専門家のみによる手続が予定されているのである。ただし，50万円（一定の罪については当分の間5万円）以下の罰金または科料に当たる事件以外の事件について，被告人の出頭がその権利保護のため重要であると認めるときは，裁判所は被告人の出頭を命ずることができる（390条）。ただし，被告人には公判に出頭する権利が認められているので，裁判所は公判期日に被告人を召喚しなければならないことになっている。

5　控訴審の裁判

　控訴審の裁判には，控訴棄却の判決（395条，396条），原判決破棄の判決（397条，401条），破棄後の事件に関する裁判（差戻・移送・自判）（398条，399条，400条），控訴棄却の決定（385条，386条），公訴棄却の決定（403条）がある。

6　差戻・移送後の手続

　差戻・移送後の第一審の手続は，破棄判決の拘束力を受けるという意味で通常の第一審とは異なる側面があるが，覆審として，通常の一審手続を最初から行うことになる。

（安井哲章）

上 告

1 上告の意義

　上告とは，判決に対する最高裁判所への上訴である。通常は第二審の判決に対するものであるが，高等裁判所が第一審として下した判決に対する上告も認められている。また，第一審の判決に対する上告も，一定の事由がある場合には認められる（**跳躍上告**）。

2 上告理由

　上告理由は，憲法違反と判例違反に限られる（刑訴法405条）。最高裁判所は違憲審査権限をもつので（憲法81条），当然にして**憲法違反**は上告理由となる。これに対して，法令違反の審査は控訴審も行うことができるのであるから，全ての法令違反を上告理由とする必要性はなくなる。最上級裁判所の機能としては，最終的な法令解釈の統一という任務に集中すればよいので，**判例違反**を上告理由とすればよいことになるのである。

3 上告審の手続

　上告申立ての手続も含めて，上告審の審判には特別の規定のある場合を除いて，控訴審の規定が準用される（刑訴法414条，404条）。したがって，上告は14日の提起期間内に申立書を原裁判所に差し出して行い（414条，373条，374条），上告の申立てが明らかに上告権の消滅後にされたものであるときは，原裁判所は決定でこれを棄却しなければならない（414条，375条）。

　上告申立人は，規則の定める期間内に規則の定めるところにより上告申立ての理由を明示した上告趣意書を上告裁判所に差し出さなければならない（407条，414条，376条1項）。上告趣意書には上告の理由を簡潔に明示しなければならず（刑事訴訟規則266条，同規則240条），上告理由が判例違反である場合はその判例を具体的に示さなければならない（同規則253条）。つまり，裁判所名，年月日，掲載箇所，判断内容を示すことが求められている。

　上告の申立てが，法令上の方式に違反し，または上告権の消滅後にされたことが明らかなとき，上告趣意書を差出期間内に提出しないとき，上告趣意書が方式に違反しているとき，上告趣意書に必要な疎明資料・保証書の添付のないとき，上告趣意書に記載された上告申立ての理由が明らかに刑訴法405条の事

由に当たらないとき，最高裁判所は決定で上告を棄却する（414条，386条）。

④　上告審の審判

　上告審では，上告趣意書その他の書類によって，上告の申立ての理由がないことが明らかであると認めるときは，弁論を経ないで，判決で上告を棄却することができる（408条）。公判期日を開いて審理が行われるとき，被告人を召喚する必要はない（409条）。

　上告理由があるときは，判決で原判決を破棄する（410条1項本文）。判例違反を上告理由とする場合で，従来の判例を変更して原判決を維持するのが相当とするときも，原判決を破棄しない（410条2項）。判例変更である。

　411条所定の事由があって，原判決を破棄しなければ著しく正義に反すると認めるときも，判決で原判決を破棄することができる。

　原判決を破棄する場合には，同時に差戻・移送の判決または自判しなければならない。①不法に管轄を認めたことを理由に原判決を破棄する場合は，判決で事件を管轄控訴裁判所または管轄第一審裁判所に移送する（412条）。一審に移送するときは，原判決のほか一審判決をも破棄した上で移送しなければならない。②その他の場合は，判決で事件を原裁判所もしくは第一審裁判所に差し戻し，またはこれらと同等の他の裁判所に移送する（413条）。③ただし，訴訟記録ならびに原裁判所及び第一審裁判所で取り調べた証拠により，直ちに判決できると認めるときは，被告事件についてさらに判決することができる（413条）。

⑤　上告受理

　最高裁判所は，405条所定の上告理由がない場合でも，法令解釈に関する重要な事項を含むと認める事件については，その判決確定前に限り規則の定めるところにより，自らその事件を受理することができる（406条）。この規定の下で，規則において，跳躍上告，**狭義の上告受理**，**最高裁判所への事件の移送**の制度が設けられている。

⑥　判決の訂正と確定

　上告裁判所は，その判決の内容に誤りがあることを発見したときは，検察官・被告人・弁護人の申立により，判決で訂正することができる（415条1項）。

　上告審たる最高裁判所の判決は，判決の訂正申立期間の徒過，訂正判決，または訂正申立棄却決定があったときに確定する（418条）。

（安井哲章）

法令の違反があること，②刑の量定が甚しく不当であること，③判決に影響を及ぼすべき重大な事実の誤認があること，④再審の請求をすることができる場合に当たる事由があること，⑤判決があった後に刑の廃止もしくは変更または大赦があったこと，である。

▷狭義の上告受理
　狭義の上告受理とは，最高裁判所が裁量によって上告を認める制度である。上訴権者は，高等裁判所がした第一審または第二審の判決に対して，その事件が法令（裁判所の規則を含む）の解釈に関する重要な事項を含んでいると認めるときには，最高裁判所に上告審として事件を受理すべきことを申し立てることができる（刑訴規則257条本文）。ただし，法定の上告理由を上告受理の申立理由にはできない（同規則257条ただし書）。

▷最高裁判所への事件の移送
　控訴裁判所は，憲法の違反または憲法解釈の誤りのみを理由とする控訴申立てがされた事件について，相当と認めるときは，訴訟関係人の意見を聴いて決定により，最高裁判所に移送することができる（同規則247条）。控訴裁判所は，この決定に先立ち，原判決の謄本及び控訴趣意書の謄本を添えて，最高裁判所に許可を求める書面を提出し，許可を受けなければならない（同規則248条）。

▷2　最高裁判所の裁判に対する上訴は存在し得ないため，最高裁判所自身による判決の誤りを訂正する制度が用意されている。

再　審

1　再審制度の意義

　再審は，確定判決に対し，主として事実認定の不当を救済するために認められた**非常救済手続**である。憲法39条の「**二重の危険の禁止**」の要請を受けて，現行刑訴法は，被告人に不利益となる再審を認めていない。再審は，**被告人の利益のため**にのみ認められた制度ということに注意しなければならない。

2　再審理由

○総　説

　再審請求の対象となる判決は，「有罪の言渡をした確定判決」と「控訴又は上告を棄却した確定判決」である。刑訴法は，435条1号から7号にかけて，再審理由を掲げている。有罪の言渡をした確定判決に対しては435条1号から7号が再審理由となり，控訴または上告を棄却した確定判決に対しては435条1号と2号，そして7号の一部が再審理由となっている（436条1項参照）。

　このうち，実際に再審請求で主張されるのは，435条6号理由とするものである。すなわち，「有罪の言渡を受けた者に対して無罪若しくは免訴を言い渡し，刑の言渡を受けた者に対して刑の免除を言い渡し，又は原判決において認めた罪より軽い罪を認めるべき明らかな証拠をあらたに発見したとき」である。ここで問題となるのは，6号所定の「明らかな証拠」を「あらたに発見したとき」の理解である。そこで以下，証拠の「新規性」と「明白性」について検討を加える。

○証拠の新規性

　「証拠をあらたに発見したとき」とは証拠の発見の新たなことをいい，原判決後に発見された場合だけでなく，原判決以前から存在していた場合でもよい（東京高決昭和27年7月17日高刑集5巻7号1163頁）。

　新規性に関して，裁判所にとって新規であれば足りるのか，それとも，再審請求の当事者にとっても新規であることを要するかについて争いがある。裁判所の判断も分かれている。この問題は，身代わり犯人からの再審請求の可否という形で議論されている。すなわち，判決確定後に，有罪判決を受けた者が身代わりであることを明らかにする証拠を提出して再審請求することが許されるか，という問題である。これについては，身代わり犯人による再審請求は認め

▷**非常救済手続**
非常救済手続とは，再審と非常上告である。両制度の違いについては，Ⅸ-2「非常上告」を参照。

▷**二重の危険の禁止**
⇨Ⅶ-3「裁判の効力」を参照。

▷**被告人の利益のため**
再審を，本人の利益のためにのみ認めるのをフランス主義，被告人に不利益な再審も認めるのをドイツ主義という。旧刑訴法は不利益再審を認めていた。

られず，検察官のみが再審請求をすることが許されるという説と，身代わり犯人からの再審請求を認めた上で（すなわち証拠の新規性を認めた上で），身代わり行為に対しては犯人隠避罪（刑法103条）で処罰することができるとする説に分かれている。

○証拠の明白性

再審は，かつて「開かずの間」と呼ばれていたこともある。それは，証拠の明白性を厳しく認定する考え方が有力であったためである。従来は，「新証拠についてのみ判断した場合に，高度の蓋然性をもって請求人の無罪を推測するに足りるかどうか」という基準が用いられていたのである（孤立評価説）。

これに対して，最高裁は**白鳥決定**において，この閉ざされていた門を広げる判断を示した。すなわち，「『無罪を言い渡すべき明らかな証拠』とは，確定判決における事実認定につき合理的な疑いをいだかせ，その認定を覆すに足りる蓋然性のある証拠をいうものと解すべき」であり，「もし当の証拠が確定判決を下した裁判所の審理中に提出されていたとするならば，はたしてその確定判決においてなされたような事実認定に到達したであろうかどうかという観点から，当の証拠と他の全証拠と総合的に評価して判断」し，この判断に際しても「『疑わしいときは被告人の利益に』という刑事裁判における鉄則が適用される」と判示した（総合評価説）。

続いて最高裁は**財田川決定**において，「**疑わしいときは被告人の利益に**」の具体的な適用に関して，「確定判決が認定した犯罪事実の不存在が確実であるとの心証を得ることを必要とするものではなく，確定判決における事実認定の正当性についての疑いが合理的な理由に基づくものであることを必要とし，かつ，これをもって足りると解すべきであるから，犯罪の証明が十分でないことが明らかになつた場合にも右の原則があてはまるのである」と判示した。

❸ 再審手続

再審手続は，再審を開くかどうかを決定する再審請求手続と，開くことが決定した後にさらに審判を行う再審公判手続の二段構えになっている。

再審の請求をすることができるのは，①検察官，②有罪の言渡を受けた者，③有罪の言渡を受けた者の法定代理人及び保佐人，④有罪の言渡を受けた者が死亡し，または心神喪失の状態にある場合には，その配偶者，直系の親族及び兄弟姉妹である（刑訴法439条）。これらの者が，確定判決を下した裁判所に対して請求を行う（438条）。

再審開始決定が確定した後，再審公判手続に移行する（451条）。

（安井哲章）

▷白鳥決定
最決昭和50年5月20日。

▷財田川決定
最決昭和51年10月12日。
▷疑わしいときは被告人の利益に
この法原則は挙証責任の問題ではなく，自由心証主義と関わる問題であろう。自由心証主義に関しては，[VI-2]「自由心証主義」を，挙証責任については[VI-4]「挙証責任とその転換，推定」を参照。

非常上告

① 非常上告の意義

▷再審
再審制度については，Ⅸ-
1「再審」を参照。

▷管轄裁判所
裁判所法8条参照（「最高
裁判所は，この法律に定め
るものの外，他の法律にお
いて特に定める権限を有す
る。」）。

　非常上告は，判決が確定した後，その審判が法令に違反したことを理由に，検事総長が最高裁判所に申し立てる非常救済手続である（刑訴法454条）。

　非常上告は**再審**と並ぶ非常救済手続であるが，この二つの制度の違いを整理しておく。

　まず，申立権者と**管轄裁判所**に違いがある。非常上告では，申立権者は検事総長に限られており，また，管轄裁判所も最高裁判所となっている。

　次に，制度の目的も異なっている。再審は，事実認定の誤りを是正し，無実の者を救済することに主眼を置いている。これに対して，非常上告は，法令の解釈適用の統一を目的としている。したがって，再審と異なり，被告人の救済は副次的な効果ということになる。ただし学説では，被告人の具体的救済も非常上告の重要な任務であるとする見解も有力である。

② 非常上告の対象

　非常上告の対象となる判決は確定判決であるため，有罪の確定判決だけでなく，無罪の確定判決も対象となる。略式命令や即決裁判も確定すれば確定判決と同一の効力をもつので（刑訴法470条，交通事件即決裁判手続法14条2項），非常上告の対象となる（最判昭和53年2月23日刑集32巻1号77頁）。また，免訴，公訴棄却，管轄違い等の**形式裁判**も対象となる。上告棄却決定にも非常上告が許されるとするのが判例の立場である（最判昭和25年4月13日刑集4巻4号567頁）。

▷形式裁判
形式裁判とは，有罪・無罪
について判断することなく
手続を打ち切る裁判のこと
をいう。⇨Ⅶ-2「裁判の
意義，種類及び成立」

③ 非常上告の理由

　非常上告は法令違反があった場合の非常救済手続であるが，この法令違反には，実体法の違反だけでなく，手続法の違反も含まれる。

　刑訴法454条は，法令違反を「発見したとき」と定めている。このことから，非常上告は法令違反が「明白なとき」に限られると理解されている。単に法令違反の疑義があるだけでは認められないのである。

　460条2項は，裁判所の管轄，公訴の受理，及び訴訟手続に関してのみ事実の取調べをすることができると定めている。このことから，法令適用の前提となる事実誤認が法令違反を導いたとして，実体法上の事実関係を非常上告で争

うことはできないと理解されている。

4 手　続

　非常上告をするには，非常上告理由を記載した申立書を最高裁判所に差し出さなければならない（455条）。名義人は検事総長である。非常上告の申立には期間の制限がない。

　非常上告の申立があった場合，最高裁判所は必ず公判期日を開かなければならない。公判期日を開くことなく非常上告を棄却することはできない。公判期日には最高検察庁の検事が出席し，申立書に基づいて陳述しなければならない（456条）。被告人・弁護人の出頭は要しない。出頭の権利もない。

　裁判所は，申立書に含まれた事項に限り調査しなければならない（460条1項）。裁判所は，裁判所の管轄，公訴の受理，及び訴訟手続に関しては事実の取調べをすることができる。この取調べは，**受命裁判官**または**受託裁判官**にさせることができる（同条2項）。

5 判　決

　非常上告が理由のないものである場合は，判決でこれを棄却する（457条）。

　非常上告に理由があるときには，原判決が法令に違反している場合には違反した部分を破棄し（458条1号），訴訟手続に違反がある場合にはその違反した手続を破棄する（同条2号）。

　この破棄判決は，原則として被告人にその効力が及ばない（459条）。非常上告は被告人の具体的救済に主眼を置いているのではなく，法令の解釈適用の統一を目的とする制度だからである。ただし，原判決が被告人のため不利益であるときには，原判決を破棄して，被告事件についてさらに自判する（458条1号ただし書）。この場合は，被告人の救済を図るという意味で，例外的に，被告人にもその効力が及ぶということになる。

　「被告人のため不利益であるとき」とは，事件につき，さらになされるべき判決が原判決より利益なことが法律上明白である場合をいう（最判昭和48年12月24日刑集27巻11号1469頁）。

　破棄自判する場合には，原判決時の法令を標準として自判することになる。学説では，自判時の法令を標準とすると考える見解も有力である。

（安井哲章）

▷受命裁判官
合議体裁判所が，その構成員である裁判官に訴訟行為を行うように命じたとき，その裁判官を受命裁判官という。⇨Ⅱ-1「裁判官の役割」

▷受託裁判官
ある裁判官が，他の裁判所の裁判官に訴訟行為を行うよう嘱託するとき，その裁判官を受託裁判官という。⇨Ⅱ-1「裁判官の役割」

少年手続

▷少年法の狙い
少年法を支える考え方に「国親思想」というものがある。これは，国が裁判所を通して，最終的な子供の監護・教育の最終責任をもつという考え方である。

▷少年
少年法にいう少年は，20歳未満の者をいう（少年法2条1項）。また，18歳・19歳の少年を「特定少年」とし，保護事件や刑事事件の扱いや推知報道の禁止（少年法61条）に関して特例が設けられている（少年法62条以下を参照）。

▷職権主義的性格
少年手続が可視性に乏しいということである。職権主義については，Ⅰ-4「刑事訴訟法の基本的性格」を参照。

▷検察官送致の決定
特定少年については，検察官送致の対象事件が拡大された（少年法62条）。

▷少年法22条
少年法22条2項により，審判は非公開である。

▷少年法22条の2
少年法22条の3とあわせて，少年手続に検察官と弁護士が参加することによって，手続の性格が当事者主義化・対審構造化した。

① 総　説

　少年法の狙いは，その第1条に示されている。すなわち，少年法は，**少年**の健全な育成を期し，非行のある少年に対し，性格の矯正と環境の調整を図る保護処分を行うとともに，同様の趣旨から，少年の刑事手続についても，特別の措置を講じている。

　このように，少年法は刑罰主義ではなく，少年の健全育成，社会復帰を目的としているため，その手続も少年法の性格にあわせて**職権主義的性格**を帯びている。

② 保護事件手続

　少年が罪を犯したとき，14歳未満の少年が刑罰法令に触れる行為をしたとき（触法少年），または保護者の正当な監督に服しない性癖を有していたり，正当な理由がなく家庭に寄りつかなかったり，犯罪性のある人や不道徳な人と交際したり，いかがわしい場所に出入りしたり，自己または他人の徳性を害する性癖のある少年が，その性格や環境に照らして，将来罪を犯し，刑罰法令に触れる行為をするおそれがあるとき（虞犯少年），家庭裁判所の審判に付される。

　審判に付すべき少年を発見した者は全て家庭裁判所に通告しなければならない（少年法6条1項）。この通告を受けた家庭裁判所は，審判に付すべき少年があると思料するときは，事件について調査しなければならない（同法8条）。その結果，家庭裁判所は，事件を児童福祉法の措置により処理する決定（同法18条），審判不開始決定（同法19条），調査の結果本人が20歳以上であることが判明した場合は検察官送致の決定（同法19条2項），刑事処分相当として**検察官送致の決定**（逆送決定）（同法20条），審判開始決定（同法21条），のいずれかの決定を行う。

　審判は非公開で，懇切を旨として和やかに行われる（**少年法22条**）。家庭裁判所では，犯罪少年に係る事件で，死刑または無期もしくは長期3年を超える懲役もしくは禁錮に当たる罪を犯したとされる場合，その非行事実を認定するための審判手続に検察官が関与する必要があると認めるときは，決定で，検察官を出席させることができる（**少年法22条の2**）。検察官が関与する場合に，少年に弁護士である付添人がいないときは，弁護士である付添人を付さなければな

らない（同法22条の3）。

　審判開始後，児童福祉法による措置や検察官送致が相当と認められるときは
その旨の決定をし，保護処分にする要件がないか，保護処分に付する必要性が
ないと認めるときはその旨の決定をし，本人が20歳以上であると判明した場合
には，事件を管轄地方裁判所に対応する検察庁の検察官に送致する旨の決定を
する（同法23条）。

　少年法23条の場合を除いて，家庭裁判所は，①保護観察所の保護観察，②児
童自立支援施設または児童養護施設への送致，③少年院送致のいずれかの**保護
処分**を決定で行う（同法24条）。

③ 刑事事件手続

　司法警察員は，少年の被疑事件を捜査した結果，罰金以下の刑に当たる犯罪
の嫌疑があるものと思料するときは，事件を家庭裁判所に送致しなければなら
ず，犯罪の嫌疑がない場合でも，家庭裁判所の審判に付すべき事由があると思
料するときは，事件を家庭裁判所に送致しなければならない（同法41条）。

　検察官は，少年の被疑事件を捜査した結果，犯罪の嫌疑があるものと思料す
るときは，45条5号本文に規定する場合を除いて，事件を家庭裁判所に送致し
なければならず，犯罪の嫌疑がない場合でも，家庭裁判所の審判に付すべき事
由があると思料するときは，事件を家庭裁判所に送致しなければならない（同
法42条）。

　検察官は，家庭裁判所から送致を受けた事件について，公訴を提起するに足
りる犯罪の嫌疑があると思料するときは，公訴を提起しなければならない（同
法45条5号本文）。ただし，送致事件の一部に公訴提起するに足りる犯罪の嫌疑
がないか，犯罪の情状等に影響を及ぼすべき新たな事情を発見したため，訴追
が相当でないと思料するときは公訴提起をしない場合がある（同法45条5号ただ
し書）。

　少年法に定めるほかは刑訴法の定めによるが（同法40条），勾留については特
則がある。

　少年に対する刑事事件は，他の刑事事件の手続と分離する（同法49条）。その
審理は，医学，心理学，教育学，社会学その他の専門的知識を活用して行われ
る（**少年法50条**）。

　有罪判決を下すときにも特則がある。犯行時に18歳未満の者には死刑をもっ
て処断すべきときは無期刑とし，無期刑をもって処断すべきときは10年以上20
年以下の範囲で懲役または禁錮刑が言渡される（同法51条）。不定期刑に関する
特則として同法52条がある。また，少年に対しては，労役場留置の言渡はしな
い（同法54条）。

（安井哲章）

▷**保護処分**

特定少年の保護処分につい
ては特例が設けられている
（少年法64条）。すなわち，
少年法23条の場合を除いて，
犯情の軽重を考慮して相当
な限度を超えない範囲内に
おいて，①6ヶ月の保護観
察所の保護観察，②2年の
保護観察所による保護観察，
③少年院送致のいずれかの
保護処分を決定で行う。た
だし，罰金以下の刑に当た
る罪の事件については，④
6ヶ月の保護観察所の保護
観察に付することができる。

▷**1**　検察官は勾留請求に
代えて，家庭裁判所調査官
の観護措置または少年鑑別
所への送致を請求すること
ができる（少年法43条1
項）。観護措置後，検察官
は捜査の結果事件を家庭裁
判所に送致しないときは，
直ちに裁判官に対して，そ
の措置の取消しを請求しな
ければならない（同法44条
1項）。観護措置は，事件
が再び家庭裁判所に送致さ
れた場合を除いて，検察官
が事件送致を受けた日から
10日以内に公訴を提起しな
いときはその効力を失う
（同法45条1号）。少年鑑別
所での収容は，勾留とみな
される（同法同条4号）。

▷**少年法50条**

少年法の科学主義と呼ばれ
る。行動科学や医学によっ
て少年の将来を予測するこ
とができるのかについては
疑問が呈されている。

国際司法共助

1　国際司法共助の必要性

　経済的利益を目的とする組織犯罪は，一国にとどまらず，国境を越えて行われる。また，近時は，**国際的なサイバー犯罪**にどのように対処するかが焦眉の課題となっている。これらの犯罪に対しては，各国が協力・連携して対応することが望まれる。また，現在は国境を越えて人が移動するため，例えば，日本で犯罪を行った来日外国人が，捜査の結果特定されたとしても，既に本国に帰国してしまっているということも起こりうる。この場合，日本の捜査官が当該外国に赴き，捜査活動を行うのであろうか。

　日本国民が海外で犯罪を実行する場合も考えられる（日本人の国外犯）（刑法3条参照）。この場合，証拠の収集はどのようにして行われるのであろうか。

　犯罪の国際化に伴い，わが国の刑事手続のあり方も国際化の影響を受ける。以下では，実体法上の問題や**通訳**の問題には触れず，国際司法共助手続に焦点を絞って論じることにする。

2　刑訴法の適用範囲

　刑訴法の適用範囲について，条文上，明文の規定は存在しない。裁判例の中には，刑訴法の適用範囲を原則として国内に限定し，当該外国の承諾を得た場合に，その承認された限度において，わが国刑訴法の規定に準拠して取調べや証拠収集を行うことができる旨判示したものがある（東京地判昭和36年5月13日下刑集3巻5＝6号469頁）。

　これに対して，この裁判例の結論には賛成するものの，刑訴法の効力は理論上国外にも及ぶという考え方もある。

　いずれの立場にたつにせよ，国外での捜査活動は，当該外国の承諾があった場合に，その承諾の範囲内で可能となる。しかしながら，実際の法運用は，日本の捜査機関が直接当該外国で捜査活動に従事するのではなく，当該外国に証拠の収集等を依頼する捜査共助によってその目的を達成している。

　捜査共助により外国で採取された証拠が，わが国においても証拠として認められるか否かについては，別途問題となる。**刑事免責**を付与した上で採られた嘱託尋問調書の証拠能力が問題となった事例において，最高裁判所は，わが国刑訴法に刑事免責に関する規定が存在しないことを根拠に，嘱託尋問調書の証

▷**国際的なサイバー犯罪**
⇨ Ⅲ-32「電磁的記録に対する捜索・差押え」

▷**通訳**
通訳の公正確保の他にも，翻訳文の添付などの問題がある。

▷**刑事免責**
⇨ Ⅳ-10「刑事免責」

拠能力を否定した（最判平成7年2月22日刑集49巻2号1頁）。

③　外国から証拠の収集等を依頼されたときの取扱い

外国からわが国に証拠の収集等が依頼されたとき，捜査機関がそれに当たる場合と，裁判所がそれに当たる場合とがある。前者に関する法律が「**国際捜査共助等に関する法律**」であり，後者に関するのが「**外国裁判所ノ嘱託ニ因ル共助法**」である。

④　逃亡犯罪人引渡法

逃亡犯罪人引渡法は，外国からわが国に「逃亡犯罪人」の引渡請求を受けた場合に関する法律である。したがって，わが国から外国に対して引渡を請求する場合には，この法律は適用されない。

条約締結国間での引渡請求は，条約に基づいて行われる。二国間で締結された逃亡犯罪人引渡条約として，「日本国とアメリカ合衆国との間の犯罪人引渡しに関する条約」と「犯罪人引渡しに関する日本国と大韓民国との間の条約」がある。条約を締結していない国に対しても，相互主義と国際礼譲の考え方に基づいて引渡しが行われている（逃亡犯罪人引渡法3条2号参照）。

引渡しには制限があり，2条に制限事由が列挙されている。このうち重要なのは，「双罰性の要件」である。これは，引渡請求に係る行為が，請求国と被請求国の双方で犯罪とされていなければならないということである。つまり，引渡請求に係る行為が日本国内において行われたとした場合，日本においても犯罪とされていなければならない，ということである。

⑤　その他

没収もしくは追徴のための財産保全の共助要請に関する規定を置くものとして，①組織的な犯罪の処罰及び犯罪収益の規制等に関する法律と，②国際的な協力の下に規制薬物に係る不正行為を助長する行為等の防止を図るための麻薬及び向精神薬取締法等の特例等に関する法律がある。

また，外国において外国刑の確定裁判を受けその執行として拘禁されている日本国民等及び日本国において懲役または禁錮の確定裁判を受けその執行として拘禁されている外国人について，その本国に移送して刑を執行させる「国際受刑者移送法」がある。

今後の課題として，**マネーロンダリング対策**や組織的な犯罪の**共謀罪**について議論を深めていく必要がある。

（安井哲章）

▷国際捜査共助等に関する法律
外国の要請により，当該外国の刑事事件の捜査に必要な証拠の提供（受刑者証人移送を含む）に関して，種々の規定を用意している。これにより，検察官または司法警察職員が，共助に必要な証拠の収集等を行う。検察官，検察事務官もしくは司法警察職員のする処分，裁判官のする令状の発付もしくは証人尋問または裁判所もしくは裁判官のする裁判については，この法律に特別の定めがあるもののほか，その性質に反しない限り，刑訴法（第1編第2章及び第5章から第13章まで，第2編第1章，第3編第1章及び第4章ならびに第7編に限る）及び刑事訴訟費用に関する法令の規定が準用される（国際捜査共助等に関する法律13条）。

▷外国裁判所ノ嘱託ニ因ル共助法
わが国の裁判所に対して，外国裁判所から書類の送達及び証拠調べの嘱託があった場合の司法共助を定めている。

▷マネーロンダリング対策
マネーロンダリングによって犯罪被害財産の追及が困難になる事態に備えて，「組織的な犯罪の処罰及び犯罪収益の規制等に関する法律の一部を改正する法律」と「犯罪被害財産等による被害回復給付金の支給に関する法律」が成立した。

▷共謀罪
共謀それ自体を犯罪とするもの。

裁判の執行

▷裁判の執行
⇨ⅦⅡ-2「裁判の意義，種類及び成立」，Ⅷ-1「上訴制度」

▷1 これには，①確定を待たずに直ちに執行できる場合と，②確定しても直ちに執行できない場合がある。①に該当するものとして，即時抗告の認められない決定（刑訴法424条），罰金・科料・追徴についての仮納付の裁判（348条3項）などは，確定を待たないで直ちに執行できる。②に該当するものとして，訴訟費用の負担を命じる裁判は，訴訟費用免除申立期間の経過後か，申立てがあった場合はその申立てについての裁判の確定後でなければ執行できない（483条）。また，労役場留置の執行は，罰金・科料とも，その裁判の確定後一定期間内は本人の承諾がなければ留置の執行をすることができない（刑法18条5項）。保釈許可決定も，保釈金が納付された後でなければ執行できない（刑訴法94条1項）。

▷2 例えば，急速を要する勾引状及び勾留状の執行指揮（70条1項ただし書），差押状及び捜索状の執行命令（108条1項ただし書）等の明文による特則がある場合である。

▷仮釈放
言渡された自由刑の執行が

1 裁判の執行

裁判の執行とは，裁判に示された意思・判断内容を，国家が強制的に実現することをいう。

裁判は，原則として，確定した後に執行される（刑訴法471条）。ただし，この原則にも例外がある。◁1

裁判の執行は，原則として，その裁判をした裁判所に対応する検察庁の検察官がこれを指揮する（472条1項）。この検察官指揮の原則にも例外がある◁2（472条1項ただし書）。また，裁判所が押収した物の還付（347条）や仮還付（123条，124条），裁判官が法廷秩序の維持のため発した退去命令などは，裁判所の職員以外の者が関与する必要がないので，その性質上，裁判所または裁判官が指揮することになる。

上訴の裁判または上訴の取下により下級裁判所の裁判を執行するときは，原則として上訴裁判所に対応する検察庁の検察官が指揮するが（472条2項本文），訴訟記録が下級裁判所またはこれに対応する検察庁にあるときは，その検察庁の検察官が執行の指揮にあたる（472条2項ただし書）。

執行指揮の方式は，原則として書面で行い（執行指揮書），これに裁判書または裁判を記録した調書の謄本・抄本を添付しなければならない（473条本文）。ただし，刑の執行指揮は必ず書面によらなければならないが，それ以外では書面（執行指揮書）によらない執行指揮が認められている（473条ただし書）。

2 刑の執行

○総 説

裁判の執行のうち，最も重要なのは刑の執行である。刑の執行は，刑の種類に応じて，死刑の執行，自由刑の執行，財産刑の執行に分かれる。

刑の執行の順序については，2個以上の主刑の執行は，罰金・科料を除き，重いものを先にする。ただし，検察官は重い刑の執行を停止して，他の刑を執行させることができる（474条）。刑の執行順序の変更を認めるのは，受刑者に**仮釈放**の資格を早く取得させるためである。◁3

○死刑の執行

死刑の執行は法務大臣の命令による（475条1項）。この命令は，判決確定の

日から6カ月以内にしなければならない（同条2項）。▷4

　上訴権回復請求，再審請求，非常上告，恩赦の出願・申出がされてその手続が終了するまでの期間及び共同被告人であった者に対する判決が確定するまでの期間は，この6カ月の期間に算入されない（475条2項ただし書）。したがって，再審請求や恩赦の出願をしている間は事実上死刑は執行されない。

　法務大臣が死刑の執行を命じたときは，5日以内にその執行をしなければならない（476条）。死刑の執行は刑事施設内で絞首して執行する（刑法11条1項）。その執行には，検察官，検察事務官及び刑事施設の長またはその代理者の**立会**▷を必要とする（刑訴法477条）。

　死刑の言渡を受けた者が心神喪失の状態にあるとき，または懐胎しているときは，法務大臣の命令によって執行を停止する（479条1項，2項）。

○自由刑の執行

　懲役，禁錮，拘留の執行は，検察官が指揮する（472条）。

　これら自由刑の言渡を受けた者が心神喪失の状態にあるときは，その状態が回復するまで刑の執行を停止する（480条）。また，刑訴法482条所定の事由が存在する場合，検察官の裁量により自由刑の執行が停止される。

○財産刑の執行

　罰金，科料，没収，追徴，過料，没取，訴訟費用，費用賠償，仮納付の裁判は，検察官の命令で執行され，この命令は執行力のある債務名義と同一の効力をもち，その執行は民事執行法その他強制執行の手続に関する法令の規定に従って行われる（490条）。財産刑の執行は，その言渡を受けた者の財産に対して執行されるのが原則である（例外として，491条及び492条を参照）。

③ 裁判の執行に対する申立

○訴訟費用免除の申立

　訴訟費用の負担を命じられた者が，貧困のためにこれを完納することができないときは，訴訟費用の負担を命じる裁判が確定した日から20日以内に，訴訟費用の全部または一部について，その裁判の執行の停止を申し立てることができる（500条）。

○裁判の解釈の申立

　刑の言渡を受けた者は，裁判の解釈について疑いがあるときは，言渡をした裁判所に裁判の解釈を求める申立をすることができる（501条）。

○執行に関する異議申立

　裁判の執行を受ける者，またはその法定代理人・保佐人は，執行に関して検察官のした処分を不当とするときは，裁判の言渡をした裁判所に異議の申立をすることができる（502条）。

（安井哲章）

完全には終了していないものの，それまでの状況から判断して受刑者を仮に釈放し，残りの期間を無事に経過したときは，刑の執行を免除する制度。

▷3　すなわち，重い刑の仮釈放条件期間の経過後，その刑の執行を停止し，軽い刑の執行に移り，軽い刑の仮釈放条件期間が経過したとき，これら2個以上の刑について同時に仮釈放を許すことができるのである（刑法28条）。

▷死刑
死刑制度については存廃論の議論が重要である。最高裁の判断として，最判昭和23年3月12日刑集2巻3号191頁がある。

▷4　ただし，刑訴法475条2項は法的拘束力のない訓示規定であって，法務大臣が6カ月以内に死刑執行の命令を下さなかったとしても違法の問題は生じない（東京地判平成10年3月20日判タ983号222頁）。

▷立会
死刑の執行に立ち会った検察事務官は，執行始末書を作成し，検察官及び刑事施設の長またはその代理者とともに，これに署名押印しなければならない（刑訴法478条）。

さくいん

執筆者紹介（氏名／よみがな／現職／主著／刑事訴訟法を学ぶ読者へのメッセージ） ＊執筆担当は本文末に明記

椎橋隆幸（しいばし　たかゆき）　編者
中央大学名誉教授，弁護士
『刑事訴訟法の理論的展開』（信山社出版）
毎日のように犯罪や裁判の報道があります。本書の読了後はより広く，しっかりした視点で，それらの報道を読み解くことができるでしょう。まず基礎を固めましょう。

田中優企（たなか　ゆうき）
元・駒澤大学法学部准教授
「答弁協議における効果的な弁護——近時の合衆国最高裁判例の検討」法学新報125巻1・2号（2019年）529頁，『刑事訴訟法基本判例解説』（共著：信山社）
本書で刑事訴訟法を学ぶ際には，憲法はもちろん，刑法や刑事政策とのつながりも意識しておくと，より深く刑事訴訟法を理解することができると思います。

大野正博（おおの　まさひろ）
朝日大学法学部教授
『現代型捜査とその規制』（成文堂）
刑事訴訟法は，初学者には無味乾燥に映ることがあるかもしれませんが，実はこれほど「人間味」のある法律はありません。面白みがわかるまで，努力してみましょう。

檀上弘文（だんじょう　ひろふみ）
亜細亜大学法学部教授
『プライマリー刑事訴訟法　第6版』（共著：不磨書房）
近年は，刑事訴訟法及びこれに関連する立法・法改正が行われていますが，大切なことは刑事手続についてその本質・根本原理を正しく理解することだと思います。

黒澤　睦（くろさわ　むつみ）
明治大学法学部教授
『告訴権・親告罪に関する研究』（明治大学博士論文）
物事には全体を俯瞰して初めて見えてくるものがあります。刑事訴訟法も例外ではありません。読者の皆さんも本書を活用して新たな発見をしてください。

堀江慎司（ほりえ　しんじ）
京都大学大学院法学研究科教授
『刑事訴訟法　第2版』（共著：有斐閣）
刑事訴訟法を学ぶ際には，手続の全体的な流れをおさえつつ基本的な用語・概念を正確に理解した上で，バランスよく思考するよう心がけて下さい。

関　正晴（せき　まさはる）
専修大学法学部教授
「刑訴三九条三項の接見指定行為」『現代社会型犯罪の諸問題—板倉宏博士古稀祝賀論文集』（勁草書房）
学習に際しては，まず手続全体の流れを理解し，その上で，個別の制度とその問題点を検討するのが効果的です。その学習のために本書を利用していただけたらと思います。

松田岳士（まつだ　たけし）
大阪大学大学院法学研究科教授
『刑事訴訟法　第2版』（共著：有斐閣）
刑事手続は，人が動かすものです。刑事訴訟法を学ぶ際には，手続に関与する人それぞれの立場に立って考えるよう心がけて下さい。

滝沢　誠（たきざわ　まこと）
中央大学大学院法務研究科教授
『プライマリー刑事訴訟法　第6版』（共著：不磨書房）
刑事訴訟法は難しい科目ですが，本書をよく読み，刑事訴訟法のダイナミックさを楽しんでもらえればと思います。皆さんの頑張りを期待しています。

松田龍彦（まつだ　たつひこ）
松山大学法学部准教授
「憲法39条と二重危険法理—特に政府による再度の追訴に関する若干の考察」『松山大学論集』2006/08
なぜこの制度があるのか，なぜそれぞれの立場の人はこういう主張をするのか，なぜ裁判はこういう判例をつくったのか，という理由を常に考えて下さい。

執筆者紹介（氏名／よみがな／現職／主著／刑事訴訟法を学ぶ読者へのメッセージ）　　＊執筆担当は本文末に明記

丸橋昌太郎（まるはし　しょうたろう）
信州大学経法学部教授
「捜査の適正化と証拠排除」（修士号取得論文）
法学は教科書を読むことも大事ですが，現実社会を知ることも大事です。刑事訴訟法を学ぶなら，刑事裁判を傍聴することを強くお勧めします。

三明　翔（みあけ　しょう）
中央大学法学部准教授
「証拠開示を受ける憲法上の権利の限界とその実現」（中央大学博士論文）
最初は細かな手続きに圧倒されてしまうかもしれませんが，刑事手続きの各段階の役割と関連する基本原理をしっかり区別して理解することが学習のコツだと思います。

安井哲章（やすい　てっしょう）
中央大学法学部教授
「自己負罪拒否特権と文書提出命令（一）－（四・完）『法学新報』111巻1・2号，同3・4号，同5・6号，同11・12号
本書を読んで刑事訴訟法の面白さに目覚めた人は，是非，本格的な体系書や判例教材にチャレンジして下さい。本書が法律学習のきっかけになることを期待しています。

柳川重規（やながわ　しげき）
中央大学法学部教授
『プライマリー刑事訴訟法　第6版』（共著：不磨書房）
「刑事訴訟法はとっつきにくい」という声を聞きますが，自分を被疑者・被告人，そして被害者に置き換えて，絶えず想像力を働かせて勉強して下さい。

やわらかアカデミズム・〈わかる〉シリーズ
よくわかる刑事訴訟法　［第3版］

2009年4月20日	初　版第1刷発行	（検印省略）
2012年4月10日	初　版第2刷発行	
2016年4月20日	第2版第1刷発行	
2018年11月10日	第2版第2刷発行	
2022年3月30日	第3版第1刷発行	
2023年12月10日	第3版第2刷発行	

定価はカバーに表示しています

編著者　　椎　橋　隆　幸
発行者　　杉　田　啓　三
印刷者　　江　戸　孝　典

発行所　株式会社　ミネルヴァ書房
607-8494　京都市山科区日ノ岡堤谷町1
電話代表（075）581-5191
振替口座　01020-0-8076

ⓒ椎橋隆幸ほか，2022　　　　　共同印刷工業・新生製本

ISBN978-4-623-09320-5
Printed in Japan

やわらかアカデミズム・〈わかる〉シリーズ

よくわかる憲法	工藤達朗編	本	体	2500円
よくわかる刑法	井田良ほか著	本	体	2500円
よくわかる家族法	本澤巳代子ほか著	本	体	2500円
よくわかる民事訴訟法	小島武司編	本	体	2500円
よくわかる会社法	永井和之編	本	体	2500円
よくわかる労働法	小畑史子著	本	体	2500円
よくわかる地方自治法	橋本基弘ほか著	本	体	2500円
よくわかる国際法	大森正仁編	本	体	2800円
よくわかるメディア法	鈴木秀美・山田健太編	本	体	2800円
よくわかる法哲学・法思想	深田三徳・濱真一郎編	本	体	2600円
よくわかる刑事政策	藤本哲也著	本	体	2500円
よくわかる更生保護	藤本哲也・生島浩・辰野文理編	本	体	2500円
よくわかる司法福祉	村尾泰弘・廣井亮一編	本	体	2500円
よくわかる社会保障	坂口正之・岡田忠克編	本	体	2500円
よくわかる社会福祉	山縣文治・岡田忠克編	本	体	2400円
よくわかる子ども家庭福祉	山縣文治編	本	体	2400円
よくわかる障害者福祉	小澤　温編	本	体	2200円
よくわかる家族福祉	畠中宗一編	本	体	2200円
よくわかる精神保健福祉	藤本　豊・花澤佳代編	本	体	2400円
よくわかる地域福祉	上野・松端・山縣編	本	体	2200円

── ミネルヴァ書房 ──

https://www.minervashobo.co.jp/